私は、水を誰が発見したかを知らない。
ただ、それは多分、魚ではなかっただろうと思う。

Marshal McLuhan, "Medium is the Massage" New York:
Bantam Books, 1967.

Outlying

僻遠の文化史

武邑光裕

rn press

目次

武邑光裕 年表

年	日本での動き	海外での動き	社会の動き
若手時代・国内外を飛び回る時代			
1954年	・東京生まれ		・太陽光電池の発明（ベル研） ・「陸・海・空」自衛隊発足 ・黒澤明『七人の侍』公開 ・円谷英二『ゴジラ』公開
1975年	・雑誌『地球ロマン』に「近代日本の霊的衝動」を寄稿		・ICカードの発明（仏） ・マービン・ミンスキーのフレーム理論 ・柄谷行人『意味という病』 ・コンピューター初のRPG『ローグ』（カルフォルニア大学）発表
1976年	・日大芸術学部助手に就任	・初めてNY、サンフランシスコ、LAへ	・ロッキード事件 ・カンボジア「ポル・ポト政権」樹立 ・スティーブ・ジョブス、ウォズニアック、 ・8ビットパソコン「Lkit-8」発売 ・日本初のマイコン「TK-80」発売
クラブカルチャー・世界との交流時代			
1983年	・初単著「ニューヨーク・カルチャー・マップ』発売 ・多くの雑誌に寄稿、TV番組にも他数出演	・NYのクラブ「マッドクラブ」のスティーブ・マスと交流 ・「ミッドナイト・レーベル」の立ち上げのため米国・欧州をかけまわる ・MDMA開発者アレキサンダー・シュルキンと交流	・エイズウイルス発見 ・ハッカー誕生（米・学生が国防総省のデータを盗む） ・任天堂ファミコン誕生 ・日米金融摩擦
1989年	・芝浦GOLD、ENDMAX、東京P/N（東京パーン）運営 ・「ECCO NIGHT」オーガナイザー 六本木ブレイン・マインドジム シンクロエナジャイザー導入	・『MONDO2000』コントリビューティングエディター ・ウィリアム・バロウズ、ティモシー・リアリーと交流 ・カオス・コンピューター・クラブとの交流	・ベルリンの壁崩壊 ・昭和から平成へ ・バブル絶頂と消費税3％導入 ・天安門事件 ・任天堂ゲームボーイ発売
1991年		・サイバースペース国際会議 ・ヴィレム・フッサーと交流	・湾岸戦争 ・アパルトヘイト終結 ・パンナム（パンアメリカン航空）倒産 ・米「ダークマター」発見

年	出来事	時代	活動	世界の出来事
1992年	・「HI-REAL」最終回 ・F1・ゲルハルド・ベルガーの日本レップ		・このころから欧州へ頻繁に出向き、ベルリンでのネットワークを築く	・ティム・バーナース・リー開発のWWW、CERNで正式発表 ・米クリントン大統領当選 ・スパイク・リー『マルコムX』公開 ・中国・韓国国交樹立
1995年	・京都造形芸術大学芸術学部専任助教授、メディア美学研究センター初代所長就任 ・ナムジュン・パイク来日	京都・東京・札幌アカデミア時代	・セルパ国際会議	・阪神淡路大震災 ・オウム真理教・地下鉄サリン事件 ・バブル崩壊 ・日本でインターVネット開始 ・野茂英雄・米大リーグで新人王、奪三振王
1999年	・デジタル・アーカイブ国際研会議 ・東京大学大学院 メディア環境学助教授に就任	京都・東京・札幌アカデミア時代		・ユーゴスラヴィア空爆 ・カルロス・ゴーン日産ルノーCOO就任 ・「i-モード」携帯電話ネット接続 ・「2ちゃんねる」開設
2004年	・札幌市立大学設置にかかわる 同大学デザイン学部 メディアデザインコース教授に就任	京都・東京・札幌アカデミア時代	・ボローニャ・ユネスコ創造都市国際会議	・Winny 事件 ・「Facebook」「Flickr」「mixi」スタート ・ウクライナ・オレンジ革命 ・おサイフケータイ登場
2014年	・札幌国際芸術祭 第一回ゼネラルプロデューサー就任、坂本龍一をゲストディレクターに招聘	京都・東京・札幌アカデミア時代		・クリミア併合 ・イスラム国樹立 ・イーサリアムをV・ブテリン正式発表 ・韓国セウォル号沈没
2015年	・大学を早期退職	EU 放浪時代	・ベルリン移住 ・EU諸国をまわる	・Apple Watch 発売 ・オバマ大統領ラウル・カストロ 議長首脳会談 ・パリ同時多発テロ ・米・CRISPR 遺伝子ドライブの実施例を発表
2022年	・再び東京へ	東京時代		・ロシア、ウクライナ侵攻 ・安倍元首相の銃撃事件 ・エリザベス英女王の死去 ・イーロン・マスク米ツイッター買収
2024年	・七〇歳を迎える	東京時代		

序章　逸脱のゾーン

すべてはマッドクラブから始まった

マンハッタンのロワー・イーストサイドは、不気味なオレンジ色の街灯で照らされていた。午前二時に人通りはなく、めざすは四〇年代までユダヤ人の社交クラブとして賑わったという場所である。一九八三年夏、イースト・ヴィレッジのアベニューBやCを深夜に歩くことは、廃屋内で取引されるヘロインを求める輩と同じ目線を共有することでもあった。それほど、この周囲は、当時マンハッタンの中でも放置され荒れはてた廃墟空間だった。だが、そこがかつては活気ある生活の場所だったことを想像するだけで、歴史という単線の構図から逸脱していく奇妙な興奮を呼び起こしていた。

廃墟の案内人は、一九七八年から一九八三年まで、ソーホーのホワイト・ストリートにあった「マッドクラブ（Mudd Club）」[1]のオーナー、スティーブ・マス[2]（Steve Mass）である。多くの伝説に彩られた人物だったが、その時のスティーブは、次なるクラブの場所を探すギラギラした廃墟ハンターというより、わずか数年という時代を疾走したあとの「抜け殻」のような存在だった。彼が経営する「マッドクラブ」は、一九七八年、私が最初にニューヨークを訪れた時にオープンした、それまでにどこにもなかったタイプのクラブだった。

一八六五年四月十四日の晩、医師のサミュエル・アレキサンダー・マッド（Dr. Samuel Alexander Mudd）は、リンカーン大統領（Abraham Lincoln）を暗殺した犯人、ジョン・ウィルクス・ブース（John Wilkes Booth）が逃亡中に骨折した足に治療を施した。マッド医師は事情を知らずに暗殺者の治療をしたのだが、そのことでリンカーン暗殺の共謀者として牢獄に入れられた。後に恩赦が与えられるまでの四年間、暗殺の共謀の罪を背負わされたのだ。

その医師の名「マッド」は、後の歴史の中で、いわば社会の逸脱者を意味するようになり、信用のおけない人物を表現する代名詞ともなった。スティーブはこの「マッド」の逸話をディスコ空間に伏流する密かな物語として設定した。単なるセレブの気晴らしの空間と捉えられていたディスコに、ダウンタウンに蠢く逸脱の空間という物語を埋め込んだのである。

1　マッドクラブ（Mudd Club）　一九七八年から一九八三年までの間、ニューヨーク・マンハッタンのホワイトストリート七七番地に存在した伝説的ナイトクラブ。リディア・ランチ、DNAといったノー・ウェイヴのアーティストを中心に、ジャン＝ミッシェル・バスキア、キース・ヘリング、アレン・ギンズバーグ、ウィリアム・バロウズなど、当時のニューヨークを代表する名だたるアーティストや詩人が出入りした。

2　スティーブ・マス　ディエゴ・コルテス、アニャ・フィリップスとともに、一九七八年にマッドクラブをオープン。音楽、アート、セクシュアリティ、セレブリティカルチャーなど、二〇世紀後半のニューヨークのシーンに多大な影響を与えた。二〇〇一年にベルリン・マッド

音楽、アート、ファッションを融合した「マッドクラブ」の華々しいアンダーグラウンドの快感に浸ることは、そこに集う人たちにとっては、さながらニューヨークの夜を衣服のように身にまとうことだった。一九七八年十月のオープンからわずか数カ月のうちに、マッドのドアを塞ぐ金属チェーンは、俗世と異界との結界のシンボルとして機能するようになった。それは、セレブ御用達として有名だったディスコ「スタジオ54」[3]のドアに君臨したビロードのロープを陳腐化させ、古い欲望の価値観に参入しようとする滑稽なセレブだけがとり残されていったのである。

ゾーンへの侵入

熱帯夜ということもあってか、アロハシャツに短パンの出で立ちで現れたスティーブは、廃墟空間を淡々と歩いて行く。その姿の異様さは、逸脱者というよりは、廃墟に似つかわしくない、どこにも存在しえない幽霊のような姿だった。彼に促されるまま、私は過去の遺構へと向かった。一歩、また一歩と足を進めていくたびに、闇がその深さを増し、タルコフスキーの映画『ストーカー』（一九七九年、日本公開一九八一年）で描かれた「ゾーン」に侵入するような気配が辺りに満ちていった。

ゾーンとは、社会と従来の現実の周縁に存在する限界空間、隠喩的で心理的な領域で

クラブをオープンした。

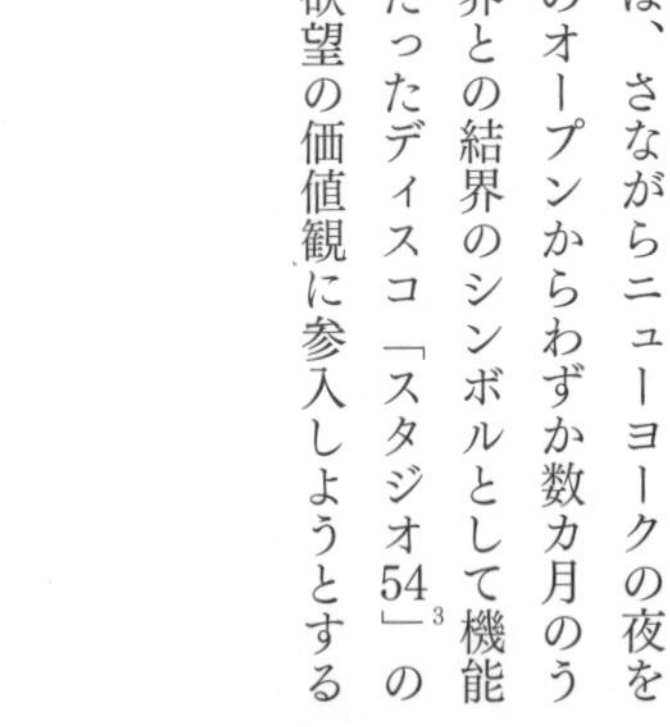

3　スタジオ54　イアン・シュレーガーとスティーブ・ルベルが設立した伝説的ナイトクラブ。アーティストやデザイナー、セレブリティたちの社交の場として人気を博した。運営されたのは一九七七年から一九八〇年のわずか三年間だった。

もある。そこは通常のルールが適用されない場所であり、さまざまな可能性と現実が共存している。ゾーンは複雑で重層的な概念である。地理的な設定、比喩的な空間、そして物語上の装置として機能し、支配、社会の余白、別の現実、個人の自由の探求といったテーマを反映している。社会の余白や地下文化、つまり従来のルールが適用されず、代替的な存在様式と禁断領域の探求に関係する場所である。

どのくらい時間が経っただろうか。数分だったか数十分だったか、いまでは記憶にない。立ち並ぶ廃墟ビルの中で、地下への階段が見え、その階段を閉ざす鉄扉が眼前に現れた。我々は歩みを止めた。スティーブは一呼吸してから振り返り、私にゆっくりと語りかけた。

「ひとつ注意してもらいたいことがある。今からこの扉をバールでこじ開ける。すると扉の向こうから風が吹きつけてくる。いいか、君はその空気を決して吸い込んじゃいけない。一度外気を吸い込んだこの地下空間は、内部の空気を外に排出する。その間、口を閉ざし、息を止めておくことが賢明だ」

密閉されたかつての地下の施設は、空気が滞留し、さまざまな細菌が繁殖しているかもしれない。扉が開けられ、出口が与えられた内部の空気は、それら不浄な空気を引き連れて一気に輩出してくるという。それを吸い込んで身体に悪影響があったとしても保証はできない、というわけだ。私はいささか緊張していた。こちらとあちらを隔てるこの鉄扉はいわば結界だった。異界へと赴く際にその禍々しい風を浴びることは、ある種の通過儀礼だったのかもしれない。

廃墟の記憶

スティーブと私が足を踏み入れたのは、古いミラーボールに壮麗なバーカウンターがある埃まみれになった過去の社交クラブだった。懐中電灯の光が、暗黒の廃墟の中から生々しい記憶の残像を浮上させていく。散乱する埃まみれの酒ビン、割れたグラスとその破片が時折、懐中電灯の光を反射する。大理石のフロアは、土色に変色し、古い新聞紙や紙くずが散らばっているものの、それほど荒れ果てた様子はない。懐中電灯を古いミラーボールに当ててみる。光の点描が空間を満たすことで、往事のにぎわいを想像することができた。スティーブは何やら物語の断片を探すように、しきりにフロアやバーカウンターに散乱する伝票や印刷物に目を通し、タイムカプセルから過去の断片を採集していた。

私は、この場所に居るだけでそれ以上の至福はないと思えた。スティーブがこの場所を次なるクラブの候補地として選定していたことは理解していたが、そこに最低限の改装を施し、かつての伝説と物語を再編し、待望される新クラブの誕生を想像したとしても、私には今そこに居ることの意味の方が圧倒的に重要だった。

案の定、この場所に新たなクラブを作ったスティーブは、もはやマッドクラブの伝説を超えることはできなかった。その後、二〇〇〇年に、スティーブはベルリンに渡り、「ベルリン・マッドクラブ」という、伝説の移植、アダプテーションに乗り出すことになったが、現在の彼の消息は不明である。

八〇年代前半のニューヨークは、マンハッタン島に取り残された廃墟エリアに現代アートが一見無秩序に侵入した、異界に設えられた祝祭の空間だった。なかでも「マッドクラブ」は、単なるダンスの空間ではなかった。そこでは、新手のアーティストとの連携と多くの知的な交換があり、アート、文学、音楽、映像表現が行き交っていた。

クラブ文化と現代アート

後に出現する「エリア」を代表とする八〇年代前半のクラブ文化の全盛期には、クラブはもはやダンス空間というよりは、アート・ミュージアムと呼ぶのがふさわしいテーマ性とイベント、そしてアート作品のショーケース的空間展示によって成立していた。言い換えれば、「マッド」はクラブ文化にとって新たなコースを切り開いた先陣だった。

4　ジャン＝ミシェル・バスキア　ニューヨーク・ブルックリンで活躍したハイチ系アメリカ人の画家。わずか十年ほどの活動期間に三千点を超えるドローイングと千点以上の絵画作品を残した。オーバードーズによって二七歳という若さで亡くなった。

5　ケニー・シャーフ　画家。アンディ・ウォーホルをメンターとして、グラフィティやコラージュを主要な表現スタイルとする「イースト・ヴィレッジ・アート・ムーブメント」の一員になり、ジャン＝ミシェル・バスキアやキース・ヘリングといった同世代のアーティストと共に名を馳せる。

6　ウィリアム・S・バロウズ　アメリカの小説家。五〇年代にアメリカで巻き起こった文学運動「ビート・ジェネレーション」を代表する作家の一人。代表作に『裸のランチ』（一九五九）『ジャンキー』（一九五二）など。

7　キース・ヘリング　八〇年代のアメリカを代表する画家の一人。地下鉄駅構内の広周囲を取り巻く「制度」の堅牢な壁から解放された環境をつくり、アートが一部のギャラリーやミュージアム展示というホワイトキューブの特権のためにあるのではなく、アート自身を自由の身にする――「マッド」は、その方法として先の物語を設定し、それを機能させた場所だった。それは、奇妙でロマンティックな解放区だったのだ。

「マッド」は、ジャン＝ミシェル・バスキア[4]（Jean-Michel Basquiat 一九六〇―一九八八）、ケニー・シャーフ[5]（Kenny Scharf 一九五八―）のようなアーティストに多くの露出の機会を与えた。後に作家ウィリアム・S・バロウズ[6]（William Seward Burroughs II 一九一四―一九九七）の紹介で、友人となったアーティストのキース・ヘリング[7]（Keith Haring 一九五八―一九九〇）も、マッドクラブの常連だった。このクラブはまた、グラフィティ・アートと社会的、政治的な告発を祝うダウンタウンでの最初の集会場になり、アメリカ中から自由な精神を引きつける磁場となった。たとえアーティストや音楽家、さらには映画製作者でなかったとしても、「マッド」においては、人々は皆、固有の表現者としての公的な権限を与えられ、その可能性を提供する場だったのである。

「マッド」の黄金律は、「あなたは創造しなければならない」ということだった。たとえば、クラウス・ノーミ[8]（Klaus Nomi）とジョン・セックス[9]（John Sex）のようなパフォーマーだけでなく、クラブに通う普通の人々の絶妙な衣服のコーディネートの精度を見ても、マッドに集うものたちは自分自身のアートを意識し始めた。

告板に作品を描く「サブウェイ・ドローイング」で脚光を浴び、ストリートアートの先駆けとして知られた。三一歳の時、エイズの合併症により死去。

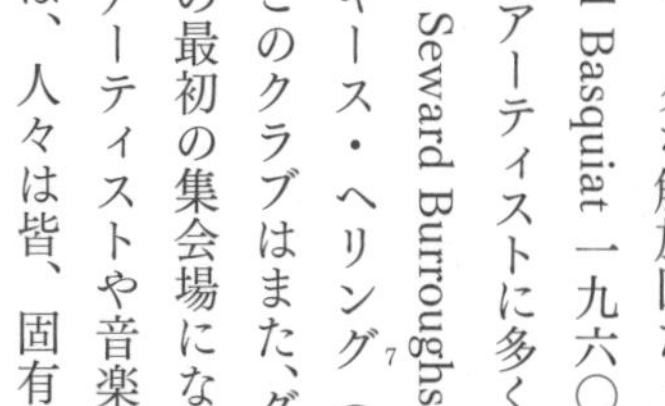

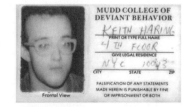

8　クラウス・ノーミ　歌手。ドイツ生まれ。真っ白な厚化粧と奇抜な服装でパフォーマンスをした。ニューヨークのアンダーグラウンドシーンから頭角を現し、デヴィッド・ボウイのバックコーラスも務めた。

「マッド」という場は、ほとんどそのまま「ニューウェーブ」の場を意味していたが、それは、クラブ空間の経営というよりは、新たなアート界の創出から発生したものだった。実際、スティーブは、わずか一万五千ドルの自己資金で、多数の若いアーティストを支援するためにクラブを開いたと語っていた。

ジョージア州メーコンの出身だったスティーブは、かつては民間の救急医療企業を経営し、出版と映画製作にも手を出していた。しかし、そんな彼を大いに刺激したのがマンハッタンで噴出しつつあった現代アートのマグマだった。彼はクラブのスタッフを集めるのと同時に、アーティストを招き寄せた。「マッド」の成功の秘密を、スティーブは静かに話しはじめた。

「普通にクラブの求人をしても、当時のソーホーでスタッフとして働く人間なんて集まらなかったよ。周りにいるのは無名のアーティストたちだった。だから彼らをまず取り込んで、彼らの仲間たちを客にしていくことを思いついたのさ」

すると、普通のディスコでは飽きたらない、奇抜で尖ったファッションで自らを表現するパーティー好きの女性たちが、スリリングなコンセプトの店だとして集まるようになった。やがて、そんなナイトクラバーたちとアーティストとがはじめて出くわす場として機能しはじめた。

「知り合いの家やキャナルストリートから中古のテレビモニターをありったけかき集め、

9　ジョン・セックス　七〇年代後半からニューヨークで活躍したキャバレーシンガー、アーティスト、ストリッパー。まっすぐに逆立てた金髪と派手な衣装がトレードマーク。代表曲に「Hustle With My Muscle」(一九八六)など。三四歳で死去。

10　MTV　一九八一年に開局したアメリカのケーブルチャンネル。ポップミュージックの主戦場をラジオからテレビへと移し、マドンナ、プリンス、ボン・ジョヴィといった数々の世界的アーティストの人気に影響を与えた。

11　新表現主義　七〇年代から八〇年代にかけて世界各国で勃興した現代美術様式。それまで支配的だった難解なミニマル・アートやコンセプチュアル・アートに対して、具象的なモチーフ、荒々しい筆使い、原色の多用といった特徴で人気を得た。代表的な作家にジュリアン・シュナーベル、ゲオルク・バゼリッツ、フランチェスコ・クレメンテなど。

店の至るところに配置したら、自分のビデオアートを上映させてくれという映像アーティストが集まってきた。店で流す音楽はマニアックな選曲で、それもサウンド・アートをやっている奴らがＤＪとなった結果だった。酒ひとつとっても、ビールからリカーまで、アーティストの思惑が反映されていたんだ」

八〇年代のナイトライフ

こうして「マッド」は話題となり、その噂を聞きつけたマンハッタン・ケーブルＴＶの重役が訪ねてきた。彼は「マッド」の映像と音の融合空間に注目し、すぐさまＭＴＶの立ち上げを準備することになる。ほとんどの八〇年代カルチャーの幕開けは、こうして「マッド」から始まったのだ。

八〇年代初頭のナイトクラブ・ビジネスの変容は、同時にアート・プロジェクトの助成金支給をクラブが申請する時代の到来でもあった。アート・プロジェクトは、ナイトクラブの境界にそっと侵入してきた。アーティストが夜の帳の中に生き、アートとナイト・ライフが次第に融合し始めた。それが「マッドクラブ」による革命だったのだ。ＭＴＶ[10]が「マッド」から生まれ、その後、ニューヨークを起源とする新表現主義[11]の熱風が吹き荒れるようになるまでには、多くの時間は不要だった。

12　パラダイス・ガラージ　ニューヨーク、マンハッタンのハドソンスクエアに存在した伝説的ディスコクラブ。一九七八年一月二八日から一九八七年十月一日まで運営。ラリー・レヴァンによるＤＪプレイと、客が一晩中踊り続けるという熱狂ぶりで知られ、現代のナイトクラブの様式に多大な影響を与えた。

当時は、ハウス・ミュージックの勃興期でもあり、とりわけニューヨーク・ハウスの隆盛期だった。伝説のクラブ「パラダイス・ガラージュ(Paradise Garage)」[12]でDJラリー・レヴァン(Larry Levan 一九五四―一九九二)が「NYガラージュ」と呼ばれるハウスのスタイルを確立し、磯崎新[13](一九三一―二〇二二)によって古い映画館が改装されたディスコ「ザ・パラディアム」[14]が話題となる前夜でもあった。八〇年代のニューヨークはカウンター・カルチャー、なかでもアンダーグラウンド・カルチャーのメッカだった。その頃、私はそのメッカ巡礼を行うべく、ニューヨークへと足しげく通い、ときには長期間滞在し、極東の島国では誰もまだ見ぬ、新たな文化が胎動する現場に身を置いていた。「マッドクラブ」のドアを塞ぎ、そして開くための金属チェーンは、アップタウンとダウンタウン、白人と有色人種、富裕と貧困、多様なるマイノリティやジェンダーを仕切る鉄壁を打ち破る異界の創出のシンボルだった。そしてそれは、特権的な美術教育や作家主義を超えた、「誰もがアーティストになるべき」道を開拓するはじまりの場所でもあったのである。

ロワー・イーストサイドの社交クラブの廃墟から、まだ暗い地上に向けて階段をのぼる。オレンジ色に映えた、目の前の黒ずんだ無数の廃墟郡が、それからわずか数年で百を超えるギャラリーが乱舞する空間に変容していくとは、当時の私にも予想すらできないことだった。無名のアーティストがいきなり脚光を浴び、グラフィティと新表現主義

13　磯崎新　建築家。ポストモダン建築を牽引した一人として知られる。代表的な建築につくばセンタービル、ロサンゼルス現代美術館など。二〇一九年に日本人として八人目となるプリツカー賞を受賞。また建築関係の活発な評論活動でも知られた。

14　ザ・パラディアム　一九八五年から一九九七年まで営業されたナイトクラブ。建物は一九二七年から存在し、映画館やコンサートホールとしても営業されたが、スタジオ54を手掛けたイアン・シュレーガーとスティーブ・ルベルによって、ナイトクラブへと改装された。内装の再設計を建築家の磯崎新が手掛け、キース・ヘリング、ジャン・ミッシェル・バスキア、フランチェスコ・クレメンテなどのアーティストの作品が飾られていた。

のアートバブルとも呼ぶ環境の中、マンハッタンのジェントリフィケーションは、急速な勢いで進んでいった。

僻遠のゾーンへ

これから、マンハッタンに廃墟の住処がなくなろうとする八〇年代後半に至るまでの、ほぼ十年間にわたるNYでの経験から、そこから九〇年代以降のサンフランシスコ、そして京都、東京、札幌を挟み、ベルリンとヨーロッパへと向かうことになる私の約四十年以上に及ぶ旅の記憶を紡いでいこうと思う。

本書は、私の自叙伝であると同時に、人生の最終段階においてのみ語ることが許される「秘密」やプライバシーの開示でもある。インターネットの普及後、コミュニケーションの利便性は圧倒的に変化したが、自身が世界で出会うべき人物との遭遇は、e－メールやSNSで済まされるものではない。世界が縮小し、出会うべき人との距離が短縮されたとしても、リアルな出会いと対話の記憶を超えることはない。

不可知で理解困難なゾーンに取り憑かれてきた私は、ある意味ボヘミアンのような旅を続けてきた。この旅のほぼすべてを開示することで、僻遠の異界との関わりをめざす人々に、何らかの刺激を届けられれば幸いである。

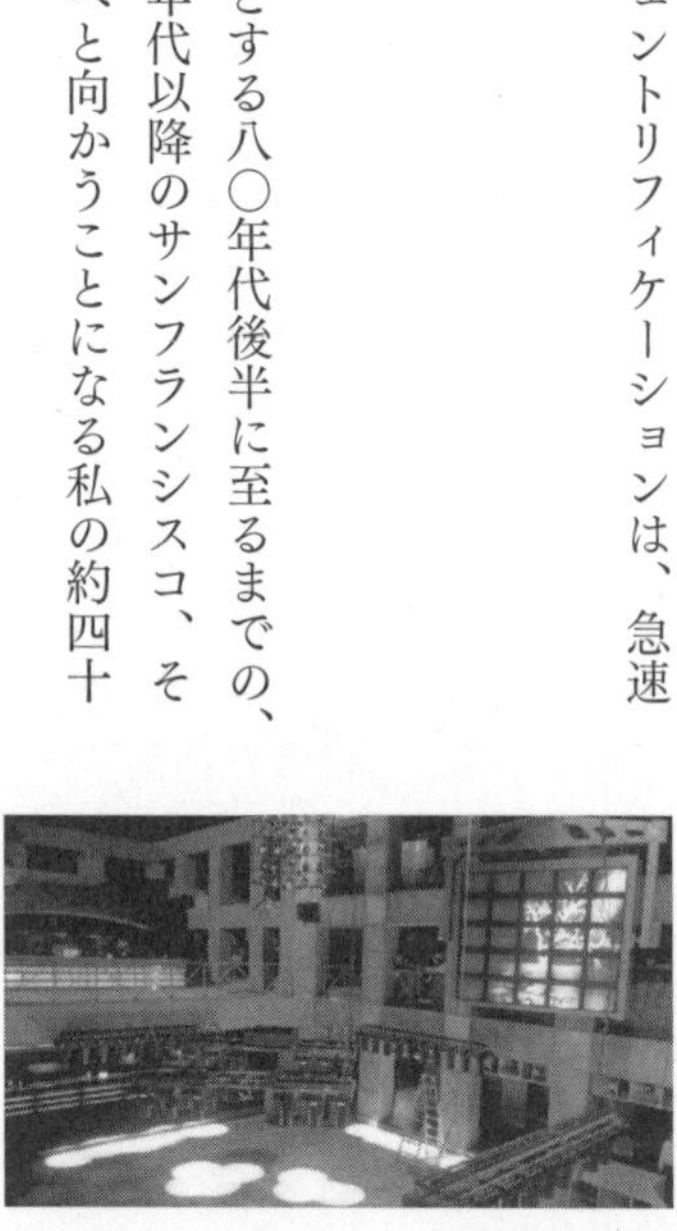

ゾーン1　東京

制度と逸脱

一九七八年、二十四歳の夏に聖地マンハッタンに降り立つまで、私の東京での少年時代から大学時代までの私的な履歴を明かす必要がある。なぜなら、早熟な青年が東京での文化の前衛に飽き足らず、NYへと向かう動機がどのように醸成されたのかに触れておくことが、その後に続く「ゾーン」への旅につながるからである。そもそも「ゾーン」とは何かが、この章で明らかになるはずである。

一九五四年、私は東京の世田谷区等々力で生まれた。その後、両親が荒川区に移り住み、小学校は文京区の誠之小学校への越境入学だった。当時、誠之、開成、東大というのが、下町の親たちが子どもに夢を託す最善の就学コースだったからだ。母方の祖父は、開成に合格したら、その後の学費をすべて用意すると意気込んでいたそうだが、もちろん、これは果たせぬ幻だった。

母は幼稚園から小学校低学年の私に、ヴァイオリンから習字、絵画教室などに通わせた。母が自分の夢を子どもに託していることを、私は漠然と理解していた。しかし、ヴァイオリン教室は二カ月で逃げ出し、他の習い事も長く続くことはなかった。こうしたことがあって、母は後の中学、高校などの学習塾にすら、私を通わせることを断念していた。

私の父は、戦後シベリアに抑留され、帰国は一九四九年だった。一九四五年の終戦から四年後、ソビエトからの帰還者はレッドパージの対象となり、共産主義教育で洗脳されたとされ、父を雇う企業は皆無だった。父はシベリア抑留時代のことを、子どもには語らなかった。戦争がなかったら、父は大衆演劇の役者になる夢を持っていたようだが、父の戦争体験は、自身の記憶から消去したい出来事だったと思う。

父の肩には、「七転び八起き」を意味するダルマの入れ墨があった。その入れ墨はシベリア時代に彫られたものだったらしいが、帰国して温泉などに行く時は、サロンパスを何枚か貼り、入れ墨を隠す父の心情を理解するのには時間が必要だった。そんな父がたどり着いた職業は、住宅建築需要に沸く材木問屋だった。その仕事とは、重いラワン材を肩でかつぐ重労働だった。

私の両親がどのように出会ったのかは定かではないが、母は再婚で、父は初婚、父はシベリアで好きな女性がいたらしいが、日本への帰国とともにこの女性との別れがあったようだ。父はその後、材木問屋を自ら経営し、子どもたちを大学にまで行かせてくれた。

母の蒸発

私が小学四年の時、母が突然家から失踪した。最初の東京オリンピックの開催年だった。母は写真の現像所でパートタイムの仕事をしていた。東京オリンピックの報道写真のカラー・プリントを家に持ち帰っては、プロの写真家が撮影したクオリティを自慢することもあった。子どもたちが学校に行っているあいだ、母は週五日ほど働いていた。ある日、家に帰ってからしばらくしても母は不在だった。当時両親が働いている場合、子どもたちは「鍵っ子」と呼ばれ、学校から帰れば自分で家の玄関の鍵を開ける。だから昼間に両親がいないことは不自然なことではなかった。

母の突然の失踪が大きな事件であると感じたのは、夕刻に帰宅した父の動揺からだった。

「母さんはどこに行った？」

父は私と妹に声を荒らげて問いただした。母の勤め先に父が電話で問い合わせた時、母が計画的に「蒸発」したことが子どもながらに理解できた。

同時に父の動揺から、家の預金通帳がなくなっており、通帳を管理していた母の仕業であることも明白だった。その日を境に約二年間、母の不在は続いた。父は仕事を抱えながら、子どもたちの面倒を見ることができないため、私と妹は日暮里にあった母方の祖父母の家に預けられた。

母の秘密と父の執念

父は母を探し続けていた。母の職場の人間関係などを聞き込みし、さながら警察か探偵のような執念で母を探し回ったのだと思う。母が二年間の不在ののち、父が母を見つけた場所は、熱海の温泉宿だった。後で知ることになった母の蒸発の理由は次のようなものだった。母はパートタイム時代に知り合った男と駆け落ちをし、その後男とも別れ、結局、温泉宿の仲居として住み込みで働いていたのだ。

祖父母の家に母が帰ってくるという日、私は家の二階から、父の背後を気丈に歩いてくる母の姿を鮮明に記憶している。私は母の帰還に喜びもなかったし、母の心情は私より複雑だったと思う。私は無感情のままに、おどろくほどやつれた母の姿を見た。なぜ家族を捨ててまで蒸発したのかは、別人のような母が戻ってきた直後では理解すらできなかった。その後、家族のもとに帰還してきた母という存在に、違和感がなくなるのに二、三年はかかったと思う。二歳下の妹は、私より母が必要だったようで、母とはいち早く親密になっていった。

後に今村昌平が映画『人間蒸発』[1]（一九六七年）で展開したモキュメンタリーやメタフィクションの手法が、母の蒸発と父の捜索の姿と重なり、そもそも母の蒸発は現実を超えた計り知れないフィクションだったのではと、真剣に思った時もあった。

母は私の大学時代にも短期間の蒸発事件を起こしていた。これにも父の銀行預金の使い込みが絡んでいたが、父は母を叱責することなく、母の帰還を受け止めていた。その後、母が見知らぬ若い男のクルマの助手席にいるのを私は都内で目撃した。母には私以外の息子がいるのではと、さまざまな妄想を膨らませた。私は探偵を雇い、母の身辺調査を依頼しようと考えたこともあった。

母は自分には大きな秘密があり、それは墓場まで持っていくと呟いたことがあった。母とはいえ、彼女の人生には子どもが介入できない何かがあったのだと思うし、そこに深入りするほど、私も強くはなかった。結局、八〇年代後半に父がガンで亡くなり、秘

1　人間蒸発　映画監督・今村昌平による一九六七年六月公開の劇場用長編ドキュメンタリー映画。現実に失踪したサラリーマンを探す許嫁と一緒に、今村昌平が日本全国を歩いた。その取材過程が映像化された。撮影は石黒健治。

密を聞く機会のないまま、母は二〇〇九年にこの世を去った。

映画に救われる少年

小学校高学年の子どもが体験した母の蒸発は、痛い出来事だった。母の不在、そして祖父母の家に世話になると同時に学校の転校。それまで当たり前だった母の存在が、突然消えたのは予期せぬ現実だった。父は仕事と掛け持ちで母を探す日常のため、私と妹に会う時間もなかった。母に加え父も不在の毎日は、感情的にはそれほど悲しいことではなかった。なぜなら、緊迫した現実と深く向き合えるほど大人ではなかったからである。

両親不在の小学校時代の一番の楽しみは、日曜日に出かける三本立ての映画館だった。いまではR指定で映画鑑賞の年齢制限がいくつもあり、親の同伴などが義務付けられているようだが、私は祖父母の家から電車で、お気に入りの映画館まで足繁く通うことになった。そこでいまなお鮮明に記憶している映画は、グァルティエロ・ヤコペッティのドキュメンタリー映画、『世界残酷物語』[2]だった。一九六二年に公開されたこの作品を三本立ての場末の映画館で知った年齢は、公開から三年後のたしか小学五年生だった。

2　世界残酷物語　イタリアの雑誌記者出身で性風俗映画を撮っていた映画監督グァルティエロ・ヤコペッティが、世界の野蛮で残酷な奇習や風習を記録した異色ドキュメンタリー映画。一部に演出を含んだショッキングな手法は、モンド映画という世界的ブームに発展。日本でも大ヒットを記録した。

とはいえ、まだ子どもの私には強烈な映画体験だった。イヴ・クラインの裸体のモデルたちと繰り広げる「クラインブルーの絵画」制作や、世界各地の奇妙で理解不可能な出来事が映像で記録されていた。原題"Mondo Cane"が「犬の世界」の意だったこと、イヴ・クラインがこの映画の試写会において、心臓麻痺で亡くなったことなどを後に知ることになった。

モンド映画というジャンルを開き、カルト映画の原点となったこの映画は、事実を記録しただけでなく、いわゆる「ヤラセ」を織り交ぜた虚実の融合だった。だからこそ、世界で起こっている「耐えられない世界」を描くことができたのだ。因みにMondo Caneは、理不尽で耐え難い世界を意味していた。

私の映画体験は、その後も中学、高校、大学へと続き、その後はマンハッタンのイースト・ヴィレッジの深夜映画館へと続いた。これが、日本では体験できないカウンターカルチャーにたどり着くための、世界を飛び回る旅となっていくのだった。

『２００１年宇宙の旅』

中学時代に打ちのめされた映画は、なんと言っても一九六八年四月十一日に、日本でシネラマ公開されたスタンリー・キューブリック[3]監督の『２００１年宇宙の旅』だった。

3　スタンリー・キューブリック　映画監督、脚本家、プロデューサー。『博士の異常な愛情』（一九六四年）、『２００１年宇宙の旅』（一九六八年）、『時計じかけのオレンジ』（一九七一年）のSF三部作ほか、『シャイニング』（一九八〇年）『フルメタル・ジャケット』（一九八七年）など。遺作は『アイズワイド・シャット』（一九九九年）。

京橋の「テアトル東京」で、この映画を立て続けに二回観た。当時の映画館には入れ替え制はなく、シネラマ映画館は、日本の中で東京と名古屋、大阪だけだった。いまならＩＭＡＸだろうが、当時としては、脅威の大画面に引き込まれた。それまで東宝の怪獣映画の特撮で満足していた十四歳が、一点の曇りもない宇宙とモノリスの謎に打ちのめされたのだ。

『２００１年宇宙の旅』の特撮を担当し、その後『ブレードランナー』[4]や『未知との遭遇』[5]でモーションコントロールカメラを導入し、ＣＧＩ以前の特殊映像効果に革命をもたらしたダグラス・トランブルとは、ラスベガスとボストン近郊に特設された『バック・トゥ・ザ・フューチャー』のモーション・ライドの制作スタジオで出会うことになった。八〇年代後半に、名古屋のテック系シンポジウムの特別ゲストに彼を招聘するために、トランブルに来日の交渉をし、実現できた。この出会いも『２００１年宇宙の旅』の衝撃があったからである。

　私はキューブリックに追いつくための旅の中で、トランブルとの対話を含め、『シャイニング』や遺作となった『アイズ・ワイド・シャット』に至るまで、五十年以上もキューブリックを一種の「謎」のようにまとってきた。そんな意味で、『アイズ・ワイド・シャット』こそ、キューブリックの「スワンの歌」だったことは断言できる。

4　ブレードランナー　一九八二年公開。原題「Blade Runner」。イギリスの映画監督リドリー・スコットによるアメリカ合衆国のSF映画。二一世紀初頭の酸性雨が降るロサンゼルスを舞台に、人造人間「レプリカント」とそれらを追う捜査官「ブレードランナー」を描いた。原作はフィリップ・K・ディックのSF小説『アンドロイドは電気羊の夢を見るか?』。

5　未知との遭遇　一九七七年公開。原題「Close Encounters of the Third Kind」。アメリカ合衆国の映画監督スティーヴン・スピルバーグによるSF映画。UFOらしき物体を目撃した電気技師ロイは、正体の究明にのめり込むことで未知の存在に近づいていく。怪奇現象に翻弄される人類や宇宙人との接触を描いた。スピルバーグ自身が初めて監督と脚本を共に手掛けた作品。

映画三昧の日々

高校、大学時代の映画体験は毎日の日課となった。高校は日大鶴ケ丘高校で、最寄りの駅は京王線の明大前。乗り換えで新宿を通ることで、私の「ヤサ」は新宿だった。高校三年の誕生日に自動車免許を取得し、父に中古で買ってもらったフォルクスワーゲンのビートルに乗り、高校時代からクルマが足となっていた。大学には統一試験である程度の成績を取れば日大には進学できた。付属の三流高校での成績は良いほうだったので、日大芸術学部に正規で合格した。ただ、高校の友人たちが日芸の入学式にたくさんいたのには驚いた。いわゆる寄付金での入学枠というもので、正規入学の入学金の二倍、三倍を支払った学生たちだった。

高校時代の新宿の喫茶店といえば、学生運動家やロック、地下演劇などの長髪の若者たちで賑わった「風月堂」、東京のどこよりも早く欧州のプログレッシブ・ロックの新盤を揃えていた「新宿レコード」、そして紀伊國屋書店本店に加え、新宿にはいわゆる「名画座」と呼ばれる映画館が何軒もあった。

高校の帰り道、友人を誘い、有楽町の日劇の地下にあったATG（アートシアターギルド）作品が上映される日劇文化劇場や京橋の国立フィルムセンター、アテネ・フラン

6　アラン・レネ　映画監督。代表作にはアウシュヴィッツ強制収容所の記録映画『夜と霧』（一九五五年）や『二十四時間の情事』（一九五九年）、『去年マリエンバートで』（一九六一年）などがある。五〇年代末にフランスで始まった映画運動、ヌーヴェルヴァーグの中で、モンパルナス地区に集った「左岸派」の人物としても知られる。

7　アンドレイ・タルコフスキー　旧ソビエト連邦の映画監督。詩人アルセニー・タルコフスキーを父に持つ。代表作には『惑星ソラリス』（一九七二年）、『鏡』（一九七五年）、『ストーカー』（一九七九年）などがある。旧ソ連の厳しい検閲から逃れるため一九八四年にパリに亡命。そのまま帰国する

セなどにも頻繁に通い、映画という映画をひたすら観続けた。そんな時代に出合ったのが、アラン・レネ[6]の『去年マリエンバートで』（一九六一年、日本公開一九六四年）であり、アンドレイ・タルコフスキー[7]の『惑星ソラリス』[8]（一九七二年、日本公開一九七七年四月二十九日）を起点とする彼の全作品、なかでも『ストーカー』[9]（一九七九年、日本公開一九八一年）との出合いだった。

これらの映画は、いま振り返ってみても、私に決定的な影響を与え、これから本書で示していくことになる私の人生のコアとなった作品だった。中でも、タルコフスキーの『ストーカー』は、私が追いかけていたオカルティズムや魔術、カウンターカルチャーやサイバーパンク、それに伴う地下文化などの探索と共振する不可欠な作品だった。

自分の若い日々を振り返ると、私は訳のわからないできごとに取り憑かれてきた。小学五年生には刺激が強すぎた前述の映画『世界残酷物語』や、中学二年で観た『２００１年宇宙の旅』、高校一年の時に、名作上映館で出会ってしまったアラン・レネの『去年マリエンバートで』、その後、ジョン・ウォーターズ[10]の『ピンクフラミンゴ』やケネス・アンガー[11]の『ルシファー・ライジング』などを通過し、極めつきはタルコフスキーの『惑星ソラリス』、そして『ストーカー』を二十七歳の時に観てしまったことである。その他、多くの映画と出会ったことで、私のまだ観ぬ「映画探し」は、米国のみならず、欧州各

ことなく一九八六年に人生の幕を閉じた。

8　惑星ソラリス　一九七二年公開。原題「Solaris」。旧ソビエト連邦の映画監督アンドレイ・タルコフスキーによるSF映画。惑星ソラリスを探索中だった宇宙ステーションの通信が途絶え、心理学者クリスが調査へ向かう。そこでかつて自殺したはずのクリスの妻ハリーが現れ、惑星ソラリスは人間の潜在意識を写し出す力を持っていたことがわかる。原作はポーランドの小説家スタニスワフ・レムのSF小説『ソラリス』。

9　ストーカー　一九七九年公開。原題「Stalker」。旧ソビエト連邦の映画監督アンドレイ・タルコフスキーによるSF映画。とある小国の謎に包まれた立入禁止区域「ゾーン」に、「ストーカー」と呼ばれる案内人が作家と教授と共に侵入していく。「ゾーン」の奥にはどんな望みも叶えられる部屋があり、三人の男は自身の深くにある願いと向き合うことになる。原作は旧ソ連の小説家ストルガツキー兄弟のSF小説『路傍のピクニック』。

地へと向かうことになるのだった。

『去年マリエンバートで』という謎

青年期の精神に刻印され、いくつかの映画に取り憑かれた理由のようなものを書き記しておきたい。まず、アラン・レネの『去年マリエンバートで』からの影響から振り返ってみたい。

アラン・レネ監督、アラン・ロブ＝グリエ脚本による『去年マリエンバートで』（一九六一年、ヴェネツィア国際映画祭金獅子賞受賞）は、その型破りな物語構成とシュールで夢のような雰囲気が際立つ白黒映画である。この映画はフランスのヌーヴェルヴァーグ[12]映画の画期的な作品であり、ストーリーテリング、映像構成、曖昧さへの革新的なアプローチという文脈で語られることが多い。

これまでに映画館では数回以上、ＶＨＳからブルーレイまで数えると十数回はこの映画を観たことになる。映画館では何度も心地よい睡魔に身を任せ、後にラストシーンでは涙することもあった。ベルリンに住んでいた時、この映画の「聖地巡礼」に赴いたこともあった。

主人公の「女」を演じたデルフィーヌ・セイリグの豪華で気品ある衣装を担当したの

10　ジョン・ウォーターズ　映画監督・脚本家・俳優。代表作にはドラァグクイーンをはじめとする奇人たちが「この世で最も不潔な人間」の座を争うダーク・コメディ映画『ピンクフラミンゴ』（一九七二年）や『ポリエステル』（一九八一年）、ブロードウェイで上演された『ヘアスプレー』（一九八八年）などがある。作品の多くは、自身の故郷であるメリーランド州ボルチモアが舞台となっている。

11　ケネス・アンガー　映画監督。代表作には自身が主演を務めた『花火』（一九四七年）や、六〇年代ポップスをアバンギャルドな視点で描いた『スコピオ・ライジング』（一九六三年）、『ルシファー・ライジング』（一九八〇年）などがある。アレイスター・クロウリーの魔術思想はアンガーのライフワークに大きな影響をもたらした。

12　ヌーヴェルヴァーグ　Nouvelle Vague。「新しい波」という意味の一九五〇年代に始まったフランスにおける映画運動。若手の監督たちによる、従来のルールに囚われない制作技がココ・シャネルということもあり、二〇一八年にシャネルが4Kデジタル・リマスタリングの資金を提供し、この映画を現代に蘇生させた。これにより、映画館での最上の上映やブルーレイの発売が可能になり、現代の新たな観客にこの映画が届けられた。

物語の構造

この映画は伝統的な直線的ストーリーテリングとは大きく異なっていた。その代わりに、過去と現在、現実と記憶を曖昧にする断片的な物語を提示する。脚本を担当し、アンチロマンの旗手として脚光をあびていたロブ＝グリエは、黒澤明の『羅生門』と芥川龍之介の『藪の中』からこの物語のヒントを得たと語っているようだが、まさに「藪の中」のストーリーは、豪華なバロック様式のホテルにいる男女によって繰り広げられた。

物語の舞台は、時代も土地も不明な、宮殿のようなホテル。宿泊客の中に女Aと男Xと男Mの三人がいる。MはAの夫で、XはAの愛人のように登場する。Mが二人を見守る中、XはAを口説き続ける。

「去年、我々は会いしましたよね？」

Xは前年にマリエンバートで関係を持ったと主張するが、Aは全く覚えていないと拒

法が用いられた一連の作品を指す。代表的な監督には、「カイエ派（右岸派）」の一員であるジャン＝リュック・ゴダールや、モンパルナス地区に集まった「左岸派」の一員であるアラン・レネなどが挙げられる。この動向は約十年間にわたり続いた。

絶し続ける。

Xは、Aと去年会った際、一年後に駆け落ちする約束までしたという。XとAは一年前に本当に恋に落ちたのか？ Aが知らないふりをしているだけなのか？ それともAはXを完全に忘れてしまったのか？

この映画は、何が現実で何が想像なのか、観客の理解に挑戦する。この映画は実存的なテーマ、特に人間存在の不確かさを掘り下げていく。登場人物たちは宙ぶらりんの状態でホテル内をさまよっているようで、彼らの会話はしばしば同じ未解決の疑問に立ち戻る。登場人物間の力関係は、欲望、執着、権力といったテーマを反映し、共通の過去を持つ女性を説得しようとする男の執拗な試みは、人間関係の複雑さの隠喩と見ることができる。

ホテル内の移動撮影は、ステディカムがない時代でありながら、精緻なトラッキング・ショットで実行され、鏡像、荒涼とした幾何学的な風景の使用は、催眠作用のような視覚体験を生み出していく。事実、私は何度もこの映画で眠りに落ちた。サシャ・ヴィエルニーによる撮影は、この映画の超現実性を確立する上で重要な役割を果たしていた。音の使い方も注目に値する。フランシス・セイリグによる反復的で心を揺さぶるスコアが、夢のような体験に誘う。ノンリニア編集と時間と空間の突然のジャンプが、この映画の混乱感を助長し、編集はパズルのように、観客自身に物語を組み立てるよう挑んでいるのである。

衝撃と遺産

『去年マリエンバートで』は公開以来、多くの議論と分析の対象となってきた。その実験的なアプローチは、さまざまな映画作家やアーティストに影響を与えた。この映画のオープンエンド性と曖昧さは、映画理論の研究、特に作家性、物語構造、観客の関与をめぐる議論の格好の題材となってきたのだ。

『去年マリエンバートで』は映画的謎である。その代わりに、従来の物語や時間の概念に挑戦し、魅惑的な視覚的・聴覚的体験を提供する。この映画の不朽の魅力は、謎めいた感覚を呼び起こし、無数の解釈を誘うその能力にある。

この映画は、その印象的な映像スタイル、特にバロック様式のホテルや庭園といった豪華で謎めいた設定でも有名である。これらのシーンの撮影地は、主にドイツとフランスだった。二〇一六年、ベルリン移住から一年後、私はこれらの撮影地を訪問した。

宮殿のような「ホテル」の外観といくつかの室内シーンは、ミュンヘンにあるバロック様式の宮殿、ニンフェンブルク城で撮影された。宮殿の広大な庭園と複雑な建築は、映画の超現実的で夢のような雰囲気に大きく貢献している。同じくミュンヘン近郊にあるシュライスハイム宮殿も映画の舞台となった。その大広間と華麗なデザインは、映画の謎めいた雰囲気をさらに引き立てた。

ドイツのバイエルン州にあるバイエルソイエン（Bayersoien）で撮影されたシーンもある。この地域の風光明媚な美しさと古典的なヨーロッパ建築は、この映画の美学に適していた。いくつかの室内シーンはパリのシャイヨー宮で撮影された。新古典主義建築で知られるシャイヨー宮は、バロック様式が多い本作とは対照的な背景となった。

これらのロケ地は、時代を超越した超現実的な感覚を呼び起こすため、レネと彼の製作チームによって慎重に選ばれた。バロック様式と新古典主義様式を取り入れたこれらの建物の壮麗さと複雑なディテールは、この映画の呪術的で魅惑的な雰囲気を作り出す上で重要な役割を果たしていた。

壮大な庭園シーンは、特に丹念に配置された三角形の植え込みとバロック様式の彫刻で知られているが、主にドイツのミュンヘンにあるニンフェンブルク宮殿の庭園で撮影された。このバロック様式の宮殿は、その広大で芸術的にデザインされた庭園とともに、この映画の超現実的で夢のような体験にとって理想的な背景となったのである。幾何学的なレイアウト、左右対称の模様、手入れの行き届いた生け垣、庭園内の彫刻や噴水は、この映画の美学に完璧に合致していた。

映画ファンが映画の舞台となった場所を訪れるフィルムツーリズムは人気のある現象だが、『去年マリエンバートで』はそのような関心を確かに喚起した。私自身、ベルリン移住時に「マリエンバート」という架空の場所を形作る複数のロケ地を訪れたことで、この映画を換骨奪胎したかのような錯覚を覚えた。しかし、この映画を謎のままにとどめ置くことが、私自身に必要だったことも理解できた。

謎のままに浸る

『去年マリエンバートで』は、特にその謎めいたラストシーンにおいて、従来の解釈を覆す映画である。この映画の曖昧さと開放性は、その永続的な魅力の中心である。ラストシーンでは、男と女がホテルの豪華な環境の中で一緒にいるのが映し出され、男はついに女に過去の出会いと関係を納得させるために現れる。このシーンは視覚的に印象的であると同時に、テーマ的にも曖昧であるため、さまざまな解釈が可能である。

現実対記憶：ラストシーンは現実と記憶の融合、あるいは崩壊を表しているというものだ。映画を通して、過去と現在、現実と想像の境界は一貫して曖昧である。ラストシーンはこのテーマの延長線上にあり、出来事が現実で起きているのか、登場人物の心の中で起きているのかが曖昧なままになっている。

物語の解決：ラストシーンをある種の解決と見る人もいる。女性は最終的に男性の言い分を認め、受け入れる。この解釈は、この映画が非線形で曖昧な物語であるにもかかわらず、男の執念が女の知覚や記憶を変えるという軌跡をたどるという考えに基づいている。私が幾度となくこの映画のラストシーンで涙した理由でもある。

曖昧さの継続：ラストシーンは何も解決しておらず、むしろこの映画の曖昧さと不確実性のパターンを継続していると主張する批評家もいる。このシーンは循環的で超現実的な物語のもうひとつの瞬間に過ぎず、登場人物の関係や記憶の信憑性について決定的な答えを与えるものではない。

知覚と主観性についての解説：ラストシーンと映画全体は、知覚、記憶、主観性の本質についての解説と見ることができる。不確定な結末は、現実は主観的なものであり、記憶は惑わされやすく当てにならないという考えを補強している。

夢のような状態：ラストシーンを含め、映画全体が夢のような状態で進行しており、登場人物の一方、または両方の心が作り出したものだという解釈だ。これは映画のシュールで夢のような物語構成と一致する。

芸術的開放性：芸術的観点から、このエンディングはアラン・レネ監督と脚本家アラン・ロブ＝グリエによる意図的な選択で、解釈の余地を残すことで、観客がそれぞれの経験や認識に基づいて独自の結論を導き出すことを促している。

結論として、『去年マリエンバートで』のラストシーンは、映画の他の部分と同様、複数の解釈が可能である。この映画は、観客が現実、記憶、物語の一貫性についての理解を投影できるキャンバスの役割を果たしている。この解釈の自由さこそが、この映画が映画芸術の領域で永続的な影響と意義を持つ重要な要素となった。

ソラリスの海

次にタルコフスキーの映画との出合いについても触れておこう。私がマンハッタンに降り立つ前年に公開されたのが、アンドレイ・タルコフスキーの『惑星ソラリス』だ。この映画も、後の『ストーカー』同様に、テーマの深さ、哲学的意味合い、独特のスタイルから、広く分析・批評されてきた作品である。

スタニスワフ・レム[13]のSF小説『ソラリスの陽のもとに』(「Solaris」)を映画化した『惑星ソラリス』は、技術重視のSFジャンルとは対極にあり、より内省的で形而上学的なアプローチを提供する作品とみなされている。ここでは、『惑星ソラリス』の重要な視点をいくつか紹介しよう。

この原作小説は一九六一年に発表され、以来SF小説の古典となっている。舞台は広大な海に覆われた謎の惑星ソラリスを周回する宇宙ステーションである。この海は、乗組員の最も深い恐怖、記憶を物理的に創り出せる知覚を持つ存在だと考えられている。

物語は心理学者のクリス・ケルヴィンに焦点を当てる。彼が宇宙ステーションに到着すると、クルーは混乱し、ステーションは恐怖に包まれていた。ケルヴィンは彼自身の過去、特に亡くなった妻ハリの過去からの「現れ」に遭遇する。「ビジター」と呼ばれるこれらの現象は非常にリアルで、クルーの現実認識を覆す。ケルヴィンはハリとの交流を通じて、妻への罪悪感や二人の関係についての未解決の感情に直面することになる。

レムの小説は、人類は真に異質な生命体、特に知性や意識に関する我々の概念に適合しない生命体を理解することが根本的にできないのではないかという考えを探求しているのだ。

レムの小説がソラリスの海の性質と人間の心を探る能力について、哲学的・科学的な

13　スタニスワフ・レム　ポーランドのSF小説家。代表作には『エデン』(一九五八年)や、アンドレイ・タルコフスキーとスティーヴン・ソダーバーグによって二度映画化された『ソラリス』(一九六一年)、『砂漠の惑星』(一九六四年)がある。これらの作品は、異星文明との接触をテーマとしていることから後に「ファーストコンタクト三部作」と呼称されるようになった。

思索をより深く掘り下げる一方で、タルコフスキーの映画版は小説のテーマの多くを忠実に再現しているものの、物語の感情的、実存的な側面に重きを置いている。特にケルヴィンとハリの関係に焦点を当て、人間の思考や記憶を実体化する能力を持つ惑星ソラリスは、登場人物、特に主人公クリス・ケルヴィンの内面を映し出す鏡の役割を果たしている。

タルコフスキーは、現実の本質、アイデンティティ、人間の存在に関する実存的な問いを盛り込み、人間とソラリスの海との相互作用は、人間の理解の限界と宇宙の謎について疑問を投げかける。人間の行動の道徳的・倫理的な意味合い、特に科学的探求と未知なるものとの関連について、観る者に考察を促すのだ。ソラリスによって創造された感覚を持つ存在として、ケルヴィンの亡き妻ハリが再び現れることで、存在、意識の本質に関する倫理的ジレンマが浮かび上がってくる。

批評家の中には、『惑星ソラリス』を宗教的あるいは精神的なレンズを通して解釈し、キリスト教的象徴の要素や、贖罪、復活、神への探求といったテーマを見る者もいる。レムの小説と比較すると、タルコフスキーがレムの作品の科学的で思索的な側面よりも、感情的で実存的な問題に焦点を当てていることがしばしば強調される。

知覚を持つ海の描写は、自然の複雑さと、人類と環境との破壊的な関係の隠喩としても解釈される。『惑星ソラリス』は単なるＳＦ映画ではなく、人間の本性、宇宙における我々の位置、そして我々の理解の限界についての深遠な探求である。宇宙における人類の位置や、我々の理解を超えた存在との相互作用について深遠な問題を提起し、愛、喪失、そして得体の知れない異星人の知性をテーマにしたこの作品は、ＳＦ文学における画期的な作品となったのである。

タルコフスキーの映画『ストーカー』

映画『ストーカー』は、私が追い求めた哲学的な関心、映像美、テーマの複雑さにおいて、多くの「謎」の本質を喚起してくれた作品である。タルコフスキー作品に特徴的なゆっくりとしたテンポと長回し、意図的な「間」の使い方は、瞑想的な鑑賞体験を生み出した。このスタイルは、観客が映画の雰囲気やテーマに深く浸ることを促すものだった。

この映画は、外界の荒涼とした工業地帯と、緑豊かでほとんど別世界のようなゾーンとの、鮮烈な視覚的コントラストが特徴である。このような視覚的象徴主義は、登場人物の内なる旅と、希望、絶望、人間の条件についての映画の探求のメタファーとして役立っていた。

この映画の核心は、意味と目的の探求である。人の内なる欲望を満たすと言われる神秘的な禁断の領域であるゾーンは、この探求を象徴していた。私にとって、一九七八年から始まったNYへの旅は、まさにこの「ゾーン」という異界であり結界への参入に等しかった。同時に、この映画はスピリチュアルで実存的な問題を掘り下げていた。禁断の「ゾーン」への旅は、ストーカーがガイドであり、精神的指導者の役割を果たす巡礼の旅と見ることができ、信仰や信念についての疑問を投げかけていた。ゾーンを環境破壊と工業化の破壊的影響の隠喩と解釈する批評家もいた。

ストーカー、作家、教授という三人の登場人物は、信仰と希望（ストーカー）、皮肉と懐疑（作家）、合理性と実用主義（教授）という異なる人間の属性を表している。彼らの相互作用と対話が、この映画の哲学的探求の原動力となっている。ストーカーというキャラクターは、映画を通して微妙な変化を遂げ、彼自身の疑念、恐れ、希望を明らかにしていく。そして幸福の本質、苦しみの役割、物質世界を超えた何かを求める人間の本質について、実存的な問いを投げかける。明確な答えを示そうとしないこの映画は、人生の複雑さと人間経験の曖昧さを映し出していた。

この映画はアート・ハウスや哲学映画の領域において、映画的言語に影響を与えた作品として頻繁に取り上げられてきた。時が経つにつれ、この映画は映画ファンの間でカルト的な地位を獲得し、その独特なスタイルと奥深さは、絶え間ない研究と解釈の対象となったのだ。その深い哲学的・精神的探求、映像的・物語的革新性、そして人間の条件に関する深い考察を喚起する能力において傑出した映画であるがゆえに、公開から数十年経ったいまもなお、映画芸術の領域において極めて重要な作品であり、インスピレーションを与え、議論を誘発し続けている。

映画『ストーカー』の原作は、アルカディとボリスのストルガツキー兄弟の『ロードサイド・ピクニック』[14]というタイトルのSF小説をゆるやかに基にしている。この小説は一九七二年に旧ソビエト連邦で発表された。

二〇一五年、私がベルリンに移住した最初の年、チェルノブイリ原発事故後の立ち入り禁止エリアに侵入する非合法のツアーがあることを知った。これがまさに『ストーカー』のゾーンであり、ゾーンへの非合法な参入をガイドするストーカーによる「ロードサイド・ピクニック」だった。さすがに実際の非合法ツアーに参加することはなかったが、ベルリンのクラブに行けば、禁断のゾーンを疑似体験できる術は十分に心得ていた。

小説『ロードサイド・ピクニック』の舞台は、未知の地球外文明が地球に残した謎の地帯が出現した未来。これらの地帯には危険な異変や奇妙な、しばしば致命的な人工物が溢れている。物語は、利益のためにこれらの人工物を回収しようと、不法にこれらのゾーンに立ち入る「ストーカー」たちを中心に展開する。

14 ロードサイド・ピクニック
一九七二年に出版された兄・アルカッディと弟・ボリスのストルガツキー兄弟によるロシアのSF長編小説。原題「Roadside Picnic」。一九七九年にアンドレイ・タルコフスキー監督によって『ストーカー』のタイトルで映画化された。

この小説は、人間の本質、未知なるものが社会に与える影響、異質な人工物と関わる人々が直面する倫理的・道徳的ジレンマといったテーマを掘り下げている。「ロードサイド・ピクニック」とは、異星人の訪問は訪問者にとっては偶発的で重要でなかったかもしれないが、人類にとっては深遠で不穏な意味を持つという考えを示していた。

この小説はSF文学に大きな影響を与えた。ゾーンの描写は、SFのみならずさまざまな作品のインスピレーションの源となってきた。危険で禁断の領域を行き来する人物という意味で、「ストーカー」という言葉は大衆文化に浸透し、特にビデオゲームの「S.T.A.L.K.E.R.」シリーズにも影響を与えた。

タルコフスキーの映画『ストーカー』が、実存的な疑問、意味の探求、人間のあり方についてより深く掘り下げているのに対し、小説はゾーンの存在がもたらす社会的・倫理的問題を取り上げるなど、やや広い範囲に及んでいる。映画は小説の基本的な前提ではあったが、タルコフスキー独特のスタイルとテーマへのこだわりを反映させた形で脚色されていた。

「ゾーン」への参入契機

映画のなかで「ゾーン」は多面的なシンボルであり、解釈の幅が広く、この映画のテーマ探求に不可欠である。その曖昧さと複雑さがこの映画にインパクトを与えている。ここでは「ゾーン」の象徴性について書き留めておこう。

ゾーンは人間の精神を表し、神秘的で絶えず変化する性質は人間の心の複雑さと深さを象徴している。ゾーンへの旅は、自己理解や内省の探求といった、自己への旅を映し出す。この映画が公開された時代には、さまざまな世界の謎が一気に噴出し、その謎を追い求める文化的な契機が時代を形作っていた。

私がNYのクラブやサウスブロンクスの廃墟群に参入した時の感覚は、すべてこの「ゾーン」への旅と重なっていた。ゾーンはスピリチュアルな領域であり、登場人物が試され、最も深い恐怖、欲望、信念に直面する煉獄や限界空間のようなものだと解釈されてきた。これは本作の信仰の探求と一致しており、ストーカーはこの形而上学的な風景への巡礼者、あるいは精神的なガイドのような役割を果たしていた。

ゾーンは「入った者の深い欲望が満たされる場所」であり、希望と願望の象徴である。しかし、ゾーンの曖昧でしばしば危険な性質は、絶望というテーマや人間の欲望の捉えどころのなさも反映していた。ある人にとって、ゾーンは芸術と創造性の領域であり、従来のルールが適用されない空間になる。ゾーンへの挑戦と不確実性は、創造的プロセスに内在する葛藤を映し出していた。ストーカーはこの謎めいた世界に人々を導くのだ。私自身、ストーカーのようにNY滞在中に訪れてきた友人たちを、マンハッタンのロワー・イーストサイドやサウスブロンクスに広がる廃墟群に何度も案内した。

また、ゾーンは官僚的・政治的システム、特に旧ソビエト時代の抑圧や検閲に対する批評として見ることもできる。それは、社会における自由と表現の制限を反映し、封鎖され、監視された場所なのだ。美しくも汚染されたゾーンは、環境の悪化と、産業社会を特徴づける自然からの疎外についての暗喩としても解釈された。

ゾーンはタルコフスキーの実存哲学への関心を反映していた。風景が移り変わり、ルールもない。ゾーンの変化する性質は、知覚と現実の不確実性を映し出す。タルコフスキーが多くの映画で探求したテーマである現実の本質を問いかけるのだ。

『ストーカー』におけるゾーンは、複数の解釈が可能な複雑なシンボルである。精神的な探求、欲望の本質、芸術の追求、実存的な探求など、この映画のさまざまなテーマ的要素を内包している。その謎めいた性質は、この映画の永続的な魅力と、観客を深い哲学的考察に引き込む能力の根幹をなしていたのである。

『去年マリエンバートで』と『惑星ソラリス』、そして「ゾーン」への参入を意識することとなった『ストーカー』という映画こそが、聖地マンハッタンにたどり着くまでの私の「旅」を形作り、私という個人主義の中心軸となったのだ。

喧騒の大学時代

　さて、私の多感な大学時代に戻り、東京での文化的な状況を軸に話を進めていこう。私が日大芸術学部（以下「日芸」）文芸学科に入学した年は一九七二年だった。その年は、学生運動が下火となり、社会にぽっかりと穴が空いたような時代だった。そんな中で知的な刺激は多くあり、ヨーロッパの地下水脈となる闇の歴史を日本に紹介した澁澤龍彦[15]や種村季弘[16]らの著作が書店で輝き溢れ、私より十歳年上の松岡正剛が編集した『遊[17]』（工作舎）という雑誌が圧倒的な存在感を放っていた。『遊』には遠く及ばずとも、自分たちでも「同人誌」のようなものが作れないか、そんな表現欲求が押し寄せてくる大学時代だった。

　日芸文芸学科には、実に面白い同級生たちがいた。佐内順一郎（高杉弾）と美沢真之介(隅田川乱一)は、学生時代からそれ以後も親交があった。佐内が始めた自販機本(七〇年代中頃から八〇年代中頃まで自動販売機で売られていた成人向け雑誌）は、『ＪＡＭ』と『ＨＥＡＶＥＮ』という雑誌だった。編集部には日芸の同級生も多く、のちにロックミュージシャンとなる山崎春美も参加した。日芸組で固められた編集部には、なぜか香山リカ（のちの精神科医）もいた。大学時代、話をしたことはなかったが、同級に林真

15　澁澤龍彦　小説家、翻訳家、フランス文学者、評論家。十八世紀のフランスの小説家マルキ・ド・サドの研究者として知られる。『悪徳の栄え・続』（マルキ・ド・サド、一九五九年）、『唐草物語』（一九八一年）、『高丘親王航海記』（一九八七年）など。

16　種村季弘　ドイツ文学者、翻訳家、評論家。代表作には初の単行本となった評論集『怪物のユートピア』（一九六八年）や『ナンセンス詩人の肖像』（一九六九年）、『吸血鬼幻想』（一九七〇年）などがある。暗黒的な幻想文学に深い知識を持ち、独自の文芸評論、美術評論を展開した。

17　遊　一九七一年九月に松岡正剛や高橋秀元などが編集制作チーム「工作舎」を発足し刊行した雑誌。エディトリアル・デザインには杉浦康平も参加した。「オブジェマガジン」と称した本誌の編集方針は「理科系と文科系をまぜこ

理子（のちに作家・日本大学理事長）もいたはずである。

『HEAVEN』はかつてビニ本や自販機本とは全く異なる、日本のサブカル前衛誌だった。羽良多平吉[18]の斬新な装丁は、『遊』の杉浦康平[19]の装丁と拮抗するような立ち位置で、内容的にも明らかにサブカル、アンダーグラウンドの匂いが充満するものだった。私もケネス・アンガー論の翻訳を掲載してもらった。いわゆる自販機本で財を成し、『HEAVEN』という独自のサブカル雑誌のパトロンとなった人物が、のちに群雄社という出版社を率いた明石賢生[20]氏だった。

一九七八年にNYを訪れ、のちに自分のために必要なNYのガイドブックが欲しいと思い、編集を担当した八木真一郎[21]を通して、明石氏に『ニューヨーク・カルチャー・マップ[22]』（一九八二年）の出版企画を提出した。これが私の最初の著作となった。明石氏はこの本のために、二度にわたるNYへの潤沢な取材費を拠出してくれ、私のNYとの関わりに大きく貢献してくれた。

私が本屋に流通する雑誌に最初に寄稿したのは、八幡書店[23]から発刊された『地球ロマン』という季刊誌に掲載された「近代日本の霊的衝動」と題した論文だった。大学四年くらいの時だ。卒論には熱を入れず、毎日国会図書館に通いつめ、日本における神智学の受容を詳細に調べ上げ、近代神智学を創唱したH・P・ブラヴァツキー（Helena Petrovna Blavatsky）とそのオーガナイザーであった神智学協会の創始者のヘンリー・

ぜにする」というもの。宗教から科学、現代思想、音楽、宇宙、文学、歴史などのあらゆるジャンルを扱った。一九八二年十月に休刊。

18　羽良多平吉　エディトリアルデザイナー、グラフィックデザイナー。代表作には松岡正剛らが刊行した雑誌『遊』や漫画雑誌『ガロ』、サブカルチャー系雑誌『HEAVEN』などのエディトリアルデザインがある。初期YMO関連のデザインでも知られる。

19　杉浦康平　グラフィックデザイナー、アジアの図像学研究者。一九五〇年代から戦後日本を代表するデザイナーとして活躍。特にブックデザインや、雑誌のエディトリアルデザインで知られる。『マンダラ＝出現と消滅展』（一九八一年）や、『花宇宙 生命樹―アジアの染め・織り・飾り―展』（一九九二年）の企画、構成などにも携わった。「表紙は顔である」というコンセプトを掲げ、雑誌『季刊銀花』や『都市住宅』の表紙デザインは目次や記事内容と響き合うように制作された。

スティール・オルコット（Henry Steel Olcott）の来日が当時の仏教界に与えた影響などを日本ではじめて紹介した。

この論文をきっかけに、八幡書店の代表である武田崇元[24]との親交が深まり、後の雑誌『迷宮』では毎号、記事や翻訳などを掲載してもらい、八〇年代後半には、立体音響「ホロフォニクス」やブレインマシンと呼ばれた「シンクロエナジャイザー[25]」の製品化などを監修した。

高橋巖氏との出会い

大学時代に話を戻そう。大学四年ともなれば、周りは就職をどうするかで騒がしくなる時だ。私は日芸のドイツ文学の教授のゼミの、一人だけの学生だった。教授から「卒業後はどうするつもりか」と問われ、さすがに「何も考えていない」とは答えられなかった私に、教授は大学に残る道があると誘いをかけてくれた。

私は当時、ヨーロッパの神秘学や米国のポップ・オカルティズムと呼ばれた文化潮流に深く傾倒し、慶應大学の美学の教授職を辞めた高橋巖[26]氏に師事していた。高橋氏は神秘思想家、哲学者、教育者であるルドルフ・シュタイナー[27]（Rudolf Steiner 一八六一—一九二五）の研究者で、日本における人智学[28]協会の基盤創成に専念していた。私は高橋

20　明石賢生　編集者、実業家、ヌードカメラマン。名だたる著名人が通うスナック「クレジオ」に店長として務めたことで幅広い人脈を築き、成人向け雑誌の自販機本の出版社「エルシー企画」を設立。雑誌『HEAVEN』などのスポンサーを務めたが、一九八一年にわいせつ物頒布等の罪で逮捕され、雑誌は同年三月に廃刊となった。

21　八木真一郎　編集者。大学時代に高杉弾らと知り合い、『冗談王』や『X-MAGAZINE』、『JAM』の編集に参加。後に編集部を移籍して『迷宮』や『HEAVEN』の編集にも携わった。

22　ニューヨーク・カルチャー・マップ　一九八三年刊行。武邑光裕が当時の情報誌には掲載されていなかった「生のNY情報」を取り上げたニューヨークガイドブック。ニューヨーク取材をもとに作られた本書にはジョン・ウォーターズやケネス・アンガーも登場する。写真は一九九一年に崩壊する直前のソビエト連邦で写真家として活動した北島

氏の代表著作である『ヨーロッパの闇と光』（一九七〇年、新潮社）を読み、大きな影響を受けていた。

どういう手がかりだったかは覚えていないが、ある日、高橋氏の自宅の電話番号を入手し、電話を入れた。電話口の高橋氏は、とても温和な包容力で、一学生からの突然の電話を優しく受け入れてくれた。ひととおり彼の著作やシュタイナーへの関心を告げると、「毎週、シュタイナーの勉強会を開いているので、今度、家に遊びに来なさい」と言われた。実際に会うと、高橋氏は温和でありながら近づきがたい崇高な雰囲気を放つ存在だった。

私が後に、メディアには美学が必須であるとして、メディア美学者を名乗ったのは、高橋氏の美学の教えと、私がNYに降り立ち、その後デジタルメディアを研究の対象にしたこととの合体だった。

高橋氏が自宅で開いているシュタイナーの研究会に行くために、私は毎週日曜日、由比ヶ浜の高橋家に通い始めた。研究会には慶應の教え子やシュタイナーに傾倒する若者たちが集っていた。十人ほどのメンバーが、毎週自分の好きなレコードを持ち寄り、一人ひとりその音楽について話をし、みんなで意見を述べると、高橋氏がシュタイナーの思想との接点について語ってくれた。私が持参したレコードは、ベルリン出身でシンセサイザーやシーケンサーを使用した作曲家クラウス・シュルツェやドイツの電子音楽グ

敬三によって撮影された。

23　八幡書店　古神道、オカルト、精神世界を主に扱う総合系出版社。オカルト雑誌『地球ロマン』の編集長を務めた武田崇元が一九八二年に設立した。書籍の主な著者には大宮司朗、波木星龍などが挙げられる。代表的なベストセラーに、立体的音響効果をもたらす音響技術の商標「ホロフォニクス」の国内権利を取得して刊行した『ホロフォニクス・ライブ』などがある。

24　武田崇元　著述家、宗教研究家、超常現象研究家。オカルト雑誌『地球ロマン』や『UFOと宇宙』、『迷宮』の編集長を努めた。雑誌『ムー』は創刊時からの顧問として参加している。一九八二年に刊行した国学者、大石凝真素美の全集の刊行会を母体として、オカルトなどを扱う総合出版社「有限会社八幡書店」を設立。代表作には『日本のピラミッド』（一九七五年）や『ハレー彗星の大陰謀』（一九八一年）、『定本 竹内文献』（一九九九年）などがある。

ループのタンジェリン・ドリームなどだった。

研究会が進むにつれて、みんなでシュタイナーの著作を翻訳して輪読するという形式に変化していった。高橋氏が選んだシュタイナーの著作は、英語版『自由の哲学』だった。当時、ドイツ語の原本を翻訳できる能力は私にはなく、集まったメンバーも英語版の翻訳に取り組んだ。英語版とはいえ、シュタイナーの思想の核ともいえる『自由の哲学』は難解だった。毎週メンバー各自に分担された二ページほどを翻訳し、みんなでゆっくりと読み続けていった。その都度、高橋氏が優しい言葉でシュタイナー思想を解説してくれることが、何より励みになった。

そんなある日、高橋氏から「武邑さんは大学を卒業されたらどうされますか？」と問われた。日芸の教授から示唆された大学の研究所に入所し、文芸学科のティーチング・アシスタントとしてバイトでもすれば、卒業しても無職とはならず、なんとか両親を説得できると思っていた矢先で、高橋氏には「大学の芸術研究所に進もうかと思っています」と答えた。

高橋氏はこれを受けて、思いがけない提案を私に告げてくれた。

「武邑さん、ドイツに留学しませんか？　当初はシュツットガルトに行ってもらうことになりますが、旅費や滞在費などはすべてシュタイナー関連のオランダの財団が面倒をみてくれて、武邑さんの後見人には著名なピアニストのヴィルヘルム・ケンプ氏が引き

25　シンクロエナジャイザー「シンクロエナジャイザー瞑想システム」とも呼ばれる。光が点滅するゴーグルや音楽を流すヘッドホンをつけることで、リラクゼーションと瞑想を促進する装置。アメリカのデニス・ゴルゲス博士によって開発され、武邑光裕が日本に紹介。松任谷由実のアルバム「DAWN PURPLE」（一九九一年）のジャケットでは松任谷自身が本機を着用している。

26　高橋巖　日本の美学者。日本におけるシュタイナー研究の第一人者とされている。多くの著作や翻訳を通じて、ルドルフ・シュタイナーの思想や哲学、教育論、芸術論などを伝えた。代表的な訳書に『いかにして超感覚的世界の認識を獲得するか』（二〇〇一年）など。

27　ルドルフ・シュタイナー　オーストリアやドイツで活躍した神秘思想家、哲学者、教育者。「人智学」（アントロポソフィー）を提唱し、人間の精神的進化と宇宙の調和を探求した。また人智学やシュタイナーの教育観は、一九一九年にドイツに設立されたヴァルド

受けてくれる予定です」

私は突然の出来事に、驚きと期待で困惑し、即座に答えを出せずにいた。

「もちろん、いますぐに答えを出す必要はありませんし、よく考えてくださいね」

この高橋氏の言葉を受け、私は自分の一生を左右するかもしれない身に余る申し出を胸に、由比ヶ浜からの帰りの江ノ電と自宅までの道のりを、なかば放心状態で過ごしたのだった。

ルフ学校を皮切りに「シュタイナー教育」へと発展した。

28　人智学　思想家、哲学者のルドルフ・シュタイナーによって提唱された思想。物理的な現実だけでなく、精神的な世界、人間の内面や魂、宇宙全体の見えない側面について探求し、それを現実の生活や、世界への認識に役立てることを目指した。

ゾーン2　ニューヨーク

舵のない航路

大学四年の卒業間近、ドイツ留学か、このまま日芸の研究所に進むかを決める必要があった。高橋氏からの留学の提案はとても光栄だったが、見知らぬドイツの人智学協会で学び、シュタイナー運動に一生を捧げる気持ちにはなれなかった。ドイツに行けばなんとかなるという期待感と、与えられる恩に報いる義務のようなものを感じ、誘いを受けて正直、心は動揺した。同時に、私は当時のドイツとシュタイナーに「ゾーン」を感じることはなかった。結局、高橋氏には、

「とても有り難いお誘いですが、よく考えた結果、日大の研究所に行くことにしました」

と伝えた。

自分の気持ちや動揺を落ち着かせてくれたのが、日芸での身の処し方だった。将来に明確なビジョンがあった訳ではないし、芸術研究所というのは大学院ではなく、修士号の資格が取れる場所でもなかった。当時、日芸には七学科を統合したような芸術学修士を取得できる大学院がひとつだけ設置されたばかりだった。映画、文芸、美術、放送、写真、演劇、音楽という各学科につながる大学院が設置されるにはその後時間が必要だった。

この芸術研究所は、卒業後の就職も望まない根無し草のような学生には、制度の呪縛もない、ありがたい場所だった。ただ、大学に残るという選択肢は、自分のその後の生き方を曖昧なまま、身を任せるような感覚で、安易といえばそれまでだが、当時は日芸の水のなかで泳ぐ魚のような気持ちでもあった。研究所といっても、特定の施設もなければ、指導教授と月一回ほど、研究内容について対話する程度で、文芸学科の事務室の雑務や、教授たちのアシスタントや試験監督などを担当したり、暇な時間を補完するのが学科のティーチング・アシスタントという「バイト」だった。

世間的には一般企業に就職していった同級生とは大きく異なるものの、研究所に「進学」したことで親からも一定の理解は得られた。月のバイト代は、三万円程度。この当時から、大学以外での活動が面白くなり、サブカルの出版社や雑誌の編集部に出入りしては、原稿を書いたりしていた。

後に日芸の助手、専任講師になっていく過程では、大学教員という比較的自由な職業が私の海外渡航などに都合が良かった。まず、夏休みが二カ月ほどあり、冬休みと春の新学期開始までの間にも、長めの休みが取れた。助手の頃、老教授の計らいで、彼の講義の代役をやらせてもらい、講義の仕方や学生との関わり方を学んだ。助手の時代は八年ほど続き、専任講師になるころには大学以外での活動が多忙を極めていった。

オカルティズムへの傾倒

高橋氏から受けたシュタイナーの影響以外に、私をつき動かしていたのが、シュタイナーとは対極にある「黒魔術」の世界観だった。それは、イギリスのオカルティストであったアレイスター・クロウリー[1]（Aleister Crowley 一八七五―一九四七）をはじめ、ゴールデン・ドーン（黄金の夜明け）[2]やO・T・O（東方聖堂騎士団）[3]というオカルト結社の動向や、西欧のさまざまなオカルティズムを探索する日々でもあった。

G・I・グルジェフ[4]（George Ivanovich Gurdjieff 一八六六―一九四九）の思想と出合ったのも、シュタイナーやクロウリーと同時期だった。グルジェフは、シュタイナーやクロウリーとは異なる「教え」だった。グルジェフは神秘主義者、哲学者、スピリチュア

1　アレイスター・クロウリー　イギリスのオカルティスト、作家、魔術師。自ら黙示録の「獣666」を名乗る。世界各地を転々としながら、カバラ思想、ヨガ、性魔術といった魔術の研究、実践を行い、多数の著作を残した。死後、多くのアーティストからの支持を集めた。近年は漫画、アニメ作品中にも氏をモチーフとしたキャラクターが度々登場する。

2　ゴールデン・ドーン（黄金の夜明け）　正式名称は黄金の夜明けヘルメス教団。イギリスの魔術結社。ウィリアム・ロバート・ウッドマン、ウィリアム・ウィン・ウェストコット、マグレガー・メイザースの三名によって、一八八七年に設立。近現代西洋魔術の思想、実践の源流として知られる。一九〇三年に内部分裂で解散。

3　O・T・O（東方聖堂騎士団）　フリーメイソンを模倣する関連団体として二〇世紀初頭に創設された魔術教団。キリスト教グノーシス主義を中心的な思想としながら、中世ヨーロッパで活躍した騎士修

ルな教師であり、二〇世紀初頭から半ばにかけて、スピリチュアル思想やそうした活動に永続的な影響を与えた。彼の教えはしばしば「ワーク」や「第四の道」と呼ばれ、人間の意識、自己開発、霊的覚醒に関する幅広い考えを網羅していた。

一九八二年、グルジェフに関して、米国の心理学者K・R・スピースが著した研究書『グルジェフワーク―生涯と思想』（平河出版社）を翻訳したのが、私の最初の翻訳本となった。

グルジェフの哲学

グルジェフは、ほとんどの人間は「覚醒した眠り」の状態で人生を送っており、真の意識も意図もなく自動操縦で機能していると考えた。彼は、人間は一般的に機械的であり、無意識の習慣によって動かされていると説いた。グルジェフが提起した「ワーク」とは、より高いレベルの意識と自己認識を目覚めさせるために考案された、一連のスピリチュアルな修行と鍛錬のことである。これには、徹底した自己観察、内面の開発、機械的な行動の超越が含まれていた。

グルジェフの教えにおける重要な実践は「自己想起」であり、自己と環境を常に意識することである。彼は人間の機能を知的、感情的、身体的の三つのセンターに分類した。

道会、テンプル騎士団の精神的後継者を主張する。後にアレイスター・クロウリーが指導者となることで、「セレマの法」に基づく教義を中心とする団体へと再編される。団員は演劇的儀式を通して教義を授かり、団員間の結束を築く。

4　G・I・グルジェフ　ゲオルギイ・グルジェフ。一九世紀後半にアルメニアで生まれたとされる神秘思想家、著述家、舞踏作家、作曲家。「人は通常眠ったような状態で生きている」と考え、より高い意識状態へ目覚めるために、自身へ働きかける実践としての「ワーク」を提唱した。

ワークでは、より高い意識状態を達成するために、これらのセンターのバランスをとり、調和させる。グルジェフは、宇宙と人間の心理を理解するためのツールとして「エニアグラム」というシンボルを導入し、以来、さまざまな精神的・心理的枠組みに適応されてきた。グルジェフの思想は、後のさまざまなスピリチュアル運動や自己啓発運動に影響を与えてきた。自己認識と自己成長に焦点を当てた彼の思想は、現代のマインドフルネスや自己開発を求める多くの実践にその影響を見ることができる。

グルジェフは音楽家でもあった。彼の神聖な舞踊や作曲した音楽は、彼の教えには欠かせないものであり、芸術家や演奏家にも影響を与えている。一九八五年頃、イーデンウェストというグルジェフ思想の実践団体と接触を持ち、彼らの舞踏とグルジェフの音楽を日本ではじめて紹介するイベントを、赤坂の草月ホールで開催した。そこには細野晴臣氏も来てくれた。

グルジェフの哲学は、自己認識、マインドフルネス、存在のさまざまな側面の調和を強調する、精神的成長のための包括的なシステムを提示していた。グルジェフの教えは、さまざまな精神修行、心理学理論、文化的表現に影響を与え、個人的・精神的成長に関する現代の議論にも関連し続けている。しかし、グルジェフは、私が求めていた「ゾーン」ではなかった。それはブラヴァツキーの神智学やシュタイナーの人智学も同様だった。やはり残ったのは危うい ゾーンを感じるクロウリーだった。

偶像としてのアレイスター・クロウリー

アレイスター・クロウリーと黄金の夜明け、O・T・Oの影響については、特に七〇年代と八〇年代のアンダーグラウンド文化との関連が私の最も大きな関心だった。

オカルティストであり、作家であり、儀式魔術師であったクロウリーと、オカルトや神秘主義の研究と実践を目的とした組織である黄金の夜明けとO・T・Oは共に、現代の秘教思想と実践を形成する上で極めて重要な役割を果たした。

レッド・ツェッペリン[5]のジミー・ペイジは、クロウリーの記念品の熱心なコレクターであり、スコットランド高地のネス湖の南東側にあるクロウリーの旧邸宅だったボレスキン・ハウスを購入したほどだ。ベルリン時代のデヴィッド・ボウイは、自身の曲「Quicksand」でクロウリーについて言及し、オジー・オズボーンは「Mr. Crowley」というタイトルの曲を書いた。こうしてオカルトへの関心は、クロウリーと黄金の夜明けの教えに煽られたこともあり、多くのロックやメタル・バンドの歌詞、アルバム・アート、ペルソナに神秘的で難解なテーマが組み込まれるようになった。

5　レッド・ツェッペリン　伝説的な人気と商業的な成功を誇るハードロック、ヘヴィ・メタルの先駆的バンド。代表曲の「天国への階段（Stairway to Heaven）」はロック史上最も人気のある一曲。一九八〇年にジョン・ボーナムの死後バンドは解散となる。ジミー・ペイジはアレイスター・クロウリーや黒魔術に傾倒したことでも知られる。

六〇年代後半、特にカウンターカルチャーやビートルズのようなアーティストの間で、神秘主義、オカルト、東洋のスピリチュアリティへの関心が急上昇した。クロウリーは、オカルティズムの歴史における注目すべき人物として、当然ながらこの広範な文化的タペストリーの中心人物であった。

ビートルズとアレイスター・クロウリーの関係は、個人的な交流というよりも、主に文化的影響と象徴主義の領域において注目すべきつながりである。ビートルズとクロウリーの最も直接的なつながりは、ビートルズの一九六七年のアルバム『Sgt. Pepper's Lonely Hearts Club Band』のジャケットの中に、クロウリーが含まれていたことである。影響力のある人物のコラージュの後列にクロウリーの顔があるのだ。これは、二〇世紀に影響を与えた歴史的、文化的人物を表現するというビートルズの広範な目的の一部だった。

クロウリーの哲学と彼のモットー「汝の意のままにせよ」は、自由と伝統的規範への挑戦を強調するカウンターカルチャー・ムーブメントと共鳴し、ビートルズと彼らの音楽もまた、さまざまな形でそれを象徴するようになった。クロウリーの教えがビートルズの音楽や歌詞に大きな影響を与えたという直接的な証拠はないが、権威を疑い、新しい形の意識を探求するという広範なテーマは、ビートルズとクロウリー双方が生息していた時代精神の一部だったといえる。

長年にわたり、ビートルズとクロウリーの深いつながりについて、特にいわゆる「ポールは死んだ」という陰謀論の文脈で、さまざまな噂や陰謀が語られてきた。しかし、これらの主張は一般的に根拠がなく、むしろポピュラー音楽における神秘性や隠された意味を好む時代の傾向を反映していた。

ジョン・レノンとジョージ・ハリスンは精神的、哲学的な事柄に関心を持っていたことが知られているが、文化的・歴史的人物としてのクロウリーの影響は、ビートルズの芸術的環境と交差していたとはいえ、バンドの音楽や哲学に直接的・深遠な影響を与えたという実質的な証拠はない。

文学と芸術、オカルト運動への影響

このようにカウンター・カルチャー時代の作家や芸術家たちは、クロウリーの著作や黄金の夜明けの神秘的実践からインスピレーションを得ていた。彼らはこれらの情報源に、主流の価値観や従来の宗教に対する反抗を見出した。黄金の夜明けのシンボルと儀式、そしてクロウリー独特の図像学は、当時の視覚芸術や文学にしばしば取り入れられ、オカルトや秘教的伝統への幅広い関心に貢献した。

七〇年代から八〇年代にかけてタロット占い、占星術、儀式魔術の人気が急上昇したが、これらはクロウリーと黄金の夜明けの双方が深く関わっていた実践であった。

彼が二〇世紀初頭に創設した「テレマ」[6]という教義体系と黄金の夜明けの教えの要素は、急成長するニューエイジ運動[7]に統合された。自己実現、意識の探求、代替的な精神性といった概念が探求され、自己の「真の意志」を見つけるというクロウリーの中心的な信条と一致したのである。

クロウリーと黄金の夜明けにおける修行の美学的、象徴的要素は、特定のサブカルチャーにおけるファッションにも影響を与え、オカルト的シンボル、儀式用のローブ、儀式的装飾品を含む独特のスタイルが生まれた。さらに神秘的で超常的なものに魅了された時代の一部として、しばしば映画やテレビ番組にもその影響が現れた。ケネス・アンガーの映画群は、ほとんどクロウリーに捧げられた映像作品だ。

「世界で最も邪悪な男」と刻印されたクロウリーは、物議を醸す人物だった。彼の修行や教えは、しばしば反道徳的で快楽主義的とみなされ、批判されるとともにロマンチックな側面も持っていた。ときには、クロウリーの複雑な哲学が単純化されすぎたり、誤解されたりして、彼自身は支持していなかったかもしれないオカルトの暗黒面を連想させることもあった。

この「黒魔術」と結び付けられる実践は、性的魔術や薬物の使用といった要素を取り

6　テレマ（セレマ、Thelema）　イギリスの魔術師、アレイスター・クロウリーが提唱した宗教的、哲学的体系。アレイスター自身が記した『法の書』を聖典とする。「汝の意志することを行え、それが法のすべてである」という基本原則のもと、自分の「真の意思」を発見し、それに従うことを目的としている。個人の自由と意志の尊重を強調する思想であり、その影響は後世の様々な精神的な運動やサブカルチャーへと伝播した。

7　ニューエイジ運動　六〇年代から七〇年代にかけて西洋で広まった精神的・文化的な運動。それまで支配的だった宗教や哲学の枠組みを超え、新しい精神性やライフスタイルを探求する。個々人の内的成長、自己啓発、そして宇宙的な調和へと向かう思想、実践の潮流。「西洋が東洋の価値を見直す」側面を持つと評されることもある。日本では「精神世界」「新霊性運動」と訳されることが多い。

入れた、物議を醸す複雑なものだった。このトピックに取り組むためには、歴史的背景、クロウリーの哲学のニュアンス、現代的解釈と歴史的実践の区別を理解することが重要である。

テレマとクロウリーの魔術的実践

クロウリーのテレマの教義体系は、自分の「真の意志」を見いだし成就させるという原則を中心に据えていた。これは、彼のすべての教えと実践の基礎となる信条であった。クロウリーの性的魔術は、精神的な成長と探求のための強力な道具とみなされていた。意識を変容させ、自分の意志を顕在化させるために、性的なエネルギーを利用して導く方法である。さらに実験的に薬物を使用し、ときには儀式に取り入れた。彼はある種の物質が意識を変化させ、霊的探求を助けると主張したのである。

隠喩的解釈と文字通りの解釈として、テレマや関連するオカルトの伝統の現代的信奉者たちは、クロウリーの論争的な実践を文字通りに解釈するのではなく、比喩的に解釈することを好んだ。これらの修行の象徴的、心理的側面に重点が置かれていた。多くの現代修行者にとって、クロウリーの教えは個人的な解放の一形態とみなされており、個人の探求と社会的規範やタブーの打破を奨励している。

現代的な解釈におけるテレマの哲学の核心は、クロウリーの修行のセンセーショナルな側面よりも、むしろ自己発見と個人の精神的成長に焦点を置くことが多い。クロウリーの活動は、依然として論争を呼んでおり、批評家たちは、彼の修行が快楽主義や道徳的相対主義を助長していると主張する一方、支持者たちはしばしば彼を個人の精神的自由の先駆者とみなしている。

クロウリーの実践の倫理的意味合い、特に性的魔術と薬物使用に関することは、現代のオカルティストや学者の間で、いまも論争が続いている。現代の解釈の中には、クロウリーの修行を心理学的なレンズを通して捉え、無意識を探求するための方法とみなすものもいる。

性魔術や薬物使用を含むアレイスター・クロウリーの「黒魔術」の実践に関する現代的な解釈はさまざまである。これらの要素を精神修養の中心とみなす修行者もいれば、象徴的に解釈したり、クロウリーの教えのより哲学的な側面に注目したりする修行者もいる。現代的な文脈におけるクロウリーの著作の意義は、個人の精神的自由と探求に重きを置いたこと、そしてさまざまな文化運動や反体制運動に影響を与えたことにある。いわば「黒魔術」とは、閉塞した時代に風穴をあけた「創造的破壊」であり、何より時代を刷新するイノベーションだったのである。

伯父と神秘主義

私の黄金の暁やO・T・Oというオカルト結社への接近は、実は伯父からの影響だった。父の兄は、病弱で戦争に行かず、東京・目黒区の祐天寺で小さな印刷所を営んでいた。子どもに恵まれなかった彼は、私を我が子のように可愛がってくれた。のちに父から、伯父の話を聞いたことがあった。伯父が結婚した女性は、神楽坂の芸者で、伯父が「身うけ」した女性だった。子どもながらに、綺麗な人だなと思っていたが、父や母はあまり良い印象を持っていなかった。伯父の印刷所には多くの蔵書があり、子どもながらに「この人は一体、何者なのか？」と興味を抱いていた。

私が高校三年のころ、伯父は身体と精神を病み、精神科で有名な都立松沢病院で亡くなった。亡くなる直前、「ラーメン」と小声で言ったらしく、父は伯父の最後の言葉を聞いて「ラーメンくらい、食べさせたかった」と悔やんでいた。私は伯父の葬式には出席しなかった。父は以前から、伯父とは疎遠であったことから、伯父の死はひっそりと忘れられていった。

私は伯父の死後、祐天寺の家にお線香をあげに行きたいと思い、古びた印刷所を訪れた。伯父の奥さんが、お茶を出してくれた。私の本当の狙いは、伯父の蔵書だった。伯父の本棚を見渡すと、蔵書が見事になくなっていた。

「伯父さんの本はどうしたのですか？」

と問うと、奥さんは
「全部カビだらけなので、業者に引き取ってもらったの」

とあっけらかんと言った。

「まだ少しだったら、その辺に残っているわよ」

と指さされた伯父の机の下に駆け寄った私は、散らばった十数冊の本の中から、後に自分の運命を左右する三冊の本を手に取った。

「これ、頂いてもいいですか？」

「そんな古本、形見にもならないけど、どうぞ」

私はとっさに手に取った三冊の本を手提げ袋に入れて、伯父の家をあとにした。奥さんはその後、伯父の印刷所を売り払い、祐天寺をあとにした。その後の消息は不明となった。


伯父の名前は、「飯田武邑（いいだ・たけむら）」といい、伯父と父の生家は真言密教の仏門だった。姓ではなく、「武邑」という名前は珍しく、父に伯父の名前の由来を聞いた時、それが仏教徒の武装集団を意味し、さらに中国には「武邑」という地名があることも知った。私は伯父の死と彼の残した三冊の本に何かの因縁を感じていた。

三冊の本と武邑光裕

三冊の本は、ドイツ語の古びた二冊と、マックス・シュティルナー（Max Stirner）の『唯一者とその所有』という古い文庫本だった。高校三年の学生にはこの三冊の意味すらわからず、自分の本棚に眠らせていた。ある日、何気なくドイツ語の本を手に取り、ドイツ語の辞書でタイトルを翻訳してみた。

それは、アレクサンドル・アクサコフ（Alexander Aksakov）の『アニミズムと心霊主義』、もうひとつはエドゥアルド・フォン・ハルトマン（Karl Robert Eduard von Hartmann）の『無意識の哲学』というものだった。この二冊だけでも、伯父が心霊主義や無意識と神秘思想に関心があったことを理解した。時を経て、ハルトマンの『無意識の哲学』がシュタイナーに影響を与えた著作であったことも知った。アクサコフの著作も、二〇世紀初頭のさまざまなオカルティズムを牽引した先見だった。これが、のちに私のアメリカ行きの目的と深くつながるのである。

私が名乗っている「武邑光裕」という名前は、大学二年の時、友人たちとガリ版で刷った粗末な同人誌に書いた文章に添えたペンネームだった。二重人格のように、本来の「飯田」という姓を変え、伯父の名前を自分の姓にした。以来、私は大学に残ったあとも、教員生活に入る時も、その後のいくつもの大学でも「武邑光裕」を名乗ってきた。

自分の人生を振り返れば、「武邑光裕」で活動してきたことが大半で、戸籍上の名前はパスポートや運転免許証などに紐づく身分証明であり、私の本名を知る人はごく限られていた。「飯田」ではなく、「武邑光裕」を名乗ることで、アバターとともに生きることの術を学んでいった。「飯田」と「武邑」を使い分けることは、江戸時代の人々が、俳諧や習い事で、多様な名前を師匠からもらい、それを使い分けていた分有の個人主義ともつながっていた。

はじめてのアメリカ

一九七八年、二十四歳になった私は、日芸の副手採用試験に合格し、大学の最下層の働き口を得た。このあと、助手、専任講師と上っていき、大学教員になっていくのだが、大学での私は「世界」に出ていくための身分保障を得たようなものだった。日芸で副手になったことで、私が最初に赴いた海外は、ＮＹ、サンフランシスコ、ロサンゼルスの三都市をめぐる周遊の旅だった。

当時、パンナム（パンアメリカン航空）が成田―ＮＹの直行便を就航させたばかりだった。私はこの直行便で、いきなりＮＹのＪＦＫ国際空港に降り立った。マンハッタン島に向かうタクシーの中から、はじめて摩天楼を見上げた。それは鉄骨の城塞のようでもあり、そびえ立つ欲望の支柱の姿だった。私はこの摩天楼には興味がなかった。私が求めていたのは、この天に向かう高層ビル群ではなく、マンハッタン島の岩盤とその地下に隠れた闇の水脈であり「ゾーン」だった。

東京で予約しておいたダウンタウンの一泊二十ドルほどの安ホテルにチェックインしたが、そこは寂れて幽霊が出るような場所だった。インターネットがない時代、航空券やホテルの予約は電話かファックスだったので、ガイドブックにあるホテルの写真などは信用できる代物ではなかった。かつてはまともなホテルだったようで、古びたシャンデリアがロビーにあったが、ぞれ自体が場違いな異物のように感じられた。フロアを掃除する清掃剤のような匂いが、その後、何度も訪れることになるマンハッタンの嗅覚の記憶となった。

早速、ホテルの近辺を歩きはじめた。何か食べるものを確保しようと近くの食料品店に入った。水と簡単な食料を購入してホテルに戻ることにした。後にデリで体験するベーコンとスクランブルエッグ、ハッシュドポテトを組み合わせたアメリカの朝食に感動することになるが、この最初のマンハッタンでの驚きは、炭酸水とアイスクリームだった。ペリエとハーゲンダッツは、東京ではまだ一般化しておらず、きれいな緑色のボトルの水が、ジュースではなく、天然の炭酸水であることを知らなかった。

ホテルの古びたテレビでは、このペリエのコマーシャルが流れていた。「フランスからの新しい風」と謳ったコピーとともに、甘くもないただの炭酸水が、マンハッタンのトレンドとなっていることに驚いたのである。さらに極めつきは、ハーゲンダッツの「ハニー」というアイスクリームだった。東京で食べていたアイスクリームとはまるで違う、はじめて味わう濃厚なミルク味だった。

マンハッタンの嗅覚と味覚から、私のNY体験がはじまった。

NYでの探索

NYの七〇年代と八〇年代は、文化、芸術、ナイトライフの面でダイナミックな変革期だった。爆発的な創造性、サブカルチャー、新しい芸術運動によって特徴づけられたこの街は世界の文化的景観の中で突出し、忘れがたい足跡を残した時代だった。

一九七八年の夏、私のはじめての海外見聞の地はNYのマンハッタンとサンフランシスコ、そしてロサンゼルスだったが、このひと月ほどの周遊の旅はまさに「観光」だった。各地の主だった名所をめぐり、はじめてのアメリカ体験として大きなカルチャーショックを受けた旅だった。サンフランシスコとロサンゼルスの旅は、マンハッタンに比べれば、当時はほとんど興味を感じる街ではなかった。東京に戻った時は、半ば放心状態が続き、次なるNYへの訪問が必然となっていった。

翌年の一九七九年、そしてその後の約十年間、私は毎年NYを訪れた。多い時は年に十回以上、東京とNYを往復するまでになっていくのだが、その間のNYとの関わりが、後の自分の人生を大きく舵取りすることになった。

最初の頃のNY体験は、ひたすら歩くことだった。「バーンズ&ノーブル」[8]という書店で買ったNYのガイドブックを片手に、美術館からギャラリー、際立った専門書店、有名なデリカテッセン、イースト・ヴィレッジのカフェやカジュアルなレストラン、そしてナイトクラブに深夜映画館など、何日も歩いて探索した。地下鉄やタクシーはほとんど使わず、碁盤の目のようなNYの地理を体で理解するようになった。

私がNYに来た目的のひとつは、クロウリーやO・T・Oの影響を受け継ぐ文化的潮流を見届けることだった。私はガイドブックに載っていない「マジカル・チャイルド(Magickal Childe)」というオカルトショップに足を踏み入れた。この「店」は、北米で最も知られたオカルト書店であり、黒魔術を含む儀礼上の道具を販売し、裏のドアを開ければ、O・T・Oの儀式を体験できる場所でもあった。

8　バーンズ&ノーブル　アメリカの書店チェーン。一九一七年にウィリアム・バーンズとG.クリフォード・ノーブルによって創業。一九七一年にレオナード・リッジオによって買収され、全米最大の書店へと成長した。Amazonの台頭を受け、一時は店舗数を縮小していたが、二〇二三年以降再び店舗数を伸ばす。二〇二四年時点で、全米に約六〇〇店舗を展開。多くの店舗にスターバックス・コーヒーによるカフェエリアが併設されている。

「マジカル・チャイルド」は、ハーマン・スレーター（Herman Slate 一九三八—一九九二）という、編集者、出版者、作家でもあったアメリカのウィッカ（wicca）の高僧によって運営されていた。ウィッカとは、ネオ・ペイガニズム（新異教主義）の一派であり、古代欧州の多神教的信仰、特に女神崇拝を復活させたとする新宗教である。ネオ・ペイガニズムの一種である魔女術（ウィッチクラフト）のなかでも多数派を占めるとされ、少人数で集団儀式を行うことを特徴とする。クロウリーは「魔術とは意志に従って変化を起こす科学と芸術である」と宣言したが、別の儀式魔術師として知られるマクレガー・マザーズは、「魔術は自然の秘密の力を制御する科学」であると述べた。多くのウィッカンが実践する魔術とは、五感を駆使して驚くべき結果を達成する工芸（クラフト）であるとの認識が特徴である。

六〇年代後半、スレーターはブルックリンに魔術専門店である「ウォーロック・ショップ（The Warlock Shoppe）」を開業した。最も重要なことは、この店が地元の魔女たちや新たに出現した新異教コミュニティの中心的な情報ハブとしての地位を確立したことだった。

一九七四年、スレーターはウォーロック・ショップをマンハッタンの西十九丁目に移転し、「マジカル・チャイルド」と名乗って営業した。「マジカル・チャイルド」は、七〇年代から九〇年代にかけて、北米全般のオカルティズムの主要な拠点として機能した。

さらにこの店は、オカルト本、儀式用品、ハーブ、お香、その他魔術、魔法、さまざまな異教の伝統に関連する道具の幅広いコレクションで有名だった。小売店であるだけでなく、この店はオカルトの実践者や愛好家が集まる重要な場所としても機能していた。店はワークショップやミーティング、儀式体験を主催し、地域社会における秘教的学習と交流の中心地となった。

スレーターは出版業でも知られ、自身の著作や古典的な魔術書の復刻版など、数多くの魔術書やオカルト書を出版した。この出版活動は、重要なテキストや知識を魔術コミュニティに広めた。スレーターは一九九二年にエイズで亡くなったが、スレーターの死により、「マジカル・チャイルド」は生計を立てるのが困難になり、いくつかのニューエイジ出版社が本の提供を中止した。これにより「マジカル・チャイルド」は一九九九年に閉店することになったが、NYをはじめとするオカルトと異教徒のコミュニティに与えた影響は、今日でも生き続けている。それは、オルタナティブなスピリチュアリティの成長と発展を支えた先駆的な役割として記憶されている。

私はNYに行くたびにマジカル・チャイルドを訪問した。ある日、スレーターとの会話の中で、昔ブルックリンに居た頃に、日本から彼のもとに、O・T・Oに関する本の注文があったこと、その名前が「君と同じだ」と告げられた。これはマジカル・チャイルドがマンハッタンで開業する以前のことだ。当時、日本は欧米の魔術文化やオカルティズムからも遠い国であり、日本人でO・T・Oに関心を寄せる輩はごく限られていた。

スレーターの話は驚きだった。私の伯父がまだ存命の時に、ブルックリンのウォーロック・ショップに書籍の注文をしていたとなると、伯父はクロウリーにも関心があったことになる。スレーターは、のちに「TAKEMURA IIDA」の注文記録を私に見せてくれた。確かにこの注文書には伯父の祐天寺の住所が記されていた。注文した本は、O・T・Oの教団設立に関わる極めて希少な本だった。

さらにこの一年後、マジカル・チャイルドの奥の部屋で催されたO・T・O関連の魔術儀式において、黄金の夜明けとも関連のあった「Amen Ra Temple」の儀式を垣間見ることができた。そこで私が見て聞いたマントラが、「ラー・メン」という太陽神ラーに捧げる祈りの言葉だった。伯父が亡くなる直前に発した「ラーメン」は、中華そばのことではなかったと私は確信し、全身に鳥肌が立つような身震いを覚えた。

こうして私は、運命の糸に導かれるように、NYのマジカル・チャイルドになったのである。

クラブカルチャーとナイトライフ

八〇年代のNYのクラブシーンは、活気に満ち、多様で、影響力のある文化現象であり、十年間に及ぶ街のダイナミックな変化と向かい合っていた。廃墟化したマンハッタンに急速に訪れたジェントリフィケーション（高級化）の波は、しばしばクラブの存亡に関わる激しい都市変化だったが、クラブシーンはそうしたジェントリフィケーションへの対抗のエネルギーを象徴していた。その特徴は、包括性、創造性、さまざまな芸術形態の融合にあった。シーンは音楽やダンスだけでなく、ファッション、アート、社会的表現のるつぼでもあった。

クラブでは、ディスコ、ニューウェーブ、パンク、ヒップホップ、初期のハウスミュージックなど、さまざまなスタイルの音楽がDJによって演奏されていた。この多様性が、文化的・社会経済的背景の異なる幅広い客層を惹きつけた。クラブに通う人々は、大胆で独創的なファッションを選ぶことで、自分の個性を表現する場としてこうした場所をしばしば利用した。この時代は、ポップカルチャー、ミュージックビデオ、セレブリティのトレンドの影響を受け、スタイルの実験が盛んに行われていた。

クラブシーンは、より広範なアートの世界とも絡み合っていた。多くのクラブには、アーティストやミュージシャン、セレブリティが足繁く通った。有名なアーティストや、これから注目されるバンド、さらにはアンディ・ウォーホル[9]やキース・ヘリングのような著名人が、観客と交流しているのを見かけるのは珍しいことではなかった。

八〇年代のクラブは、LGBTQ＋コミュニティにとって比較的自由な空間だった。社会的・政治的保守主義が蔓延していた時代に、安全で受容的な環境を提供するという重要な役割を果たした。しばしば豪華な装飾を特徴とし、没入感を高める特定のテーマを採用したクラブもあった。「スタジオ54」のピークは七〇年代後半だったが、八〇年代初頭までセレブな常連客、ワイルドなパーティー、豪華絢爛な装飾で知られ、豪華なシンボルであり続けた。

かつての教会を改装した「ライムライト」[10]は、そのユニークな空間が有名で、さまざまなサブカルチャーのホットスポットだった。パンク・シーンでその役割を果たしたことで知られる「CBGB」[11]は、NYのナイトライフの定番であり、多くのパンクバンドやニューウェーブバンドの出発点でもあった。

ダンス・ミュージックと現代のクラブ・カルチャーに影響を与えたことで知られる「パラダイス・ガラージュ」は、DJラリー・レヴァンとハウス・ミュージックの台頭と同義であり、LGBTQ＋のクラブ・カルチャーに大きな影響を与えた。一方、「ダンステリア」のようなマルチレベルのクラブは、多彩な音楽と客層で知られ、アーティスト

9　アンディ・ウォーホル　画家。「ポップアートの旗手」として知られる。商業デザイナー、イラストレーターとして広告業界で活躍した後、アーティストへと転身。キャンベル・スープの缶、ドル紙幣、マリリン・モンローなど、それまでアートシーンでほとんど用いられることのなかった、大衆的、大量生産・消費的なモチーフを作品に取り入れたことで、ポップアートを確立。制作においても、大量生産に向いたシルクスクリーンやアシスタントを使った分業制を取り入れた。

10　ライムライト　アメリカのナイトクラブ。ニューヨーク、シカゴ、アトランタ、フロリダ、イギリス・ロンドンに店舗を展開した。本書で触れているのはニューヨーク、マンハッタンの店舗。一九八三年十一月にオープン。教会を改装した建物を使用しており、内部は四階の高さまで吹き抜けとなっている。一九九〇年代には爆発的な人気を誇るクラブへと成長するも、九〇年代後半にクラブ内での麻薬の売買を理由に閉鎖へ追い込まれた。二〇〇二年にはドキュメンタリー

やミュージシャンに人気のスポットだった。

「エリア」の先駆性

　私が一時期頻繁に通ったクラブが「エリア」だった。このクラブはミュージアムのようなアーティスティックな空間で、数週間ごとに内装やテーマを変えるユニークなクラブだった。この絶え間ないアップデートにより、単なるクラブではなく、進化するアート・インスタレーションの場となり、特にアートやファッションに関心の高い人々を魅了した。

　当時の多くのクラブがそうであったように、「エリア」にもセレブやアーティストが頻繁に訪れ、最先端のカルチャーハブとしての名声を高めていった。そこでは、テーマナイトと呼ぶパーティーが開かれ、破壊的なものから幻想的なものまで、さまざまなテーマを反映した装飾やパフォーマンスが行われた。「エリア」はその包括性で知られ、多様な群集を歓迎し、創造的な表現の環境を育んだクラブとして語り継がれてきたのである。

　八〇年代のマンハッタンのクラブに通い続けた結果、私はクラブビジネスの内情や新規にクラブを立ち上げる時のノウハウを自然に身につけていた。それは最初のＮＹ訪問

『Limelight』も公開されている。

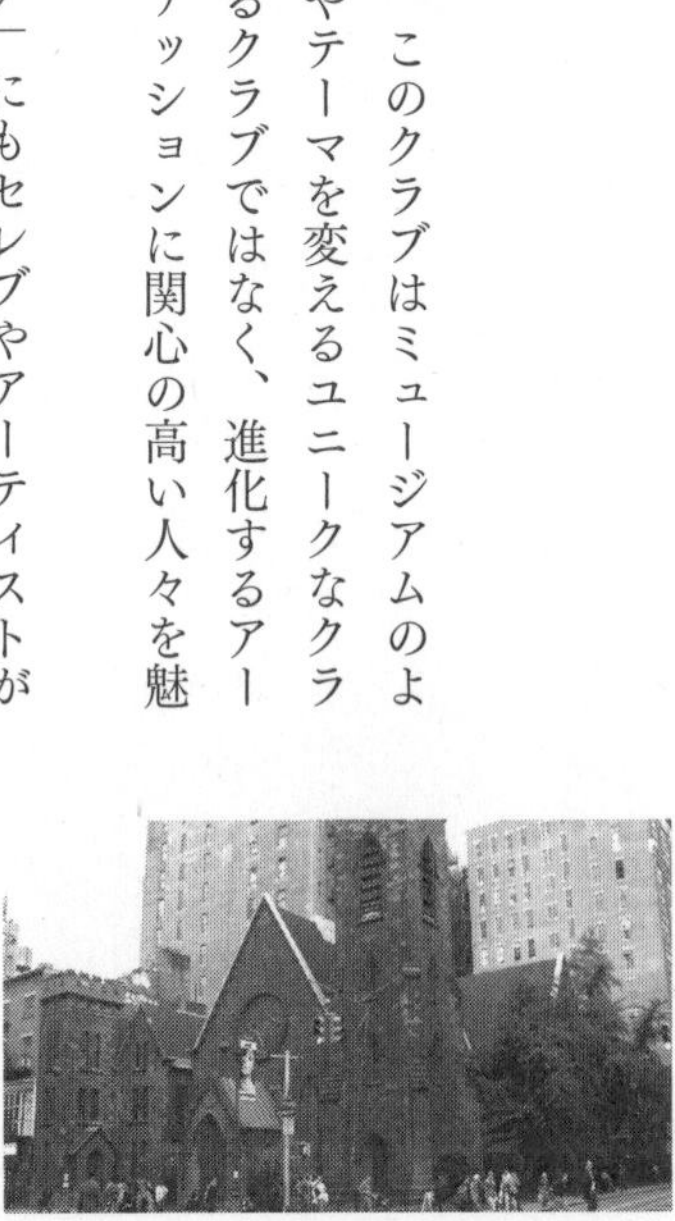

11　ＣＢＧＢ　ニューヨークのロッククラブ。店の名前はCountry, Blue Grass, and Bluesの略。一九七三年開業。当初は店名通りの音楽ジャンルを演奏する店として構想されたが、ラモーンズ、テレビジョン、パティ・スミス、トーキング・ヘッズ、マドンナなど、パンクロック、ニューウェーブの多くのバンドが出演したことで知られる。二〇〇六年に閉業。

時に知り合ったマッドクラブのオーナー、スティーブ・マスからの影響だった。スティーブとの出会いについては、序章で触れておいたが、クラブは時代の「生きもの」であり、いかにナイトクラバーを引き寄せることができるかは、そのクラブの成否に関わる課題だった。

特にPRの重要性やVIPの扱い、ドラッグディーラーとの関わりやバウンサーの雇用に至るまで、クラブビジネスを統括する役割が、「インプレサリオ（impresario）」と呼ぶ存在だった。

インプレサリオ

クラブビジネスにおけるインプレサリオとは、クラブの成功を指揮し、牽引する黒幕や重要人物のようなものである。この役割は多面的で、起業家精神、タレントのマネージメント、プロモーション、エンターテイメント業界への深い理解が融合している存在である。

斬新なホテル経営と「スタジオ54」を買い取ったことでも知られるイアン・シュレーガーとスティーブ・ラベルのようなトレンドセッターも、インプレサリオと呼んでもいい存在だった。元来、イタリアのオペラの舞台監督を意味したインプレサリオは、DJ、ミュージシャン、パフォーマーなど、クラブのブランドや観客の嗜好に合った所業をブッキングする責任があり、多くの場合、新進の才能をスカウトし、新しいアーティストを露出し、認知されるためのプラットフォームを提供する。クラブの客層に響く、まとまりのある魅力的な雰囲気をキュレーションし演出するのだ。

さらに、通常のクラブナイトからスペシャルイベント、フェスティバル、テーマパーティーまで、さまざまなイベントを企画・運営することで、常連客を惹きつけ、話題を呼び、クラブの評判を高めるためのプロモーション戦略を立案し、監督する役割を有している。クラブのブランドとアイデンティティの形成に重要な役割を果たし、競合する他のクラブと差別化する体験を創造するのだ。また予算編成、収益創出など、クラブの財務面を管理または監督し、高水準のサービスと円滑な運営を確保するため、スタッフの雇用、教育、管理に携わることもある。音響システムから内装に至るまで、クラブのインフラが望ましい雰囲気と運営上のニーズに合致していることを確認するのだ。

インプレサリオは通常、アーティスト、エージェント、プロモーター、他のクラブオーナーなど、エンターテイメント業界内に幅広いネットワークを持っており、クラブのサービスや評判を高めるために、ブランド、スポンサー、その他のクラブとパートナーシップを結ぶこともある。

音楽、エンターテイメント、ナイトライフのトレンドに常に敏感で、クラブが提供するサービスを適合させることで、関連性と魅力を維持する。クラブに創造的なビジョンをもたらし、顧客体験を向上させ、クラブを際立たせる革新的な方法を常に追求する役割を担っているのだ。

本質的に、クラブビジネスにおけるインプレサリオの役割は、ビジネスの洞察力と創造性、エンターテイメントへの情熱を融合させ、来場者に忘れられない体験を提供し、ナイトライフ・シーンの主役としての地位を確立することで、クラブを成功に導くのである。

私は、このインプレサリオの存在を認識したことで、本書の「ゾーン6」で詳述する一九八九年に東京芝浦にオープンしたＧＯＬＤでの「ECCO NIGHT」の運営や、一九九〇年に東京東麻布の一の橋に創ったＥＮＤＭＡＸというクラブの展開に役立つことになった。

八〇年代のＮＹのクラブシーンは活気に満ち、影響力のある文化のるつぼであり、音楽の多様性、流行に敏感なクラブ客、さまざまな芸術の交差点という特徴があった。「エリア」のようなクラブは、この時代の創造性とさまざまな境界を押し広げる精神を体現し、単なるナイトライフの場ではなく、当時の重要な文化的ランドマークとなったのである。

12　マリファナ　大麻草の花冠や葉を加工した植物由来の薬物。カンナビス、大麻、ガンジャなど様々な呼び方がある。大麻草に含まれるＴＨＣ（テトラヒドロカンナビノール）と呼ばれる成分によって、いわゆるハイな状態を引き起こす。アメリカの一部州やカナダ、ウルグアイでは嗜好目的での利用が合法となっている。また医療目的に限り合法化する国も増加傾向にある。

エクスタシーの影響力

ここで八〇年代のクラブカルチャーにおいて、必須となった薬物の使用に触れておきたい。それはマリファナ[12]やＬＳＤ[13]、コカイン[14]といったものとは一線を画す革命的な化学合成薬剤のことである。一般にエクスタシーとして知られるＭＤＭＡ[15]は、一九八五年に米国で正式に違法薬物に分類された。麻薬取締局（ＤＥＡ）は、乱用の可能性が高く、医学的用途が認められていないことを理由に、規制薬物法のスケジュールＩにＭＤＭＡを分類した。この分類は、ＭＤＭＡが心理療法の場面で使用されることがあった合法的な使用期間の後に行われた。

八〇年代初頭、ＭＤＭＡはＮＹやロンドン、ベルリン、アムステルダムなどで急成長したテクノ・シーンとレイヴ・シーンでも極めて重要な役割を果たし、クラブ文化に与えた影響は甚大で、多面的であった。ＭＤＭＡは多幸感と共感覚のエンパス効果で知られ、感覚的な体験の向上や他者とのつながりの感覚を求めるクラブに通う人々の間で圧倒的な人気を博した。覚醒剤のような強力な依存性がなく、一週間程度間隔を置いて投与しないと適切な効果が得られないことから、安全な薬剤という認識が一般化していた。

ＭＤＭＡはクラブ内の音楽とダンス文化にも影響を与えた。ＭＤＭＡはエレクトロ

13　ＬＳＤ　リゼルグ酸ジエチルアミド。ライ麦の麦角菌から作られる合成薬物。一九三八年にスイス人科学者のアルバート・ホフマンによって合成された。水溶液を染み込ませた紙片や、錠剤として接種する。服用すると幻聴、幻覚、精神異常をきたす。乱用を続けると長期にわたって精神分裂などを引き起こすことがある。

14　コカイン　コカの葉から作られる精神刺激薬。強力な興奮作用と中毒性を持つ。外科手術の局所麻酔に用いられることがある。嗜好用のコカインは白い粉末状の結晶となっており、ガラス板や紙幣の上に出して鼻から吸い込むか、水溶液として静脈注射で利用する。

15　ＭＤＭＡ　メチレンジオキシメタンフェタミン。エクスタシーとも呼ばれる合成幻覚剤。内服すると、三〇分程度でドーパミン、セロトニンといった脳内ホルモンが放出され、高揚感や多幸感が生じる。体温調整機能に影響を及ぼし、肝不全、腎不全、心不全などを引き起こす場合がある。

ニック・ダンス・ミュージック（ＥＤＭ）シーンと密接な関係があり、ＤＪはＭＤＭＡの効果を引き立てる音楽をかけ、ドラッグと音楽、そしてクラブ全体の雰囲気の間に共生関係を生み出した。ＭＤＭＡの共感と感情をオープンにする効果は、クラブでのユニークな社会的ダイナミズムを促進した。人種や社会的障壁を取り払い、クラブに通う人々の間にコミュニティ感覚と共有体験を育んだのである。

ＭＤＭＡの使用に関連したクラブ文化には、独特のファッションと美学もあり、明るい色彩、長時間のダンスに対応できる快適な服装、光るスティックやおしゃぶり（ＭＤＭＡの副作用である歯ぎしり対策として使用）などのアクセサリーも特徴的だった。その人気にもかかわらず、ＭＤＭＡの使用は、脱水症状、発熱、錠剤に含まれる規制されていない混入物の危険性や、粗製乱造のリスクなど、健康上の懸念も引き起こした。ＭＤＭＡがクラブ・カルチャーと結びついたことで、薬物そのものだけでなく、その使用のホットスポットと考えられていたクラブに対する監視の目が強まり、法的取り締まりが行われるようになった。

ＭＤＭＡの非合法化と、それに続くクラブやレイブ・パーティーの取り締まりは、クラブ・カルチャーの風景を大きく変えた。いくつかのクラブは閉鎖され、シーンはより規制され商業化された会場へとシフトした。しかし、法的規制にもかかわらず、ＭＤＭＡは世界中で使用され続け、現在でもクラブ・カルチャーの影響力の一部であり続けている。その影響は、クラブ・シーンやレイブ・シーンにおける音楽、社会的力学、文化的表現に顕著に表れていた。

　ＭＤＭＡは、音楽、社交、ファッション、そしてクラブやレイブシーンでの全体的な体験に影響を与えた。一九八五年にＭＤＭＡが違法薬物に分類されたことで大きな変化をもたらしたが、その影響は文化全域の中でさまざまな形で持続している。三十年以上前に違法とされたにもかかわらず、国連は二〇〇八年に、一千万人から二千五百万人がＭＤＭＡを摂取したと推定したのである。

アレクサンダー・シュルギンの役割

　サーシャ・シュルギンという別名で知られるアレクサンダー・シュルギン（Alexander T "Sasha" Shulgin 一九二五―二〇一四）は、生化学者であり薬理学者であり、心理療法におけるＭＤＭＡの普及に大きく貢献した人物である。だが、もともと彼がＭＤＭＡを開発したわけではない。ＭＤＭＡは一九一二年にドイツの製薬会社メルクによって初めて合成された。シュルギンは現代の文脈における心理療法の可能性を最初に認識し、ＭＤＭＡを合成し、個人的にテストし、共感と社交性に対するその強力な効果に注目した。そして七〇年代後半に心理学者たちにＭＤＭＡを再び紹介したのだ。

シュルギンからMDMAを紹介された心理学者たちは、MDMAをセラピーセッションのツールとして使い始め、患者が感情的なブレークスルーを達成するのに役立つと指摘した。

シュルギンの貢献はMDMAだけにとどまらない。シュルギンは妻のアン・シュルギンと共著で『PIHKAL: A Chemical Love Story』という驚くべき本を出版した。この本は精神薬理学の基礎となる重要なテキストでもあった。

私とシュルギンとの出会いについては、サンフランシスコをめぐる章で詳述したい。

バロウズとの最初の出会い

一九八一年の小説家ウィリアム・S・バロウズと芸術家ローリー・アンダーソン[16](Laurie Anderson)によるNYでのイベントは、当時のNYのカルチャーシーンにおける彼らの個々の貢献を物語っていた。ウィリアム・S・バロウズは、『裸のランチ』などの画期的な作品で知られるビート・ジェネレーション[17]の中心人物だ。七〇年代後半までに、バロウズはカウンターカルチャー・ムーブメントに大きな影響を与える人物としての地位を確立していた。バロウズは、それ自体がイベントのような公開朗読会で知られていた。乾いたユーモアと鋭い観察眼を織り交ぜた彼の朗読のスタイルは、聴衆を惹きつけ

16　ローリー・アンダーソン　アーティスト、パフォーマー、作曲家。メディア・アートの先駆者の一人としても知られる。代表的な作品に、ブレードを凍らせたアイススケートシューズを履いた状態でヴァイオリンの演奏をする『Duets on Ice』などがある。一九八一年に発表した楽曲「O Superman」が全英シングルチャート二位を記録したことでアート界の外へ広く知られるようになる。

17　ビート・ジェネレーション　第二次世界大戦後の一九五〇年代にアメリカで巻き起こった文学運動。社会的、文学的な規範を拒絶し、原始的なコミューン生活や性の開放、ドラッグによる精神実験を通じて、自由で人間的な価値観を目指した。若者から絶大な支持を集め、六〇年代に拡大していくヒッピーカルチャーの基礎を築いた。代表的な作品としてジャック・ケルアック『路上』、ウィリアム・S・バロウズ『裸のランチ』、アレン・ギンズバーグ『吠える』など。

た。七〇年代後半以降、彼はさまざまなクラブで活動し、しばしば朗読会やパフォーマンスにも参加した。

パフォーマンス・アーティストでありミュージシャンでもあるローリー・アンダーソンは、七〇年代後半、NYのアヴァンギャルド・シーンで著名な存在になりつつあった。彼女の作品は、テクノロジー、スポークン・ワード、電子音楽を組み合わせたものだった。アンダーソンは革新的なパフォーマンスで認知度を高めていた。この時代の彼女の最も有名な作品のひとつが、一九八一年に発表された「O Superman」である。

一九八一年、NYでバロウズとアンダーソンが共同で「ナイトクラブ・ツアー」を行った。二人ともNYのアート・カルチャー・シーンで影響力のある人物であり、重なり合うサークルで動いていた。NYの八〇年代前半は文化的な実験が盛んな時期で、アーティストや作家がジャンルを超えてコラボレーションしたり、影響を与え合ったりすることが多かった。バロウズとアンダーソンは、当時の活気ある文化的環境を通じて交流し、影響を与え合っていた。「ナイトクラブ・ツアー」は、歴史的な出来事として記録されている。二人ともこの時期のNYのアートシーンにおける重要人物であり、個々の作品やパフォーマンスを通じて文化的景観に大きく貢献した。彼らのキャリアは、この時代の革新と分野を超えた探求の精神を反映していた。

のちに私はバロウズの日本のレップとして、彼の「ウィリアム・S・バロウズ展　ショットガン・ペインティング」(西武美術館 一九九〇年)を開催することになる。これも、バロウズとの一九八一年の出会いがあったからである。

新表現主義アート

新表現主義と呼ぶ潮流は、七〇年代後半に興り、八〇年代に隆盛を極めた芸術運動である。強烈な主観性と荒々しく躍動的な描写を特徴とし、しばしば鮮やかな色彩とダイナミックな筆致を用いた。この運動は、六〇年代と七〇年代のミニマリズムとコンセプチュアル・アートに対する反動でもあり、新表現主義者たちは、感情や象徴性、個人的な熱情表現をアートに取り戻そうとした。

NYの新表現主義シーンの主要人物には、ジャン=ミシェル・バスキア、ジュリアン・シュナーベル(Julian Schnabel)、デヴィッド・サーレ(David Salle)、エリック・フィッシュル(Eric Fischl)らがいた。特にバスキアは、人種、アイデンティティ、社会問題をテーマに、ストリートアートの要素を取り入れた生々しく力強い作品で一躍有名になった。

八〇年代のナイトクラブは、しばしば芸術表現の場を兼ねていた。先述した「エリア」のようなクラブでは、アートショーやパフォーマンスが開催され、アーティストたちが集う場所として機能していた。クラブシーンとその大胆で自由奔放な創造性の文化は、当時の芸術運動と共生関係にあった。アートの世界とクラブシーンは互いに影響し合っていた。クラブ・カルチャーの活気に満ちた、しばしば侵犯的な性質は、新表現主義アートの大胆さに反映され、アーティストの美的革新はクラブの装飾、ファッション、雰囲気にも影響を与えたのだ。

両方の世界にまたがり、時代のアイコンとなった人物もいる。例えば、バスキアはアートシーンとナイトクラブの両方の世界に没頭し、当時の精神を体現していたことで知られている。NYの八〇年代は激しい文化的ダイナミズムの時代であり、クラブシーンと新表現主義のアートムーブメントがその最も鮮烈な二つの現れであった。これらの領域はそれぞれ影響力があっただけでなく、互いに深く結びついており、それぞれが他方のエネルギーと精神を刺激していたのである。

一九七八年からはじまったNYとの関わりは、東京での私の活動を支える主要な情報源となっていった。群雄社の明石賢生氏から、ビニ本ではなくまともな本を作りたいというオファーがあり、私は自分のNY行きと書籍作りを両立できるプランを考えた。一九八二年に二度にわたるNY取材をもとに作られた『ニューヨーク・カルチャー・マップ』は、私の最初の著書となる出版だった。

ゾーン3　ニューヨーク—東京

レナード・エイブラムズとの出会い

一九八二年五月から六月と、八月の追加取材を経て、私の最初の著書となる『ニューヨーク・カルチャー・マップ』が上梓されたのは、一九八三年一月のことだった。この本は、当時のNYマンハッタンの文化シーンをマッピングし、可能な限り具体的な場所の情報とともに紹介したものだった。

本の執筆にあたっては、それまで数回に及ぶNY訪問の体験を軸に、NY在住の協力者たちの助けも借りた。この本は、マンハッタンの地下文化を焦点に、当時の日本の雑誌やガイドブックにも掲載されていない「生のNY情報」を取り上げたことで、出版後の反響も大きく、ラジオやテレビでも紹介された。

取材協力者のひとりは、レナード・エイブラムズだった。彼は、NYのイースト・ヴィレッジを拠点とする影響力のあるオルタナティブ新聞「イースト・ヴィレッジ・アイ」[1]の創刊発行者で編集長だった。一九七九年五月から一九八七年一月まで発行されたこの新聞は、イースト・ヴィレッジとその周辺の文化的景観を形成し、記録する上で極めて重要な役割を果たした。

イースト・ヴィレッジの台頭

七〇年代後半から八〇年代にかけてのNYは、アート・シーンが急成長し、イースト・ヴィレッジは前衛芸術、音楽、文学の中心地として頭角を現していた。このような背景から、レナードは「イースト・ヴィレッジ・アイ」を立ち上げた。同紙は、ダイナミックで急速に進化するイースト・ヴィレッジのカルチャーシーンを捉え、主流メディアでは見過ごされがちなオルタナティブな声や視点のプラットフォームを提供することを目指した。そしてアート、音楽、政治、ローカルニュースなど幅広い話題をカバーし、パンクやノーウェーブの音楽シーン、新興のヒップホップ・ムーブメント、アヴァンギャルドなアート界を詳細に報道したことで知られるようになった。この新聞は、多くの著名な作家、アーティスト、写真家の作品を取り上げ、その中には、この紙面で初めて大

1 イースト・ヴィレッジ・アイ　レナード・エイブラムズによって発行されたカルチャー雑誌。八〇年代に急成長したニューヨーク、イースト・ヴィレッジのアート、カルチャー、ナイトライフシーンなどを中心に取り上げ、一九七九年五月から一九八七年一月までの間に七二号まで発行された。アーティストのマイケル・ホルマンとラッパーのアフリカ・バンバータのインタビューにおいて「hip hop」という語を誌面に載せ、定義した最初の印刷物だとされている。

きな露出を得た者もいたし、多くのクリエイティブなキャリアの出発点となったのである。
NYで誰もが知る「NYタイムズ」誌は、「イースト・ヴィレッジ・アイ」を、「イースト・ヴィレッジにおける『ヴィレッジボイス』の登場」だと評した。「ヴィレッジボイス」誌は、マンハッタンの情報紙としてすでに定着していたし、彼らの原点がグリニッジ・ヴィレッジだったことを考えると、確かにイースト・ヴィレッジへのトレンド・シフトを「イースト・ヴィレッジ・アイ」は表現していた。その報道とコミュニティへの参加を通じて、独自の文化的エリアであるというアイデンティティを確立し、コミュニティ意識と芸術的コラボレーションを育むのに貢献した。

レナードは編集長として、同紙の編集方針の形成に尽力し、文化的トレンドの最前線に立ち続けた。彼はジャーナリズムに対する革新的なアプローチで、厳格な報道姿勢と文化的時流に対する鋭い理解を兼ね備えていた。レナードと出会えたことで、私のマンハッタン取材はイースト・ヴィレッジの勃興や新たなクラブやアートシーン、そしてマンハッタンの過去と現在にいたるさまざまな物語を共有することができた。「イースト・ヴィレッジ・アイ」は一九八七年に廃刊となり、レナードは二〇二三年に亡くなったが、NYの文化史への多大な貢献とオルタナティブ・ジャーナリズムへの影響力を多くの人が認めており、その遺産は今なお生きている。

レナードは、八〇年代初頭のイースト・ヴィレッジの文化的爆発を伝える上で重要な役割を果たした。当時ほぼ廃墟だったアヴェニューAからDのエリアで何が起きようとしていたのかを、レナードと街を歩き、彼が語ってくれた日のことを思い出す。「イースト・ヴィレッジ・アイ」での仕事を通じて、レナードはニューヨーク文化史における極めて重要な瞬間を記録することに貢献し、急成長するアートシーンの興奮とエネルギーを捉え、その後、何世代ものアーティストやクリエーターにイースト・ヴィレッジで起きたアートシーンの爆発を伝える役割を担ったのだ。

新進気鋭の才能を紹介し、疎外された人々の声にプラットフォームを提供する彼の取り組みは、実に注目に値するものであり、何十年もの間、「イースト・ヴィレッジ・アイ」の遺産は、レナードがクイーンズの倉庫に保管していた黄ばんだ新聞紙の中で生き続けていた。二〇二二年十一月、ニューヨーク公共図書館が「イースト・ヴィレッジ・アイ」をアーカイブに加えることを発表した。

レナードがジャーナリズムとアートの世界に与えた影響は、決して忘れられるものではなく、イースト・ヴィレッジとその周辺に残した足跡には感謝しかない。R・I・P・

ケネス・アンガーとの出会い

本の取材で重要な出会いとなったのが、伝説的な映像作家ケネス・アンガー（Kenneth Anger 一九二七－二〇二三）だった。アッパーイーストのアンガーのアパートを訪問した時のことは鮮明に記憶している。アパートのベルを押し、アンガーの部屋のドアが開けられ、笑顔で迎えてくれたアンガーがまず招き入れてくれたのは、すべてが赤で埋め尽くされた居間だった。そこには、サイレント映画時代のハリウッドで活躍したイタリア出身の美男俳優、ルドルフ・ヴァレンチノのコレクションがいたるところにあり、隣の青の部屋にはアールデコの装飾品が絶妙に配置されていた。

広くはない彼の部屋には、独特のインセンスの香りが立ち込めていた。その香りはこれまで嗅いだことのない、記憶に残るものだった。ただ、訪問が夏の暑い日だったにもかかわらず、窓が閉じられた彼の部屋には、エアコンの気配はなかった。私もアンガーも、暑さに耐えていた。後に、この時の彼はエアコンを買うことも出来ない金欠状態だったと知った。

アンガーはアメリカのアンダーグラウンドの実験映画作家、作家であり、前衛映画における影響力のある活動で有名となった。一九二七年二月三日、カリフォルニア州サンタモニカに生まれ、早くから映画とオカルティズムに興味を持ち、その両方が彼の芸術的ビジョンを深く形作った。彼の映画は、その豊かな象徴性と、しばしば物議を醸す内容で知られ、映画のなかでポップミュージックを起用した先駆者でもあった。

アンガーは子役として映画界に入ったが、すぐに映画製作に専念するようになった。若くして短編映画を撮り始め、初監督作品『Who Has Been Rocking My Dreamboat』（一九四一年）は十四歳の時に製作された。アンガーの映画の特徴は、夢のようなシークエンス、早回しカット、重ね合わせ、逆モーションなどを取り入れた前衛的なスタイルにある。視覚的に目を引き、象徴的に濃密な映画を作ることで知られていた。

アレイスター・クロウリーの教えの信奉者であったアンガーの作品は、クロウリーの精神的・哲学的体系であるテレマの影響を強く受けていた。オカルティズム、異教、儀式のテーマは彼の作品に多く見られ、同性愛のテーマも探求しており、そのような題材がタブー視されていた当時、ホモエロティックなイメージをあからさまに描写した点で画期的だった。

『花火』（一九四七年）という初期の作品は、ホモエロティックな夢のシークエンスであり、青年の内面の混乱と欲望を描いていると解釈されている。この作品は、同性愛のテーマを公然と描いた最初のアメリカ映画のひとつとされる。『Inauguration of the Pleasure Dome（快楽殿の想像）』（一九五四年）は、アンガーのオカルトへの関心が反映された作品で、神々に扮した登場人物がシュールで儀式的な物語を繰り広げていた。
おそらくアンガーの最も有名な作品である『スコピオ・ライジング』は、ポップ・ソングのサウンドトラックに乗せて暴走族を描いたもので、キリスト教の図像と暴走族文化を重ね合わせ、暴力、セクシュアリティ、死をテーマにしていた。『スコピオ・ライジング』でアンガーがポピュラー音楽を映像的な物語に合わせて使用したことは、現代のミュージックビデオの先駆けであると考えられている。

私がアンガーの作品の中で最も影響を受けた『ルシファー・ライジング』（一九七二年）は、オカルト、エジプト神話、アレイスター・クロウリーの魔術に魅せられたことを掘り下げた前衛的な作品である。六〇年代から七〇年代のカウンターカルチャーに与えたインパクトは絶大で、実験映画の代表作だ。『ルシファー・ライジング』の製作は完成までに十年を費やし、困難が多かったことで知られている。コンセプト、キャスト、スタッフは何年もかけて何度も変更された。当初、アンガーはミュージシャンのボビー・ボーソレイユに出演と作曲を依頼したが、一九六九年にボーソレイユがマンソン・ファミリー殺人事件への関与で逮捕されたため、この共同作業は突然打ち切られた。ボーソレイユは最終的に殺人罪で有罪判決を受けたが、驚くべきことに、彼は獄中から映画のサウンドトラックの制作を続け、最終的に映画で使用された。

一九七二年に完成したこの映画は、新たな啓蒙と自由の時代と解釈される「水瓶座の時代」の幕開けを祝う、視覚的に目を引く象徴的なヴィネットの数々を披露している。

　ここで言うヴィネットとは、簡潔で喚起的な描写、人物のスケッチ、またはシーンのことであり、必ずしも標準的なプロット構成には従わず、一つの瞬間、アイデア、キャラクター、設定、またはオブジェクトに焦点を当て、ムードや雰囲気を呼び起こす効果である。とりわけ映画では、ヴィネットとは画像の四隅が中央よりも暗くなる効果を指す。芸術的な理由や、画像の中心にある被写体に注目させるため、あるいは特定のムードやノスタルジーを演出するための様式的な選択として使われ、これがアンガー作品の特徴でもある。

メイキング・オブ・ルシファー・ライジング

『ルシファー・ライジング』は、さまざまな神話やオカルトの伝統から引き出された、豊かで象徴的なイメージに満ちている。アンガーは、神秘的なパワーと古代の儀式の感覚を呼び起こすために、エジプトの古代宗教遺跡やドイツのノルトライン゠ヴェストファーレン州にある儀式魔術で知られるヴェヴェルスブルク城などの場所を使用した。

　さらにサイケデリックな効果を生み出すため、リバース・フッテージやラピッド・カットなどの革新的な映画技法を用いた。この映画の核心は、再生、変身、善と悪の相互作用といったテーマの探求で、ルシファーを伝統的なキリスト教の意味での悪魔としてではなく、個人の悟りや順応性への反逆を表すプロメテウスのような存在として解釈していたのである。

この映画には、当時ミック・ジャガー[2]の恋人だった歌手のマリアンヌ・フェイスフル[3]や映画監督のドナルド・キャメル[4]など、カウンターカルチャーやオカルト界の著名人が出演している。レッド・ツェッペリンのジミー・ペイジは当初、サウンドトラックの作曲に携わっていたが、アンガーとの創作上の意見の相違や制作の遅れのためにボーソレイユに交代した。のちにペイジ自身によって、ペイジ版のサウンドトラックが公開されているが、個人的にはボーソレイユの音楽がこの映画にはふさわしいと感じている。

公開時、その大胆なビジョンはアンダーグラウンド映画界で賞賛され、以来、カルト的な地位を獲得した。この映画は実験映画やミュージック・ビデオのジャンルに永続的な影響を与え、とりわけオカルトやアヴァンギャルドに興味を持つ後世の映画監督やアーティストに強い影響を与えた。『ルシファー・ライジング』は、アンガーのフィルモグラフィーの中でも画期的な作品であり、映画作家としての彼の特異なビジョンの証でもある。この映画製作の歴史は、芸術的野心、論争、オカルトの超越的美の探求に彩られた、映画そのものと同様に伝説的なものとなっている。

2　ミック・ジャガー　イギリスのロックミュージシャン。ロックバンド、ローリング・ストーンズのボーカルとして知られる。一九六二年から六〇年以上にわたって精力的に活動を続けている。二〇〇八年の『ローリング・ストーン』誌〝史上最も偉大なシンガーベスト100〟で十六位に選出。一九六〇年代後半、歌手、女優のマリアンヌ・フェイスフルと恋人関係にあった。

3　マリアンヌ・フェイスフル　イギリスの歌手、女優。「As Tears Go By」（一九六四年）でデビュー。楽曲がヒットし、その美貌も相まって国民的スターになる。一九六六年からミック・ジャガーと交際、破局。一九七九年にアルバム『Broken English』で復帰し、以降、歌手、女優としての活動を続ける。アニメ『ルパン三世』に登場する峰不二子のモチーフになったと言われている。

4　ドナルド・キャメル　スコットランドの画家、映画監督、脚本家。監督としてのクレジットされている長編作品は『パフォーマンス』（一九七〇年）、彼の革新的な手法と大胆なテーマ内容は、数多くの映画監督やアーティストに影響を与え、アンダーグラウンド映画や実験映画のジャンルの礎となったとみなされている。映画製作に加え、無声映画時代から五〇年代までのハリウッドセレブの私生活をスキャンダラスかつセンセーショナルに描いた著書『ハリウッド・バビロン』（一九五九年）でも知られてきた。

「ミッドナイト・レーベル」の誕生

ケネス・アンガーという実在の人物が目の前にいて、話を聞く過程で、私は東京で始まろうとしていた「カルト映画」のビデオ化のプロジェクトを意識しはじめていた。バンダイビジュアルの前身会社が発売したビデオシリーズ「ミッドナイト・レーベル」は、八〇年代半ばに本格的にスタートしたが、このシリーズの企画の発端から作品の買い付けまでを担当したのが私だった。

一九八三年、株式会社AE企画が設立され、バンダイの映像ソフト販売代理店になった。後の一九八九年、AE企画がバンダイビジュアル販売株式会社に社名変更するのだが、「ミッドナイト・レーベル」は、バンダイのネットワークTOP10事業部が制作し、AE企画がビデオレンタル市場に販売したカルト系洋画作品の統一レーベルの呼称だっ

『デモン・シード』（一九七七年）、『ホワイト・アイズ　隠れた狂気』（一九八七年）、『ワイルド・サイド』（一九九五年）の四作のみだが、今なおカルト的な人気を誇る。一九九六年ピストル自殺。

た。バンダイビジュアルは、日本のホームビデオ市場で先駆的な役割を果たしたことで知られている。同社は、人気アニメシリーズから無名の芸術作品まで、幅広い映像コンテンツの普及と配給に貢献した。バンダイビジュアルは、「ミッドナイト・レーベル」のような取り組みを通じて、エンタテインメントの多様性を推進し、ユニークで型破りな作品の価値を認めるというコミットメントを示したのである。この取り組みが日本の映像文化の多様性に大きな影響を及ぼしたのは明らかである。

「ビデオグラム」とは、さまざまな形態のビデオ・コンテンツや表現を指しているが、ここではビデオ化(レンタルと販売)の権利を言う。当時はVHSとベータの時代で、レーザーディスクが出始めの時代だった。シリーズ開始の具体的な時期は一九八四年ごろだった。このレーベルは、特にホームビデオ市場が急速に拡大し多様化していた時期に、ハリウッドなどのメジャーな作品が飽和しつつある中で、型破りで前衛的なコンテンツを求めるニッチな市場や観客に対応するための戦略の一環であった。「ミッドナイト・レーベル」は、日本では見る機会のない、多様なジャンルとインディーズ映画を特徴とすることで知られるようになり、そのコンテンツはしばしば、より成熟した視聴者をターゲットとしていた。

私はこの「ミッドナイト・レーベル」でシリーズ総数二十数本の映画を、米国、ヨー

ミッドナイト・レーベル（AE企画）のラインナップ

1　ケネス・アンガー監督『マジック・ランタン・サイクル』（1980年／米公開）
2　ジョン・ウォーターズ監督『マルチプル・マニアックス』（1970年／米公開）
3　ジョン・ウォーターズ監督『モンド・トラッショ』（1969年／米公開）
4　ポール・バーテル監督、主演ディヴァイン『ラスト・イン・ザ・ダスト』（1985年／米公開）
5　ハワード・ブルックナー監督、出演ウィリアム・バロウズ、ドキュメンタリー映画『バロウズ』（1983年／米＋英公開）
6　スパイク・リー監督『ジョーズ・バーバーショップ』（1983年／米公開）
7　アンドリュー・ホーン監督『ドゥームド・ラヴ』（1984年／米公開）
8　ジョン・セイルズ監督『ブラザー・フロム・アナザー・プラネット』（1984年／米公開）
9　サラ・ドライバー監督『ユー・アー・ノット・アイ』（1981年／米公開）
10　ジェイコブ・バークハート監督『映画を探して』（1985年／米公開）
11　製作・監督ムシャ、音楽、F・M・アインハイト、ジェネシス・P－オリッジ『デコーダー』（1984年／西ドイツ公開）
12　ハーシェル・ゴードン・ルイス監督『サムシング・ウィアード』（1967年／米公開）
13　ハーシェル・ゴードン・ルイス監督『モンスター・ア・ゴー・ゴー』（1965年／米公開）
14　ハーシェル・ゴードン・ルイス監督『スカム・オブ・ジ・アース』（1963年／米公開）
15　ハーシェル・ゴードン・ルイス監督『シー・デビルズ・オン・ホイールズ』（1968年／米公開）
16　ラース・フォン・トリアー監督『エレメント・オブ・クライム』（1984年／デンマーク公開）
17　デレク・ジャーマン監督『エンジェリック・カンヴァセーション』（1985年／英公開）
18　ピーター・ブルック監督『注目すべき人々との出会い』（1979年／英公開）
19　エルフィ・ミケシュ、モニカ・トルート監督『セダクション』（1985年／西ドイツ公開）
20　ラリー・コーエン監督『ザ・スタッフ』（1985年／米公開）
21　ジョー・ダマト監督『嗜肉の愛 ビヨンド・ザ・ダークネス』（1979年／伊公開）
22　ウィリアム・ピーター・ブラッティ監督『トゥインクル・トゥインクル・キラー・カーン』（1980年／米公開）
23　ジョン・パーマー監督『チャオ！ マンハッタン』（1972年／米公開）
24　ジョン・カー、フィリップ・マルシャーク、ジェイ・シュロスバーグ・コーエン、グレッグ・タラス、トム・マクゴーワン監督『悪夢の銀河鉄道 ナイト・トレイン・トゥ・テラー』（1985年／米公開）

ロッパに赴き、監督自身や権利保有者と交渉して、映画上映権とビデオグラムを買い付けたのである。もちろんその買い付けた映画の中には、ケネス・アンガーの作品集成となる『マジカル・ランタン・サイクル』も含まれていた。

「ミッドナイト・レーベル」の特徴

「ミッドナイト」というレーベル名は、私がイースト・ヴィレッジにあった深夜映画館から影響を受けて付けた名前である。それは、深夜の内省的な視聴に適したコンテンツを示唆しており、提供されるコンテンツは、カジュアルなエンターテイメントというよりも、深い熟考や視聴者の作品への参与性に理想的な作品と位置づけていた。

「ミッドナイト・レーベル」は、八〇年代の広範なトレンドを反映したもので、サブカルチャー映画の版権取得と配給の可能性が広がったこともあり、多様で型破りなコンテンツへの意欲が高まっていた。二十数本の映画のビデオグラムを買い付けると言っても、私が求める映画は、世界中の通常のフィルムマーケットで扱う作品ではなかった。それに、日本の企業がカルト映画の買い付けには不向きであることから、私が契約交渉はできても、契約書の準備や版権料の支払いまでを行うのは困難だった。そこで私はNY在住で、NY大学の映画学科を出た黒岩久美氏に白羽の矢を立てた。

彼女は当時、日本の女性誌のNY取材のコーディネーターやNY情報の執筆などを担当していた。私は映画を愛する彼女に、映画の買い付けや契約、支払い業務を手伝ってほしいと打診し、彼女はまったく未知なリーガルアシスタントとして、「ミッドナイト・レーベル」のプロジェクトに参加することになった。

黒岩氏は、この「ミッドナイト・レーベル」の仕事によって、映画との関わりを深めていった。そして芸術的、前衛的な作品を手がける映画プロデューサーとして、NYのインディペンデント映画シーンに多大な貢献をしてきた。

経歴とフィルモグラフィ

黒岩氏の仕事には、独自の芸術的ビジョンで知られる監督たちとのコラボレーションが含まれる。彼女がプロデュースした代表作のひとつに、現代アメリカの人気作家ポール・オースターのオリジナル原作をウェイン・ワンが監督し、ハーヴェイ・カイテルとウィリアム・ハートが主演した『スモーク』[5]（一九九五年）がある。NYのブルックリンを舞台にしたこの作品は、そのストーリーテリングとキャラクターの深みある演技で批評家から高い評価を得た。もちろん、私もこの作品が好きだった。

プロデューサーとしての彼女は、監督の芸術的ビジョンをサポートし、実現する能力

5　スモーク　原題「Smoke」。一九九五年公開のアメリカ、日本、ドイツの三カ国による合作映画。監督はウェイン・ワン。脚本をポール・オースターが務めた。毎日同じ場所にカメラを向けるタバコ屋の店主と、過去に妻を亡くした常連客のもとに、謎の少年が現れる。ニューヨーク、ブルックリンを舞台にした、それぞれの人生に葛藤を抱えるキャラクターたちの群像劇。

で知られており、ユニークなストーリーをスクリーンに映し出すために必要なリソースやガイダンスを提供している。彼女の仕事は、インディペンデント映画の多様性と豊かさに貢献し、主流の映画シナリオとは異なる物語を世に送り出すことに貢献してきた。

彼女のインディペンデント映画への貢献と、尊敬する監督たちとのコラボレーションは、映画プロデューサーとしての彼女の重要な役割を証明している。彼女の作品は、インディペンデント映画のシーン、特に彼女が最も活躍したＮＹの豊かなタペストリーの一部であり続けている。

二〇一二年、彼女がプロデュースした演出家ロバート・ウィルソン[6]のドキュメンタリー映画の日本での上映会で、私は黒岩氏と会う機会があった。花柳流を学び、その後ＮＹに渡り国際的な舞踊家となった花柳寿々紫（はなやぎすずし）と、アメリカの演出家ロバート・ウィルソンとの感動的な関係を描いたドキュメンタリー作品『ザ・スペース・イン・バック・オブ・ユー／The Space in Back of You』[7]が日本公開された時だった。

この映画の制作段階で、私がお手伝いしたこともあり、久々に彼女と話す機会となった。この時、「私は武邑さんのミッドナイトレーベルの仕事をしていなければ、今の自分はなかったと思います」と言ってくれたことがとても嬉しかった。

6　ロバート・ウィルソン　アメリカの演出家。前衛的な作風で知られる。作曲家フィリップ・グラスとの共作オペラ『浜辺のアインシュタイン』（一九七六年）で国際的な評価を得る。これまでにピューリッツァー賞ノミネート（一九八六年）、ドイツ演劇評論家賞のベスト・プロダクション・オブ・ザ・イヤー（一九九〇年）、ヴェネツィア・ビエンナーレでの彫刻部門金獅子賞（一九九三年）をはじめ、数々の賞を受賞。

7　ザ・スペース・イン・バック・オブ・ユー　The Space in Back of You。花柳流を学び、その後ニューヨークに渡り国際的な舞踏家となった花柳寿々紫（はなやぎ・すずし）と、演出家のロバート・ウィルソンとの関係を映したドキュメンタリー映像作品。監督はリチャード・ルトコウスキー。音楽をデヴィッド・バーンが担当した。

ジョン・ウォーターズ

『ニューヨーク・カルチャー・マップ』のNY取材時に出会ったジョン・ウォーターズは、社会を風刺し、キャンプ文化を謳歌し、悪趣味の境界線を押し広げる超越的なカルト映画で知られるアメリカの映画監督、作家、アーティストである。彼の作品も、「ミッドナイト・レーベル」でのビデオ化の最有力候補だった。

一九四六年四月二十二日、メリーランド州ボルチモアに生まれたウォーターズは、そのユニークでしばしば挑発的な映画的ビジョンでキャリアを築いてきた。彼の映画の特徴は、不遜なユーモア、派手なキャラクター、アメリカ社会に対する破壊的な見方にある。

ジョン・ウォーターズのフィルモグラフィにはいくつかの代表作があり、その多くはカルト的な人気を博している。ウォーターズは、しばしば「ゴミの法王」と称され、映画に対するユニークで挑発的なアプローチで知られる。ウォーターズの初期の作品は、彼の故郷であるメリーランド州ボルチモアで製作され、そのキャンピーなスタイル、グロテスクなユーモア、破壊的な内容で悪名を馳せ、従来の社会規範に挑戦し、良識との境界を押し広げた。この時期の彼の映画は、低予算の美学、衝撃的な価値基準、そして象徴的なドラッグクイーンのディヴァインを含む常連の出演者たちによって特徴づけられる。ウォーターズの初期の作品を詳しく見てみよう。

『モンド・トラッショ』（一九六九年）は、ウォーターズによる初期の長編映画で、後に有名になる彼の映画に対するユニークで攻撃的なアプローチを展開している。ウォーターズの最初の長編映画のひとつとして、その後のカルト的名作の基礎を築いた作品である。メリーランド州ボルチモアでわずかな予算で撮影された本作は、不条理、グロテスクなユーモア、社会批評を融合させたウォーターズの真骨頂である。

この映画はメアリー・ヴィヴィアン・ピアース演じる女性が誤って、（ディヴァインが演じる）歩行者を轢いてしまった後の奇妙な冒険を描いている。物語はさまざまな風変わりな人物との出会いや、ボルチモアの裏社会を旅するなど、シュールでバラバラな出来事の連続として展開する。映画の大部分はサイレントで、セリフは六〇年代ポップスやロック音楽のサウンドトラックに置き換えられている。低予算で製作され、プロではない俳優が出演し、混沌としたアナーキーなユーモアが特徴で、ショッキングな映像がちりばめられ、従来の嗜好や道徳基準に挑戦している。

ウォーターズとドリームランダーズと呼ばれるキャストやクルーは、ＤＩＹ映画製作とゲリラ戦術を駆使して無許可でシーンを撮影し、友人の家や公共の場所をセットとして使用した。この映画の内容は、ウォーターズの法的問題に発展し、彼は大学での上映中にわいせつ行為で逮捕された。論争を巻き起こしたにもかかわらず（あるいは巻き起こしたからこそ）、『モンド・トラッショ』はカルト的なヒットを記録し、その大胆さと許容される趣味の境界線を広げたことで称賛された。

ジョン・ウォーターズのキャリアにおける重要性

『モンド・トラッショ』は、ウォーターズの映画作りのスタイルとテーマの初期の例として重要であり、グロテスク、不条理、アウトサイダーの世界への憧れを示している。後の『ピンク・フラミンゴ』や『フィメール・トラブル』などは、ウォーターズのカルト映画作家としての名声を確固たるものにする作品となった。

荒削りで、後の作品ほど広く認知されてはいないが、『モンド・トラッショ』は、その生々しいエネルギー、創造性、トラッシュ・カルチャーが評価され、カルト的な名作であり続けている。『モンド・トラッショ』は、ウォーターズのキャリアを特徴づけることになる反抗と実験の精神を捉えており、アンダーグラウンド映画のファンやインディペンデント映画製作の歴史に興味のある人には必見の作品である。

ウォーターズの処女作のひとつが、『黒い革ジャンのバババア』（一九六四年）であり、彼が十八歳の時に撮った八ミリの短編映画である。ほとんどがサイレントで、クー・クラックス・クラン[8]のメンバーが司会を務める、屋上での白人女性と黒人男性の模擬結婚式が描かれている。物議を醸し、タブー視される題材を好むウォーターズの持ち味がすでに発揮された作品である。粗雑で実験的な作品ではあるが、ウォーターズの社会的タブーの探求と、ユーモアとショッキングなイメージを融合させることへの関心を示す舞台となった。

『ローマン・キャンドル』（一九六六年）は、ウォーターズ初の十六ミリ映画で、複数のリールを同時に再生することで、バラバラで混沌とした効果を生み出している。日常生活のシーンに挑発的で奇妙なイメージがちりばめられ、後にドリームランダーズとして知られる、ディヴァイン、ミンク・ストール、デヴィッド・ロカリーを含むウォーターズの映画的アンサンブルが初めて登場した作品である。

『マルチプル・マニアックス』（一九七〇年）は、モノクロ映画で、ディヴァインが「倒錯の大旅行」と呼ばれる旅回りのリーダーを演じる。映画は殺人と混沌へとエスカレートし、ディヴァインとロブスターが絡む悪名高いシーンでクライマックスを迎える。『マルチプル・マニアックス』は、その露骨な内容と、ウォーターズのグロテスクなものへの憧憬を示す点で重要である。また、初期の作品と比べ、物語の複雑さや映画的手法の面でも一歩前進している。

8　クー・クラックス・クラン　Ku Klux Klan。通称ＫＫＫ。アメリカの白人至上主義団体。秘密結社。一八六五年に南北戦争の退役軍人たちによって設立されたとされている。これを「第一のＫＫＫ」とし、第一次世界大戦後に発足した「第二のＫＫＫ」、第二次世界大戦後に生まれた「第三のＫＫＫ」が存在する。多くの分派が存在し、現在でも活動を続けている。

『ピンク・フラミンゴ』（一九七二年）は、おそらくウォーターズの最も悪名高い作品である。「この世で最も不潔な人間」を決める競争を軸にしたダーク・コメディである。主演のディヴァインは、ボルチモア郊外の風変わりな家族とトレーラーで暮らすバブス・ジョンソンを演じている。『ピンク・フラミンゴ』はカルト的な人気を博し、ウォーターズの名声を確固たるものにした。露骨な性描写、暴力、ディヴァインが印象的な演技を披露し、有名な「犬の糞を食べる」シーンもある。

初期作品の影響と遺産

ウォーターズの初期作品はアンダーグラウンド映画の発展において極めて重要であり、主流派の価値観や美学を大胆に否定したことで称賛されている。真夜中の映画文化の発展において重要な役割を果たし、アウトサイダーとタブーを賛美することで、無数の映画作家やアーティストに影響を与えた。物議を醸す内容にもかかわらず（あるいは物議を醸すからこそ）、これらの作品は熱心なファンを獲得し、世界中の映画祭や回顧展で上映され続けている。

ジョン・ウォーターズの初期作品は、『ヘアスプレー』（一九八八年）や『クライ・ベイビー』（一九九〇年）など、後にメインストリームで成功するための土台を築いた。

この時期の作品は、彼の特異なビジョンと、映画と社会の境界を大胆不敵に探求したことの証であり続けている。

ウォーターズの他の作品にも触れておこう。『デスパレート・リビング』(一九七七年)は、暴君の女王が統治する架空の町モートヴィルでの生活を描いたもので、私が好きな作品のひとつである。『ヘアスプレー』(一九八八年)は、人種差別やボディ・イメージの問題を扱った比較的メインストリームな作品で、後にブロードウェイでミュージカル化され、二〇〇七年には映画のリメイクもされた。『クライ・ベイビー』(一九九〇年)は、ジョニー・デップ主演の五〇年代を舞台にしたミュージカル・ロマンティック・コメディで、『シリアル・ママ』(一九九四年)は、連続殺人犯でもある郊外の主婦というコンセプトを追求した風刺犯罪コメディ映画である。

ウォーターズの映画はしばしば社会規範、消費主義、主流メディアを批判する。風刺やグロテスクな誇張を駆使して主張を展開し、観客に価値観や認識の再考を迫る。ゲイであることを公言しているウォーターズは、ＬＧＢＴＱ＋の権利を声高に主張してきた。彼の映画にはしばしばゲイやトランスジェンダーのキャラクターが登場し、ＬＧＢＴＱ＋の問題についての表現と対話に貢献している。さらに、ウォーターズはキャンプやキッチュな美学を深く理解しており、主流文化が悪趣味や低俗な芸術とみなすようなものを称賛している。

ディヴァインとの関係

本名ハリス・グレン・ミルステッドとして生まれたディヴァイン（Divine）は、ウォーターズの度重なるコラボレーターであり、ミューズでもあった。ふたりのパートナーシップはウォーターズの映画製作キャリアの初期に始まり、ディヴァインはウォーターズの代表作のいくつかに出演した。

特に『ピンク・フラミンゴ』と『フィメール・トラブル』は象徴的であり、ディヴァインとウォーターズ双方の評判に大きく貢献した。ディヴァインの大胆で率直な人柄とウォーターズの演出は、忘れがたい、境界線を押し広げる映画を生み出した。

私がディヴァインと出会ったのは、一九八二年、ウォーターズとともにNYのＲｉｔｚ[9]というクラブで開かれたイベントの時だった。彼の魅力的なパフォーマンスは、映画の中のディヴァインとは異なる劇的なステージの完成度だった。どんな会話をしたのかはほとんど覚えていないが、とにかくステージにひとたび上がるとディヴァインは完全なショーマンだったし、そのステージへの賛辞を伝えたものだった。

ディヴァインは一九八八年に早すぎる死を遂げたが、ウォーターズとの仕事はドラッグ・カルチャー、インディペンデント映画、そしてより広い文化的景観に影響を与え続

9　The Ritz　ニューヨーク、イースト・ヴィレッジのロッククラブ。一九八〇年にオープン。店内に巨大スクリーンを設置して映像を流した最初のクラブとされている。一九八九年に、伝説的ディスコ・クラブ、スタジオ54の跡地へ移転。またＭＴＶで「Live at The Ritz」と呼ばれるコンサートシリーズが放送された。

けている。彼らのコラボレーションは、規範を大胆不敵に打ち破り、個性と自己表現を讃えることで称賛されている。

ジョン・ウォーターズとディヴァインのコラボレーションは、カルト映画史上最も記憶に残る瞬間を生み出し、衝撃的なパートナーシップとして際立っている。ウォーターズの人間性、型破りなものへの賛美は、彼を二〇世紀の文化的アイコンとしたのだ。

ぴあフィルム・フェスティバルの特別企画

一九八六年、私は「ミッドナイト・レーベル」の作品群でも取り上げたNYインディーズの映画監督の紹介イベントを、ぴあフィルム・フェスティバルの特別企画として提案し、この映画祭にジョン・ウォーターズを日本に招待した。他の招聘者は、まだ無名だったスパイク・リー[10]、『バロウズ』というドキュメンタリー作品で「ミッドナイト・レーベル」において取り上げたハワード・ブルックナー[11]、当時大注目のジム・ジャームッシュ[12]も含まれていた。

「ミッドナイト・レーベル」のビデオ化権を取得するには、映画が配給会社と契約している場合はそうしたエージェントと交渉することになるが、「ミッドナイト・レーベル」の場合、ほとんどがインディースの映画だったこともあって、交渉はまず作家と

10　スパイク・リー　映画監督、プロデューサー。アメリカ社会の中で、アフリカ系アメリカ人が受ける差別や偏見を描いた作品で知られる。代表作に『ドゥ・ザ・ライト・シング』(一九八九年)、『マルコムX』(一九九二年)、『ブラック・クランズマン』(二〇一八年)など。NBAチームのニューヨーク・ニックスの熱狂的なファン。

11　ハワード・ブルックナー　映画監督。ビート・ジェネレーションの代表的な作家ウィリアム・S・バロウズを追ったドキュメンタリー作品『Burroughs: The Movie』(一九八三年)で知られる。三五歳で夭折した。甥のアーロン・ブルックナーによってドキュメンタリー映画『Uncle Howard』(二〇一六年)が制作された。

12　ジム・ジャームッシュ　映画監督、脚本家、俳優。一九八〇年代からアメリカのイン

の出会いに絞られていた。インターネットがない時代、私は作家との出会いに重点を置いた。

これらの作家たちとの出会いで思い出に残っているのは、ＮＹで当時一番美味しいと思った「竹寿司」でデレク・ジャーマン[13]と出会ったことや、スパイク・リーやハワード・ブルックナーら、ぴあフィルムフェスティバルでＮＹインディーズの特別企画で来日する作家たちをマンハッタンにある京都のうどん屋「おめん」に招待したことだった。

その他、イースト・ヴィレッジのウクライナ料理レストラン「キエフ」や、トライベッカの「ジ・オデオン」というフレンチもとても美味しいレストランだったので、ＮＹ在住の作家やエージェントたちとよく利用した。八〇年代のこの時期、私はマンハッタンのレストランガイドを書けるほどに、ＮＹの食を熟知していたと思う。これも「ミッドナイト・レーベル」と作家たちのおかげでもあった、

ぴあフィルムフェスティバルのＮＹインディーズの特別企画で来日した作家たちの中で、私はウォーターズとハワードと過ごす時間が多かった。日芸の私の授業で、ハワードにバロウズの「カットアップ手法」のワークショップを担当してもらったことはとても印象に残っている。スパイク・リーも日芸を訪問してくれた。

ウォーターズは私のクルマで渋谷周辺を移動することが多かったが、Ｋｅｎという金

ディペンデントシーンを代表する映画監督として活躍。飄々とした雰囲気のキャラクターたちや、ゆったりとした時間感覚の作風で知られる。代表作に『ストレンジャー・ザン・パラダイス』（一九八四年）、『ダウン・バイ・ロー』（一九八六年）、『パターソン』（二〇一六年）など。

13　デレク・ジャーマン　イギリスの映画監督、映像作家、同性愛者権利活動家。庭師。代表作に『ザ・ガーデン』（一九九〇年）など。セックス・ピストルズやマリアンヌ・フェイスフルといったアーティストのミュージックビデオを数多く手掛けた。一九八六年にエイズの発症を公表。晩年はプロスペクト・コテージと呼ばれる家に移り住み、庭の手入れをして過ごした。写真家のハワード・スーリーはその様子を写真集『デレク・ジャーマンの庭』として残している。

髪のプレッピーのような若い彼氏を日本に連れてきていた。クルマから渋谷の街を見ていると、KENという不動産屋の広告が電柱に貼られていた。それを見るたびに、ウォーターズが「Kenだ！」と大きな声で喜んでいたのが印象的だった。

一九八四年、ナムジュン・パイク、ヨーゼフ・ボイス

八〇年代前半、私は米国を中心としたポップオカルトやMagick（クロウリーは魔術をMagickと記述した）シーン、アンダーグラウンド文化、カウンターカルチャーに魅せられ、当時ハウス全盛のクラブシーンに入り浸っていた。オカルト的なゾーンとして、当時のクラブシーンは私を揺り動かし、オカルトとクラブの結界がゾーンとして結ばれていた。

さらに八〇年代の初頭から、電子メディアやデジタル技術の進化が、オカルトとクラブのゾーンと接近することになっていった。これは、ウィリアム・バロウズからの影響で、統制社会からの脱出や、ミッドナイト・レーベルで権利取得した映画『デコーダー』[14]で描かれたデジタル監視社会とノイズを武器に戦う人間など、電子メディア社会の可能性と課題についての論評などを日本の雑誌などに頻繁に書いていた時期でもあった。

一九八三年、マンハッタンのソーホーで、私はビデオアートのパイオニアであるナムジュ

14　デコーダー　原題「Decoder」。一九八四年に公開された西ドイツ映画。監督はムシャ。未来の管理社会を舞台に、主人公は心地よいBGMをノイズ音楽に変えることで絶大な権力を持つ政府への革命を扇動できることに気づく。ビート・ジェネレーションを代表する作家、ウィリアム・S・バロウズの作品をベースに制作された。バロウズ本人も出演している。

ン・パイク[15]と交流を深めていた。パイク氏は、私のその後のメディア・アートやデジタル技術への関心を喚起する重要な出会いだった。当時日芸を卒業し、NY大学に留学していた林光路君をパイク氏に紹介し、彼はパイク氏の雑用からビデオ作品の制作を手伝うアシスタントのような形で、パイク氏の正式なアシスタントであったポール・ギャリンとともに、パイク氏のロフトに通っていた。パイク氏と奥さんの久保田成子氏はともにビデオアーティストであったが、作品自体のアプローチはそれぞれ異なっていた。たまにロフトの中で二人が大喧嘩をはじめると、林君も私もその場の嵐が過ぎるのを笑いながら待っていた。

ある日、パイク氏から一九八四年の一月に行われる大規模なイベントの話を聞いた。一九八四年に、世界初となる多地点（NY，パリ、ドイツ、韓国をリアルタイムで結ぶ）衛星放送プロジェクト「Good Morning, Mr. Orwell（グッドモーニング、ミスター・オーウェル）」に、どうしても日本のNHKに参加してほしいとの相談だった。

ナムジュン・パイクの「グッドモーニング、ミスター・オーウェル」は、一九八四年一月一日に行われた画期的なインスタレーションと衛星テレビの生放送である。この作品は、ジョージ・オーウェルのディストピア小説『1984年』への直接的な反応であり、テクノロジーに対するオーウェルの暗いビジョンに、より楽観的で創造的な視点で対抗することを目的としていた。

15　ナムジュン・パイク　アメリカやドイツで活躍した現代美術家。韓国生まれ。ビデオ・アートの父として知られ、当時としては実験的だった映像メディアを駆使した作品を多く残した。一九九三年にドイツ代表として参加したヴェネツィアビエンナーレにて、金獅子賞を受賞。代表作に『グローバル・グルーヴ』（一九七三年）、『グッド・モーニング、ミスター・オーウェル』（一九八四年）など。

背景とコンセプト

オーウェルの小説『1984年』は、テクノロジーが権威主義的な政権によって国民を抑圧し支配するために利用される未来を描写していた。ナムジュン・パイクは、テクノロジー、特にテレビと衛星生中継が芸術表現と世界的なつながりのための媒体となる可能性を示すことで、この物語に異議を唱えようとした。

「グッドモーニング・ミスターオーウェル」は国際的なイベントであり、NY、パリ、ソウルをはじめとする世界各都市のアーティストと観客をライブ放送でつないだ。衛星技術をこのように利用した最初の大規模な芸術イベントのひとつであった。

この放送では、著名なアーティスト、音楽家、文化人による多様なパフォーマンスなどが紹介された。その中には、ローリー・アンダーソン、ジョン・ケージ[16]、ヨーゼフ・ボイス[17]、マース・カニングハム[18]、ピーター・ガブリエル、アレン・ギンズバーグ[19]、シャーロット・モーマンなどのアーティストとのコラボレーションも含まれていた。

「グッドモーニング、ミスター・オーウェル」は、ライブ音楽、ビデオアート、ダンス、その他のパフォーマンス要素を組み合わせたマルチメディア・スペクタクルだった。放送は創造的な表現のコラージュであり、新しい芸術媒体としての衛星技術の可能性を示

16　ジョン・ケージ　音楽家、思想家、きのこ研究家。禅や東洋思想から影響を受け、楽譜によって演奏内容が強く規定される西洋音楽からの逸脱を試みる「偶然性の音楽」などを提唱した。代表的な作品に、全三楽章が「休み」のみで構成される「4分33秒」（一九五二年）や、事実上無限に演奏できるため、世界最長の音楽と言われる「Organ²/ASLSP」などがある。

17　ヨーゼフ・ボイス　ドイツの現代美術家。政治や環境問題に取り組む社会活動家としての顔を持つ。芸術運動「フルクサス」に参加し、パフォーマンスアート、ハプニングといった表現形式を取り入れる。彫刻、インスタレーション、ドローイングなど多くの作品を残した。「誰もが自らの創造力によって芸術家になりうる」という考えに基づき、「社会彫刻」という概念を提唱した。

したのだった。

ナムジュン・パイクはビデオアート分野のパイオニアであり、「グッドモーニング・ミスターオーウェル」は彼の代表作のひとつとなった。この作品は、芸術的コラボレーションとグローバル・コミュニケーションのプラットフォームとしてのテレビとライブ放送の可能性を示していたのである。

創造性でディストピアに対抗する

このイベントは、テクノロジーのポジティブな可能性を示すものだった。世界中のアーティストと観客をライブでつなぎ、創造性と芸術表現を讃えることで、パイクはオーウェルの小説に示されたテクノロジーのディストピア的ビジョンに対抗した。

「グッドモーニング、ミスター・オーウェル」はメディア・アートの分野にも大きな影響を与え、芸術表現の媒体として衛星放送やライブ・テレビの可能性を探求する未来のアーティストたちを鼓舞した。このイベントは、ビデオアートとライブ放送の歴史におけるマイルストーンとして記憶されている。それは、テクノロジーと芸術表現のポジティブな可能性を称えた野心的な国際的コラボレーションでもあった。この放送は、衛星技術の革新的な使用とさまざまな芸術形態の創造的な融合により、メディアアートの分野

18　マース・カニングハム　アメリカのダンサー、振付師。ジョン・ケージ、ブライアン・イーノ、川久保玲など他分野のアーティストとのコラボレーションを積極的に行い、モダン・ダンスのみならず、前衛芸術分野全体に大きな影響を与えた。アメリカ国内ではマッカーサー・フェローシップ、国民芸術勲章を受賞。さらに日本の高松宮殿下記念世界文化賞、フランスのレジオン・ドヌール勲章など、世界中で高い評価を得ている。

19　アレン・ギンズバーグ　詩人、活動家。ジャック・ケルアック、ウィリアム・S・バロウズらとともに、一九六〇年代の文学運動、ビート・ジェネレーションを代表する作家の一人として知られる。代表作に、息苦しさの充満する五〇年代アメリカでの反抗と自由をうたった『吠える』(Howl) がある。

における先駆的な作品となったのである。

東京での衛星放送

私は東京に戻り、親しいＮＨＫのディレクターを通じて、上層部にパイク氏の提案を伝えてもらった。しかし、パイク氏の壮大な衛星放送プロジェクトに当時のＮＨＫでは対応することが困難だった。パイク氏は、ライブ衛星放送が困難であれば、一九八四年の年内に、このイベントを紹介する番組をＮＨＫで放送してくれないかとの強い意向を持っていた。

私はこれを実現すべく、坂本龍一氏に話を伝え、ライブでの放送は実現しなかったが、「ビデオアート１９８４」という特番で、パイク氏の「グッドモーニング、ミスター・オーウェル」の全貌を紹介し、坂本氏とともにビデオ・アートの可能性などについて語った。ＮＨＫ特番として、この番組は、アナログ衛星第一で一九八四年十二月二十八日、午後四時～午後五時の間に放送された。

パイク氏の思いを受け、日本では衛星同時中継とはならなかったが、一九八四年内の特番というかたちでなんとか実現した。この番組の実現にむけて東京で交渉を続けていた五月下旬、私は思いがけない人物の来日にあわせた最初のインタビュアーに指名されたのだった。

その初来日した人物は、ドイツの現代美術家で社会活動家のヨーゼフ・ボイスだった。

佐野元春との出会い

一方、一九八四年の五月十二日、一波で開局したＮＨＫ衛星第一テレビは、その普及を図るため、「衛星スペシャル」番組の編成を実施し、私はＮＹから帰国したばかりの佐野元春氏[20]とビデオ・アートをめぐるライブ対談を渋谷のＮＨＫの野外特設ステージで行った。佐野氏は、一九八三年から一年のＮＹ滞在を経て、『VISITORS』（ヴィジターズ）という、一九八四年五月二十一日にＥＰＩＣ・ソニーから発売された四枚目のアルバムを引っ提げての帰国だった。佐野氏の帰国前、私はこの番組の説明をするために、ＮＹの彼のアパートを訪問するという前日談があった。佐野氏の新しいアルバムをカセットテープで何度も聴きながら、成田からＪＦＫまでの航路が感傷的になったことを覚えている。『ヴィジターズ』は、私が聴いた日本のポップスの中で、とても印象的なアルバムだった。

一九八四年一月のパイク氏の「グッドモーニング、ミスター・オーウェル」にはじまり、十二月二十八日の坂本龍一氏との特番にいたる間、佐野元春氏との衛星第一テレビでのイベントの他、この年は私にとってとても重要な出会いがあった。

それが、先述したドイツの現代美術家ヨーゼフ・ボイスとの出会いだった。

20　佐野元春　一九八〇年に「アンジェリーナ」でデビュー。『BACK TO THE STREET』（一九八〇年）、『Heart Beat』（一九八一年）、『SOMEDAY』（一九八二年）の三枚のアルバムを経て人気を確立。一九八三年、人気絶頂の中ニューヨークへと渡り、一年間の生活を送る。帰国後の一九八四年にリリースしたアルバム『VISITORS』は当時としては最先端であったラップを取り入れ、大きな話題となった。二〇〇四年に独立系レコードレーベル、Daisy Music を立ち上げる。

ボイスの社会彫刻

フルクサス運動[21]への貢献や、コンセプチュアル・アート、社会彫刻、パフォーマンス・アートの幅広い活動で知られるドイツ人アーティスト、ヨーゼフ・ボイスは、日本を含む世界のアートシーンに大きな影響を与えた。ボイスの日本での展覧会とナムジュン・パイクとのつながりは、二〇世紀における前衛芸術運動の国際性と学際性を示していた。ボイスの日本での展覧会は、東洋と西洋のより大きな文化交流と対話の一環であった。特に戦後の日本は、前衛芸術にとって肥沃な土地であり、多くの芸術家が新しい形式やアイデアを模索していた。

ボイスは、フェルトや脂肪、日用品などの素材をしばしば取り入れ、それらに象徴的な意味を吹き込んだ革新的な芸術へのアプローチで評価された。彼の「社会的彫刻」というコンセプトや芸術の民主化に関する考え方は、日本を含む世界中の観客やアーティストの共感を呼んだ。ボイスの作品は日本でもいくつかの展覧会で紹介された。また、彼の芸術表現の重要な一部であったパフォーマンスも好評を博した。実験的でコンセプチュアルなアートを受け入れることで知られる日本のアートシーンは、ボイスの挑戦的で示唆に富む作品を受け入れた。

21　フルクサス運動　六〇年代から七〇年代にかけてアメリカ、ニューヨークを中心に巻き起こった芸術運動。リトアニア出身の芸術家、ジョージ・マチューナスが主導し、ジョン・ケージ、ナムジュン・パイク、ヨーゼフ・ボイスをはじめ、日本からも刀根康尚やオノ・ヨーコらが参加。多国籍からなる流動的なメンバーによって構成された。特定の表現スタイルなどは持たなかったが、パフォーマンスやイベントといったその場限りで行われる表現を重視した。

ナムジュン・パイクとのつながり

ヨーゼフ・ボイスとナムジュン・パイクは、互いの仕事上の深い尊敬と個人的な友情を共有していた。両者とも、六〇年代に異なる芸術メディアや分野を融合させたことで知られるアーティストだったし、彼らはフルクサス運動に参加していた。

ふたりは何度かコラボレーションを行った。代表的なコラボレーションのひとつは、ボイスがコヨーテと対話するパフォーマンス「コヨーテⅢ」で、自然と人間社会との間の理解と統合の必要性を象徴していた。パイクはこのパフォーマンスにライブ中継で貢献した。

両者とも、社会における芸術の役割に関して同じような哲学を共有していた。ボイスには「社会彫刻」という概念があり、芸術には社会を変革する可能性があると信じていた。同様に、パイクはテクノロジーとメディアを、文化の架け橋となり人々をつなぐ道具と見なしていた。これは、ビデオアートや世界的な放送イベントにおける彼の先駆的な作品に表れている。

ヨーゼフ・ボイスの日本での展覧会は、前衛芸術や思想に対するより広範な世界的関与の一部であった。ナムジュン・パイクとのつながりは、当時の協力的で学際的な精神を象徴しており、両者は革新的な作品や、芸術を社会変革や文化対話の媒体として用いるという共通のコミットメントを通じて、国際的なアートシーンに多大な影響を与えてきたのである。

特筆すべきは、ヨーゼフ・ボイスとその思想の影響は、特定の展覧会にとどまらず、社会彫刻や社会における芸術の役割という彼のコンセプトが、世界中のアーティストや思想家と共鳴したことである。

ボイスへのインタビュー

一九八四年六月、西武美術館で開催されたボイスの展覧会は、ボイスのユニークな芸術的ビジョンと哲学を、日本でより多くの観客に紹介した意義深いものだった。現代美術や前衛芸術家の支援で知られた西武美術館は、伝統的な芸術の概念にしばしば疑問を投げかけ、芸術を日常生活や社会活動と融合させようとするボイスの作品を展示する理想的な場を提供した。

この展覧会では、ボイスのさまざまな作品が展示され、彼の多様な素材の使用、社会彫刻のコンセプト、芸術の変容力に対する信念が反映された。この展覧会は、国際的なアートシーンにおけるボイスの影響力をさらに確立し、西洋と東洋の芸術的伝統の対話を促進する、文化交流の重要な瞬間となったのである。

そしてヨーゼフ・ボイスは一九八四年に初来日した。東京の西武美術館で開催された展覧会と時を同じくしての来日で、ボイスはさまざまな作品を発表し、彼の芸術哲学を日本の観客に紹介した。この来日は、ボイスと日本のアートシーンとの直接的な交流であり、文化交流を促進し、ボイスの思想と作品の国際的な広がりを示すものとして意義深いものであった。

ボイスの初来日において、私は『朝日ジャーナル』誌上で、ボイス来日における最初のインタビュアーに指名された。ボイスが宿泊していた旧赤坂プリンスホテルのスィートルームでの対話は、今思い起こしても、緊張するものだった。眼の前のボイスは、いつも写真でみる帽子をかぶり、ハンティングベストの服装に身を包んだ、あのボイスそのものだった。一時間ほどのインタビューを終えた私は、ボイスという圧倒的な存在をあらためて認識していた。

このボイスとの対話は、パイク氏がボイスに私を対話の相手として推薦してくれた結果だったことを後で知ることになった。一九八四年内に、パイク氏の特番をＮＨＫでオンエアできたことが、このパイク氏の配慮への返礼となったのである。

ゾーン4　サンフランシスコ

ムーンショット

オカルティズムのゾーンとクラブのゾーンに加え、カウンターカルチャーやサイバーパンクというゾーンへの参入が本格化したのは、一九八五年のサンフランシスコだった。

一九八五年当時のサンフランシスコは、ＮＹのような多彩なクラブ文化はなかったが、六〇年代からのヒッピー・ムーブメントや七〇年代のカウンターカルチャーの中心地であり、『Whole Earth Catalog[1]（ホール・アース・カタログ）』で知られるスチュワート・ブランド[2]のＤＩＹ（Do it Yourself）思想など、さまざまな影響が未だに息づいていた場所だった。

一九六七年十一月五日に打ち上げられたＡＴＳ−3衛星（応用技術衛星三号）によっ

1　Whole Earth Catalog　ホール・アース・カタログ。略称はＷＥＣ。一九八六年に編集者のスチュアート・ブランドによって発行されたカタログ雑誌。「access to tools」というコンセプトのもと、都市や経て撮影された地球の最初のカラー画像は、『ホール・アース・カタログ』（ＷＥＣ）の初版の表紙画像として使用された。地球という全体像を見た人類は、「地球意識」を持ったとされている。特に、私たちが生息する地球の全貌を月から捉えた「ムーンショット」は、宇宙開発という広大な文脈との関連において、歴史的・文化的に重要な意味を持っていた。ＡＴＳ−３の画像は、地球を広大な宇宙に浮かぶ、相互に結びついた天体のひとつの球として映し出し、地球に対する新たな視点を提供したのだった。

「ムーンショット」は、一九六九年に人類を初めて月面に着陸させたアポロ11号のミッションと関連し、人類の月への夢の実現を象徴する言葉となった。ＡＴＳ−３の画像は、宇宙から見た地球を視覚化し、世界的な一体感を醸成し、地球外を探査することの重要性を強調するのに役立ったのである。地球のもろさやスチュワードシップの必要性を力強く視覚的に表現し、環境保護運動の形成にも一役買った。また、宇宙における私たちの存在の捉え方にも影響を与え、地球環境自体を考えるグローバルな視点への意識の変化を促した。月面着陸に至るまでに、国と民間が一丸となった宇宙開発に対する関心と興奮の高まりに貢献したのだ。

　環境意識と地球意識に永続的な影響を与えた一枚の画像を表紙に掲げたＷＥＣは、一九六八年から一九七二年の間に年に数回、そして一九八八年までは散発的にスチュワート・ブランドによって発行されたアメリカのカウンターカルチャーおよび製品カタ

済空間に縛られずに、自由で自立的な生き方を実践するためのあらゆる道具のレビューやその使い方を掲載。ヒッピーカルチャーへ多大な影響を与えた。現在そのほぼ全てがデジタル化され、ウェブ上にて無料で公開されている。

2　スチュワート・ブランド　作家、編集者。『ホール・アース・カタログ』の発行人兼編集者として知られる。一九六〇年代半ばまでに、メディア・アートグループの「USCO」や、作家のケン・キージー率いるサイケデリック集団「メリー・プランクスターズ」に参加した。六〇年代後半から七〇年代にかけて、『Whole Earth Catalog』を発行した後、「Hackers Conference」「The WELL」といった団体を立ち上げた。「Long Now Foundation」の共同代表を務める。

ログだった。編集の焦点は、自給自足、エコロジー、代替教育、「自分でできる（ＤＩＹ）」、およびホリスティックな観点であり、「ツールへのアクセス」というスローガンを持っていた。

ここで言う「ツール」とは、人々の創造性によって作り出せる製品や発明のための道具や部品などを意味していた。つまり、あらゆるモノは道具さえあれば作り出せるという発想の表明だった。のちにブランドのこの考えは、ガレージからパーソナル・コンピュータを手作りで作り出すという土壌を育んでいったのである。

生産消費者の日常的な「発明」

『ＷＥＣ』は、一九六八年という時代において、大量生産と消費に邁進する人々に対して、自分の創意工夫を活かしたライフスタイルを提起し、「自分でできる」ための幅広い道具や製品（衣料品、書籍、工具、機械、種子など）をリスト化およびレビューした。一九八〇年、アメリカの未来学者であるアルビン・トフラーの著書『第三の波』が提起した「プロシューマー[3]（生産消費者）」の登場予測は、すでに、ブランドによって実践されていた。

同じ一九八〇年に、フランスの哲学者であるミシェル・ド・セルトーによって著され

3　プロシューマー　プロデューサー（生産者）とコンシューマー（消費者）の二つの語を組み合わせた造語。生産活動を行う消費者のこと。未来学者のアルビン・トフラーによる著書『第三の波』（一九八〇年）において、家族や地域社会の中でのみ行われる閉じた経済空間内での生産を行う人々のことを指す言葉として初めて登場した。現在では、企業の提供するサービスの運営や製品開発に、消費者が自発的に参加する状態などを指して使われる。

た『日常生活の発明』[4]（邦訳：『日常的実践のポイエティーク』）は、押しつけられ、制度化した秩序を相手取って好知をもくろみ、「自分でうまくやる」無名の者の技芸に着目した。セルトーは、日常的な器用仕事による消費者の戦術を明らかにした。それは、科学的・合理的な近代の知の領域から追放され、見落とされてきた無名の人々の日常的実践が、消費社会を生きる技芸、つまり、匿名の創造者の巧みな実践へと昇華する姿を見通したのである。これらは、ブランドが開始した『WEC』から十年後に明確な観点となって世の中にあらわれ、のちの「メーカー・ムーブメント」[5]にも影響を与えていった。

『WEC』は、製品を直接販売することはなかった。代わりに、ベンダーの連絡先情報がアイテムとそのレビューとともにリスト化された。定期的に発行される刊行物ではなかったが、価格と在庫情報を最新に保つために多数のエディションと更新が必要だったのである。

二〇〇五年のスタンフォード大学での演説で、スティーブ・ジョブズは『WEC』を、「私の世代の聖書の一つであり、Googleが登場する三十五年前、それはペーパーバック形式のGoogleのようなものだった」と説明したのである。

モンテ・ヴェリタから来た人々

二〇世紀初頭、スイスのマッジョーレ湖畔のアスコナという地に、Monte Verità（モ

4　日常生活の発明　フランスの歴史家、社会理論家、哲学者のミシェルド・セルトーによる書籍。原書は一九七四年に発行された『L'invention du quotidien. Vol. 1, Arts de faire』。社会の不均衡や不平等、不公正の中で弱者とされる人々が知恵をめぐらし、「なんとかやっていく」ための民衆的実践を論じた。

5　メーカー・ムーブメント　3Dプリンターやレーザーカッター、CADソフトなどの普及による技術の民主化とそれを用いた個人によるものづくりの潮流のこと。二〇〇五年にアメリカで創刊された、ものづくりを扱った雑誌『Make』を発端に、アメリカ版『WIRED』誌の元編集長クリス・アンダーソンが記した『MAKERS 21世紀の産業革命が始まる』（二〇一二年）などを通じて広まっていった。世界各地にメイカースペースと呼ばれる施設が誕生した。

ンテ・ヴェリタ＝真理の山）[6]と呼ばれたユートピア植民地があった。そこはアナキスト、ベジタリアン、ヌーディスト、急進的な芸術家、哲学者、革命家、ヘルマン・ヘッセやトーマス・マンなど、当時の欧州の多彩な著名人を魅了した聖地だった。モダンダンスの先駆者だったルドルフ・フォン・ラバンと心理学者のカール・グスタフ・ユングもこの地を訪れた。

ナチス・ドイツの台頭により、モンテ・ヴェリタにいたドイツ人や多くの人々がカリフォルニア、特にサンフランシスコに新天地を求めた。彼らは自然食品や有機的な生活用品を製造し、それを販売し米国に広めた。彼らこそ、ヒッピー文化やカウンターカルチャーの生みの親だったのである。

私が四十年近く愛用している「Ｄｒブロナー」[7]というスペインのカスチール地方に由来する天然由来成分１００％のリキッドソープは、かつてヒッピーたちが山での生活で髪の毛も身体も洗える優れた製品だった。私はこの製品をバークレーの自然食品店で知った。容器さえ持参すれば、量り売りをしてくれるリキッドソープで、こうしたヒッピー由来のナチュラル・ケア製品は、今や世界で大きな産業に成熟している。

一九六四年、ハーバード大学の心理学教授であったティモシー・リアリー[8]（Timothy Francis Leary 一九二〇―一九九六）は、ＬＳＤやヒッピー運動の「聖書」と名付けられた画期的な書物である『サイケデリック・エクスペリエンス』（邦訳：『チベット死者の

6　モンテ・ヴェリタ（真理の山）　スイス・ティチーノ州のイタリア国境近くに位置するリゾート地、アスコナ付近の丘。二〇世紀初頭、自然への復帰を目指し、作家のヘルマン・ヘッセや、心理学者のカール・グスタフ・ユングをはじめ、アーティスト、ダンサー、文学者、思想家、菜食主義者、オカルティストなどの多くの文化人が集まりコミュニティを形成した場所。

7　Ｄｒブロナー　一九四八年にカリフォルニアで創業されたオーガニックソープメーカー。宗教や民族の差別のない結束を唱える「ALL-ONE VISION（オールワンビジョン）」を企業理念とする。オーガニック原料の使用やフェアトレードへの取り組み、反動物実験などにこだわっている。主力製品は、顔、体を一本で洗える「MAGIC SOAP」。武邑光裕が十年にわたり愛用した。

8　ティモシー・リアリー　心理学者。シロシビン、LSDといった幻覚剤を用いた研究と、それを用いた意識改革を推し進めたことで知られる。〝サイケデリック革命の父〟と呼ばれた。ピ

書―サイケデリックバージョン』）を、リチャード・アルパート、ラルフ・メッツナーとともに出版した。

彼らはこの本をスイスの心理学者カール・ユング博士に捧げた。カール・ユングは普遍的な意識と元型論の研究で知られていた心理学者だった。夢と集合的無意識、内部認識の重要性について論じたユングは、かつてモンテ・ヴェリタの居住者であり、多くの精神的な浄化を直接目撃した人物だった。「魂の街」と呼ばれるサンフランシスコの起源のひとつは、モンテ・ヴェリタだったのである。

ヒッピー・ライフスタイルとカウンター・カルチャーの台頭

サンフランシスコのヒッピー・ライフスタイルやカウンター・カルチャーは、カリフォルニアに移住してきたドイツ移民の子孫たちによって開花した。一九六七年の「サマー・オブ・ラブ」[9]の序曲となったHuman Be-In[10]は、ゴールデンゲート公園で開催され、同年、ヒッピー文化の源流となったアナキスト・グループ「The Diggers」が設立され、無料の食料配布が開始された。The Diggersの源流は、一七世紀の英国で生まれたアナキズムと農業社会主義だった。この運動の中心がジェラルド・ウィンスタンレイ[11]（Gerrard Winstanley 一六〇九―一六七六）であり、彼が組織した活動がDiggersだった。つまり、

ートルズのジョン・レノンや、作家のウィリアム・S・バロウズらから支持を集め、カウンターカルチャーのアイコンとなった。晩年はコンピュータのサイケデリック体験への可能性を追い求めた。

9　サマー・オブ・ラブ　一九六七年の夏にサンフランシスコを中心に巻き起こった社会現象。ベトナム戦争への反戦感情や、消費主義社会への反発から、サンフランシスコのヘイト・アシュベリー地区にヒッピーたちが集まり、コミューンを形成した。一九六七年の夏に文化の盛り上がりはピークを迎え、世界へと広がる社会現象となった。

10　Human Be-In　一九六七年一月一四日にサンフランシスコのゴールデンゲートパークで開催された社会における人間性回復を求める人々の集会イベント。グレイトフル・デッドやジョニス・ジョップリンによる無料音楽ライブ。アレン・ギンズバーグ、ティモシー・リアリーらの演説が行われ、会場にはLSDをはじめとするドラッグが蔓延した。その年の夏、サマー・オブ・ラブとしてヒッピーカルチャーは最盛を迎えた。

ヒッピー主義もヨーロッパに由来するものだった。

一九七五年、虹の食料品協同組合が設立され、一九七八年六月には、虹色の旗（初期のLGBT運動）が展開された。一九八六年、ベイカービーチで開催された木製の人間像を燃やす焚き火は、毎年七万人を集めるネバダ砂漠のイベント、「バーニングマン」[12]へと進化していった。

私は一九九七年の夏に、かつてモンテ・ヴェリタと呼ばれたアスコナの地を訪れ、新しい健康的な生活様式を求めた小さなコミュニティの痕跡を辿った。スイスのチューリッヒからレンタカーを借りて、バーゼル、そしてアスコナ、さらにコモを経由し、イタリアのミラノまでの旅程だった。その時の主な目的は、アート・バーゼルで開催されていた「クールの誕生」という展覧会だった。

「クール」とは何か？

このエキシビションはバーゼルのアートフェアのプログラムの一環で、現代アートにおける「クールさ」の概念を探求することに焦点を当て、そのテーマを反映したアーティストの作品が展示された。アート・バーゼルは世界有数のアートフェアであり、世界中のギャラリーやアーティストによるコンテンポラリーなアートを幅広く紹介することで

11　ジェラルド・ウィンスタンレイ　イングランド共和国時代の宗教改革者、政治哲学者、活動家。貧富や性別の差なく、誰もが土地を耕し、食物を収穫できるべきである、という社会のあり方を目指した、The Diggers（ディガーズ）という集団の指導者として知られる。

12　バーニングマン　アメリカ、ネバダ州のブラックロック砂漠で一週間にわたって行われるイベント。電気、ガス、水道などのインフラはなく、参加者が持ち寄った物を使い、イベントを通して一つの街を作っていく。一九八六年に、カウンターカルチャーを志向する人々の集まりとして始まった。近年ではセレブリティやインフルエンサーが多く集まる場所に変化したと言われている。「バーニングマン」という名前は、イベント中に「The Man」というモニュメントに火を放ち燃やすことに由来する。

知られていた。「クールの誕生」展は、その年のフェアにユニークな側面を加え、注目を集めるとともに、アートや文化におけるクールさの本質についての議論を巻き起こした。

アメリカの若きエコノミスト、ダグラス・マックグレイが二〇〇二年、「Japan's Gross National Cool[13]（日本の国民総クール）」という日本文化を礼賛する論文を発表し、それが日本政府の「クール・ジャパン」政策に刺激を与えた。その数年前に、アート・バーゼルは「クール」の本質は、カノン（規範・オリジナル）に対するファノン（模倣・プリコラージュ）の活性であることを見通していた。日本政府とコンテンツホルダーは、クールジャパン政策を海外へのコンテンツ販売に集中するだけで、世界の若者たちが「自分で作る」というファノンの力学を軽視してしまう。そこには著作権をふりかざし、自国のコンテンツ保護だけに迷走する政策の誤りがあった。

日本で言う二次創作は、ファノンの力学がやがてカノンを生み出す原動力になることを遠くまで見通せず、単なるコピーや著作権違反として世界中のファノンが排除される展開となった。このようなデス・スパイラルに日本政府やコンテンツホルダーが気づくまでに、少なくとも二十年以上の時間が必要だった。これが、日本と西欧社会、あるいは成熟したアジアの国々との間にある、「クール」をめぐる認識の違いのひとつなのだ。

さて、アート・バーゼルをひと通りめぐり、次なるふたつの目的地は私にとって重要な場所だった。アートフェアの会場からクルマで二十分ほど行ったドルナッハという地

13　Japan's Gross National Cool　国民総クール量。ジャーナリストのダグラス・マグレイが、アメリカのニュース誌『Foreign Policy』に二〇〇二年に掲載した「Japan's gross national cool（日本の国民総クール量）」という論文の中で使われた用語。アニメ、ゲームをはじめとする日本のポップカルチャーのソフトパワーに注目し、世界的な支持を集めていくだろうと論じた。後に「クールジャパン」戦略へと発展していく。

にある「ゲーテアヌム」がそのひとつだった。シュタイナーの人智学発祥の拠点となったゲーテアヌムを訪問し、ドルナッハからアスコナまではクルマで四時間かけた道のりだった。

ゲーテアヌム

ゲーテアヌム（Goetheanum）は、人智学協会の世界本部であり、バーゼル近郊のドルナッハに位置する重要な建築文化的ランドマークである。哲学者であり、社会改革者であり、科学、芸術、精神性の統合を目指す精神運動である人智学の創始者であるルドルフ・シュタイナーによって一九二二年に設立された。

ゲーテアヌムは、ドルナッハとアルレスハイムの町を見下ろす丘の上に位置している。この地域は、なだらかな丘陵、森林、庭園などの美しい景観で知られている。人智学建築を代表するゲーテアヌムの周辺には、住宅、学校、医療施設など、人智学建築様式で設計された建物が数多くあり、これらの建築物は、有機的なフォルムと自然環境との調和が特徴である。

私はこの建造物を目の前にして、大学卒業前に、日本に人智学を広めた美学者高橋巖さんに勧められたドイツ留学のことを思い出していた。あの時、もし留学を決断していたら、このドルナッハのゲーテアヌムは、私にとって聖地のような場所になっただろうと思った。だが、この地をはじめて訪れた印象は、極めて宗教的な共同体の匂いがあり、私には相容れない多少複雑なものだった。

ゲーテアヌムはバーゼルからの道から小高い山を登り、周囲の街を見下ろせる場所に位置していた。途中、人智学建築の住居などが一面に広がり、明らかにヨーロッパの町並みとも異なる有機的な空間だった。クルマの室内に、周辺にある薬草やハーブ園から立ち上る香りまでもが、人智学村の異質性をあらわしていた。

ルドルフ・シュタイナーの設計による初代ゲーテアヌムは、一九一三年から一九十九年にかけて建設された印象的な木造建築で、表情豊かなフォルムと有機的な形が特徴だった。残念ながら完成から間もない一九二二年に、謎めいた放火により焼失した。第二のゲーテアヌムである現在の建物もシュタイナーの設計で、一九二四年から一九二八年にかけて建設された。鉄筋コンクリート製で、曲線を多用したフォルムと広く開放的な空間が特徴的な彫刻的建築として知られている。この設計には、シュタイナーの人智学の原則と、形態、機能、精神表現の関係についての考えが反映されていた。

現在は文化センターとして、会議、ワークショップ、美術展、演劇や音楽公演など、幅広い活動を行っている。特にシュタイナーの神秘劇の上演は有名である。ゲーテアヌムは教育機関でもあり、人智学、芸術、科学のコースやプログラムを提供している。人智学協会の中心地として、シュタイナーの教えや思想の探求と発展に関心を持つ世界中の人々が集う場所であり、スピリチュアル・コミュニティとなっている。

ゲーテアヌムは表現主義建築の傑作とされ、重要な文化遺産として認められており、人智学運動の精神的中心であり続け、世界中から観光客や求道者が訪れている。ゲーテアヌムは人智学発祥の地であるだけでなく、その建築、教育活動、文化的・精神的センターとしての役割を担っており、人智学の原則の生きた証でもあった。

アスコナの「真理の山」

ドルナッハからアスコナまでの道のりは約四時間、クルマからの景色には、アルプスの山々がそびえ立つ絶景が続いた。「真理の山」と訳されるモンテ・ヴェリタは、二〇世紀初頭にアスコナに設立されたユートピア・コミュニティであり、文化センターであった。オルタナティブなライフスタイル、急進的な思想、芸術的実験の拠点となり、ヨーロッパ内外から知識人、芸術家、改革者たちが集まった。

「モンテ・ヴェリタ」コロニーの痕跡は、現在でも見ることができる。この地は文化的、歴史的な中心地として保存されており、当時のコロニーの建物や特徴がいくつか残っている。モンテ・ヴェリタの遺産は保存され、目にすることができるいくつかの場所を紹介しよう。

モンテ・ヴェリタ博物館：コロニーの歴史に特化した博物館があり、住民の生活、彼らの哲学、そこで行われた文化活動について知ることができる。館内にはユートピアに関する展示、写真、工芸品などが展示されている。

ホテル・モンテ・ヴェリタ：かつて療養所であったコロニーの本館は、現在はホテルに改装されている。マッジョーレ湖と周囲の山々を一望できる静かな隠れ家となっている。

公園と庭園：モンテ・ヴェリタの敷地内には、自然との調和を重視したコロニーの精神を反映した公園と庭園がある。訪問者は、住民のライフスタイルに重要だったさまざまな植物や木々を含む緑豊かな風景を探索することができる。

カーサ・アナッタ：コロニーの木造建築のひとつで、現在は展示スペースとなっている。カーサ・アナッタはモンテ・ヴェリタの重要人物たちの住居であり、歴史的建築物である。

カーサ・セルマ：モンテ・ヴェリタの住人が自然と親しみながら暮らしていた素朴な住居が保存されている。

会議と文化イベント：モンテ・ヴェリタの名を冠した施設は、コロニー時代の精神を受け継ぐ会議、セミナー、文化イベントの開催地となっている。これらのイベントは、芸術、文化、社会革新に関連するトピックに焦点を当てることが多い。モンテ・ヴェリタの遺産はよく保存されており、アスコナを訪れる人々は、建物、展示、自然環境を通して、ユートピア植民地時代の雰囲気や理想を今でも体験することができる。

起源と創設者

アスコナ・コロニーは、アンリ・オーデンコーヴェン（Henri Oedenkoven 一八七五—一九三五）、アイダ・ホフマン（Ida Hofmann、一八六四—一九二六）、カール・グレーザー（Karl Gräser 一八七五—一九二〇）ら、グループによって一九〇〇年に設立された。彼らは共同生活、平和主義、自然との調和の原則に基づいた社会の創造を目指した。無政府主義者、社会主義者、菜食主義者のキズム、人智学、自然生活、菜食主義、代替医療などを提唱したドイツとスイスで起こったレーベンス改革（生活改革）運動など、当時のさまざまな哲学・文化運動の影響を受けていた。

モンテ・ヴェリタの住人は共同生活を実践し、資源と責任を共有していた。彼らは、物質主義や従来の社会構造を否定し、自立したコミュニティを作ることを目指した。コロニーは菜食主義と自然主義で知られ、住民はしばしば裸になり、日光浴や野外生活を取り入れて、身体的・精神的な健康を促進した。モンテ・ヴェリタは芸術と文化表現の中心地となり、ワークショップ、講演会、ダンス、演劇、音楽の公演が行われた。前衛的な芸術家、作家、思想家が集まり、活気ある文化的生活に貢献したのである。

コロニーはモダニズムの思想や芸術にも大きな影響を与え、ダダイズム[14]、バウハウス[15]、精神分析などの運動にも影響を与えた。ヘルマン・ヘッセ、カール・ユング、イサドラ・ダンカン、ルドルフ・シュタイナーなどの著名人が集う場所としても機能した。

モンテ・ヴェリタは、オルタナティブな生き方を模索し、ユートピアの理想を追求するシンボルであり続けている。モンテ・ヴェリタの歴史は、二〇世紀初頭の広範な文化的・知的潮流を反映しており、社会的・精神的変革を求める人間の不朽の願望でもある。その遺産は、先見的なアイデアと創造的精神の力の証として、ヒッピー文化やカウンター・カルチャーの源泉として、今もなお称えられ続けている。

14　ダダイズム　第一次世界大戦中の一九一六年に、フランスの詩人トリスタン・ツァラによってスイスで始まった前衛芸術運動。戦争への抵抗や、それによってもたらされる虚無感を根底とした、既存の芸術的、社会的秩序や価値観の否定、攻撃、破壊を特徴とする。マルセル・デュシャンの「泉」に代表される、コラージュやレディ・メイドといった手法が多用された。

15　バウハウス　一九一九年にドイツのワイマールに、建築家ヴァルター・グロピウスによって設立された芸術学校。建築、工芸、デザインを総合的に教えた。それまで主流だった装飾性ではなく、機能性とシンプルさを重視し、モダンデザインの基礎を作った。ナチス政権の圧力を受け、一九三三年に閉校したが、その思想は今なお世界中で絶大な影響力を持ち続けている。

デジタル魔術への参入

さて、話を一九八五年に巻き戻してみよう。当時、私を揺り動かしたデジタルという魔物は、「離散性」という概念を表現するものだった。「離散性」の性質とは、デジタルシステムが情報を表現し処理する基本的な方法を指している。連続的なデータを扱うアナログ・システムとは異なり、デジタル・システムは情報を離散的な単位に分解する。この特性はデジタル技術の機能の中心であり、いくつかの重要な意味を持っていた。これは私にとって、現代の「魔術」そのものを意味していた。

アナログからデジタルへの移行は、メディアや情報の作成、保存、流通、消費の方法における大きな変化を意味する。この変化は、さまざまな産業や日常生活の側面において、広範囲に影響を及ぼしてきた。書籍、レコード、写真などのアナログ製品は、物理的な形と重さがあり、その製造と保管には有形素材が必要だった。これらの製品がデジタル化されると、電子機器に保存できるファイルへと変化し、物理的なスペースや材料が不要になる。

デジタル・フォーマットでは、膨大な量の情報をコンパクトで持ち運び可能な形で保存できるため、アクセスや持ち運びが容易になる。例えば、書籍や音楽のライブラリ全体を、電子書籍リーダーやスマートフォン一台で持ち運ぶことができる。

デジタル製品は、品質を劣化させることなく、完全な忠実さをめざして複製・配布できる。これはメディアの流通に革命をもたらし、コンテンツへの即時かつグローバルなアクセスを可能にした。物理的な材料、製造、輸送の必要がないため、デジタル製品の製造と配布に関連するコストは、アナログ製品よりも大幅に低い。

デジタル技術により、メディアや情報へのオンデマンド・アクセスが可能になり、消費者はいつでもどこでもコンテンツにアクセスできる。デジタル製品は、デジタル・ドキュメント内のハイパーリンク、ビデオ・コンテンツ内のインタラクティブ・メニュー、カスタマイズ可能なユーザー・インタフェイスなど、アナログ製品では不可能なインタラクティブ機能を提供することが可能となったのである。

経済と環境への影響

デジタルへの移行は、特に音楽、出版、写真などの業界において、従来の市場やビジネスモデルを破壊した。デジタル製品は物理的な材料の必要性を減らす一方で、電子廃棄物やデータセンターとデバイスのエネルギー消費に関する新たな環境問題を引き起こしている。デジタルへの移行はデジタル・デバイドを浮き彫りにし、デジタル技術へのアクセス格差が情報や資源へのアクセスにも影響を与えた。

デジタル情報は、アナログ情報よりも簡単にアクセス、コピー、操作できるため、デジタルデータの保存と送信は、プライバシーとセキュリティに関する懸念を引き起こした。アナログ製品がデジタル化された時に起こった最大の変化は、メディアと情報の非物質化であり、コンテンツの保存、配布、消費方法の変革につながった。この変化は、アクセスのしやすさ、利便性という点で多くの利点をもたらしたが、同時に経済、環境、プライバシー、公平性という点で、新たな課題をもたらしたのである。

デジタル・システムは、通常0と1で構成される一連の離散的な値であるバイナリ・コードを使って情報を表現する。この2進法の各桁はビットと呼ばれ、コンピューティングにおけるデータの最小単位である。連続的なアナログ信号を離散的なデジタル形式に変換するプロセスをデジタル化と呼ぶ。これには、アナログ信号を一定間隔でサンプリングし、各サンプルを有限の値の集合に量子化することが含まれる。デジタルデータは離散的であるため、アルゴリズムや計算技術による複雑な処理や操作が可能であり、高度なソフトウェアやアプリケーションの開発につながった。

同時に、最も大きな変革は、離散性がメディアの生産と消費を一変させたことである。テキスト、画像、音声、映像のすべてがデジタル化され、編集され、デジタル形式で配信されるようになり、デジタル・コンテンツとプラットフォームの普及につながった。インターネットやモバイルネットワークなどのデジタル通信システムは、データパケットの個別伝送に依存している。これにより、コミュニケーション、情報共有、サービスへのアクセス方法が大きく変化した。

これらが現代にあらわれた「魔術」であり、インターネットという魔物の登場を加速させ、私たちのマインドを地球規模で運び合う舞台を作り出したのである。デジタル技術とメディアにおける「離散性」という概念は、情報を明確な個別の単位で表現し、処理することを指す。この特性は、デジタルシステムの正確性、再現性、多用途性を支え、デジタルコンテンツの作成、コミュニケーション、後のソーシャル（社交）メディアの登場における相互作用の方法の革命だったのである。

一九八〇年代のSIGGRAPH

「SIGGRAPH」（シーグラフ：Special Interest Group on Computer Graphics and Interactive Techniques）は、米国の各都市で開催されるコンピュータ・グラフィックス（CG）に関する年次会議であり、その創設以来、CG分野の進化に多大な貢献を行なってきた。一九八〇年以来、「SIGGRAPH」はコンピュータ・グラフィックス、アニメーション、インタラクティブ技術の最新の進歩を紹介する極めて重要なプラットフォームだった。

八〇年代は、CGにおける急速な革新と成長の時代だった。この時期の「SIGGRAPH」カンファレンスでは、画期的な研究、新しいソフトウェアやハードウェアの開発、CGの能力の見事なデモンストレーションが行われた。このカンファレンスは、研究者、アーティスト、開発者、業界関係者のコミュニティを拡大させ、CGで可能なことの限界を押し広げるコラボレーションとアイデアの交換を促進した。

「トニー・ド・ペルトリー」（ピアノ弾きのトニー）

一九八五年の「SIGGRAPH」は、サンフランシスコのコンベンションセンターで開催された。私は一九八二年のボストンで開催された「SIGGRAPH」に次いで二度目の参加だった。「SIGGRAPH」にはさまざまなCG開発分野の分科会と最新機器やソフトウェアの展示会があり、なかでもエレクトロニック・シアターという最新CGの成果を競い合う上映会が最終日を飾っていた。

この年のエレクトロニック・シアターを、拍手喝采で包みこんだ作品が「トニー・ド・ペルトリー[16]（Tony de Peltrie)」である。しばしば「ピアノ弾きのトニー」と呼ばれ、

16　トニー・ド・ペルトリー　邦題は『ピアノ弾きのトニー』。カナダの短編CGアニメーション。一九八五年のSIGGRAPH Film & Video Showにて発表された。人間の表情をリアルに表した初めてのCGアニメーション作品として知られる。長年バーのピアノ弾きとして働いてきた落ち目のピアニスト、トニーが、ピアノを弾きながら過去の栄光を回想していく。

この時代の革命的なCGキャラクターの誕生だった。ピエール・ラシャペル、フィリップ・ベルジュロン、ピエール・ロビドゥ、ダニエル・ラングロワたちが所属するモントリオール大学のアーティストと研究者のグループによって生み出され、この場所で初公開された。

トニーを主人公にしたこの短編は、当時はまだ平板でデコボコのCGキャラクターに表情や感情を与えた画期的なもので、当時としては前例のないレベルのキャラクター・アニメーションを披露した。トニーはピアニストで、その表情や動きからさまざまな感情が伝わってくる。その深みのある個性や複雑な感情を表現した、最初のCGキャラクターのひとつとなった。

「SIGGRAPH」での「トニー・ド・ペルトリー」のデビューは、驚きと称賛に包まれた。観客は、コンピュータ・アニメーションの大きな飛躍を象徴するこのキャラクターの資質と表現力に驚き、感銘を受けた。この作品はいくつかの賞を受賞し、CG史上の金字塔とされている。この作品は感情移入しやすいキャラクターを生み出すCGの可能性を示し、キャラクター・アニメーションの未来に影響を与えた。アーティストや技術者を刺激し、CGとアニメーションの可能性を探求させ、この分野の進化に貢献したのである。

私はこのあとも、一九八六年のダラス、一九八七年のアナハイム、一九八八年のアトランタ、一九八九年のボストンでの「SIGGRAPH」に参加したが、サンフランシスコでの「トニー・ド・ペルトリー」の体験は、その後も急速に進化を遂げたCGの歴史においても画期的な出来事だったと感じている。

サイバーパンク

インターネット前夜のサンフランシスコでは、仮想現実（VR）やサイバーパンク文化が加熱していた。雑誌『MONDO2000』は、八〇年代後半および九〇年代前半にバークレーで出版された世界初のサイバー文化雑誌だった。VRからサイケデリックなどのトピックを取り上げ、それは、後に発行された雑誌『WIRED』にとって、無秩序で破壊的なプロトタイプだった。

「SIGGRAPH」の会期が終わり、私はサンフランシスコのオルタナティブな雑誌の編集部を訪ねていた。サンフランシスコでの私の情報源になったのは、シティ・ライツ書店[17]だった。シティ・ライツ書店は、サンフランシスコにある象徴的な独立系書店であり、出版社でもある。詩人のローレンス・ファーリンゲッティ(Lawrence Ferlinghetti)とピーター・D・マーティン（Peter D. Martin）によって一九五三年に設立された。この書店

17　シティ・ライツ書店　一九五三年に詩人のローレンス・ファーリンゲッティとピーター・D・マーティンによってサンフランシスコに設立された独立系書店および出版社。一九五〇年代から六〇年代にかけてビートジェネレーションの重要な拠点となり、ジャック・ケルアックやアレン・ギンズバーグなどの作家が集まる場所となった。現在も営業中。

は瞬く間に文化的ランドマークとなり、五〇年代から六〇年代にかけて主流社会や文学の規範に異議を唱えた作家や芸術家のグループ、特にビート・ジェネレーションの中心的な拠点となった。

シティ・ライツは、進歩的な政治、社会活動、前衛文学への取り組みで知られている。米国初のオール・ペーパーバック書店であり、文学をより身近なものにした。同店の出版部門であるシティ・ライツ・パブリッシャーズは、一九五六年にアレン・ギンズバーグ（Allen Ginsberg）の代表的な詩「ハウル」を出版したことで有名になった。

この書店はサンフランシスコのノース・ビーチ地区のブロードウェイとコロンバス・アヴェニューの交差点にあり、この地区は歴史的にボヘミアンな雰囲気が漂い、芸術家、作家、思想家が集まることで知られていた。シティ・ライツは三階建てで、詩、小説、国際文学から政治理論、社会科学、芸術まで幅広い品揃えが特徴である。

『RE/Search』とV・ヴェイル

この書店の雑誌コーナーで、私の興味を掻き立てたのが『RE/Search』と『High Frontier』と呼ばれる二冊の雑誌だった。『RE/Search』は、V・ヴェイルが一九八〇年にサンフランシスコで発刊した雑誌である。当初は、ヴェイルが詩人アレン・ギンズバーグと、ローレンス・ファーリンゲッティの協力を得て創刊したパンク・ロック・ファンジン『サーチ&デストロイ』から派生したものだった。

私は『RE/Search』のオフィスが、シティライツ書店から歩いて五分ほどにあることを知り、彼らのオフィスを訪問した。編集発行人のヴェイルと出会い、その後も彼との交流は続いた。

『RE/Search』は、パンク・ミュージック、インダストリアル・カルチャー、オルタナティブ・セックスのほか、さまざまな形の型破りなアートや文学など、カウンターカルチャーやアンダーグラウンドなトピックに焦点を当てていたことで知られる。同誌は八〇年代から九〇年代にかけて、前衛文化やフリンジ・カルチャーに関する綿密なインタビューや報道で影響力を持った。代表的な特集には、「Industrial Culture Handbook」「Modern Primitives」「Angry Women」などがある。シュルレアリスム、ダダイスト、ポストモダニストなど、前衛芸術家、作家、映画製作者のインタビューや記事を掲載し、ウィリアム・S・バロウズ、J・G・バラード、ティモシー・リアリーなど、数多くのカウンターカルチャーの中心人物を紹介していた。

初期の『RE/Search』は、パンク・ロック・シーンに大きな影響を受けており、パンク・バンドやミュージシャンに関するインタビューや記事を特集していた。インダストリア

18　BDSM　Bondage（ボンデージ、隷属状態）、Discipline（体罰、調教）、Sadism & Masochism（サディズム、マゾヒズム）の頭文字。嗜虐的な性的嗜好の総称。あらかじめセーフワードなどを決め、合意のもとで安全に行われることが重要となる。

ル・ミュージック・シーンの重要人物を紹介した「インダストリアル・カルチャー・ハンドブック」は、インダストリアル・ミュージックとカルチャーを探求する主要なプラットフォームとなった。BDSM[18](Bondage／ボンデージ、Discipline／ディシプリン・体罰、Sadism／サディズム・加虐、Masochism／マゾヒズム・被虐)、フェティッシュ・カルチャー、オルタナティブ・セックスの実践など、人間のセクシュアリティのさまざまな側面を掘り下げ、「モダン・プリミティブ」[19]と呼ぶ過激なタトゥーやピアシングによる肉体改造愛好家からサイバーパンクやハッカー文化までサブカルチャーを探求していたのである。

　私にとって大きな意味を持っていたのが、私が日本で展開した「ミッドナイト・レーベル」の後半期に発刊した刊行物で、第十号「信じられないほど奇妙な映画たち」という特集タイトルを冠した深夜映画やカルト映画の特集号だった。

　この一冊は、私が「ミッドナイト・レーベル」で追いかけてきた映画群と共振し、長年にわたって人気を博してきたカルト映画、アンダーグラウンド映画、無名映画の世界を網羅したガイドブックだった。ホラー、キワモノ、SF、B級映画など、幅広いジャンルを網羅した映画製作者、批評家、このジャンルの愛好家とのディスカッションやインタビュー、エッセイ、レビューが掲載され、型破りな映画の製作と鑑賞についての洞察を提供していた。カルト映画の魅力、これらの映画を中心に形成されるコミュニティ、

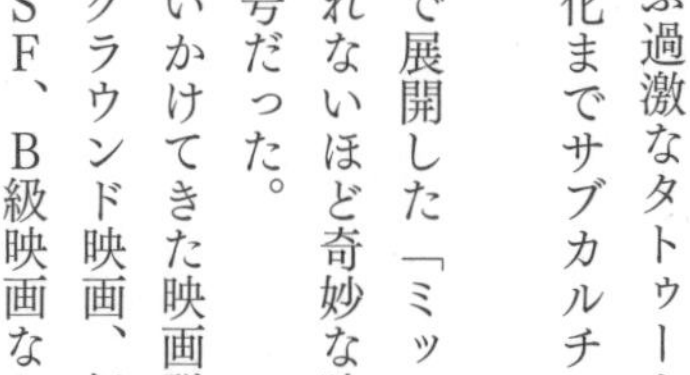

19　モダン・プリミティブ　身体改造カルチャーの一つ。身体にフックを刺して吊り下げる「ボディ・サスペンション」で知られるファキール・ムサファーが提唱した。過剰なタトゥー、ボディピアス、スカリフィケーション、身体拡張などの身体改造が含まれる。

主流映画の常識に挑戦する方法などを探求していたのである。

東京とサンフランシスコでほぼ同時期に、深夜映画やカルト映画への関心と探索が起こっていたことが、私とヴェイルの交流をさらに深めていったのである。

『MONDO2000』

もう一つ、運命的な出会いとなったのが、サイバーパンク・ムーブメント、パーソナル・コンピューティング、ハッキングに焦点を当てた雑誌『Reality Hackers』の編集者であったモーガン・ラッセル（Morgan Russell）と主要な編集者たちだった。

一九八五年を皮切りに、私はモーガンを中心に、後の『MONDO2000』[20]の発行人であるアリソン・ベイリー・ケネディらとともに、インターネット以前と以後の時代を駆け抜けることになったのである。

『MONDO2000』は、一九八四年に『High Frontiers』として誕生し、R・U・シリウス（ケン・ゴフマンの仮名）とモーガンが編集を担当し、R・U・シリウスが発行人のアリソン・ケネディ、別名「クイーン・ムー」により編集長に任命された。

先駆けとなる『High Frontiers』は、サイケデリック、科学、スピリチュアリティの

20　MONDO2000　一九八九年から一九九八年にかけて発行されたアメリカのカウンターカルチャー雑誌。サイバーパンク、テクノロジー、アート、ドラッグ、オルタナティブライフスタイルなどを扱った。Photoshopを駆使した未来的なビジュアルデザインと先鋭的な内容で、黎明期のインターネットカルチャーに大きな影響を与えた。カリフォルニア州バークレーの「モンドハウス」と呼ばれる借家は、業界人たちの社交場にもなっていた。

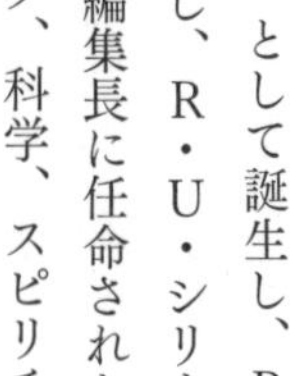

接点を探る雑誌だった。R・U・シリウスもモーガンもこの雑誌に関わり、『Reality Hackers』へと発展した。モーガンは『Reality Hackers』を共同創刊し、当初は新興のサイバーパンク・サブカルチャーに焦点を当て、ハッキング、VR、サイケデリック・ドラッグなどのトピックを扱っていた。『Reality Hackers』をはやがて『MONDO2000』へと発展し、サイバーパンクのテーマだけでなく、テクノロジー、サブカルチャー、フューチャリズムに関する幅広いトピックを扱うようになった。

これらの雑誌は八〇年代後半から九〇年代前半にかけてのサイバーカルチャー・ムーブメントにおいて影響力があり、後の『WIRED』のような出版物の先駆けであり、現在、デジタル時代を理解する上で中心的な概念を普及させることに貢献した。

モーガン・ラッセルは、R・U・シリウスほど表立った存在ではなかったが、『Reality Hackers』と『MONDO2000』の共同創刊者および寄稿者としての貢献は、サイバーカルチャーの領域におけるこれらの先駆的出版物の発展と影響において重要なものであった。

モーガン・ラッセルとの出会い

私がモーガンとはじめて会ったのは、一九八五年、バークレーにあった中世の魔術の城のような、古色蒼然とした「モンドハウス」を訪問した時だった。モンドハウスは、のちに『MONDO2000』ゆかりの建物となり、デジタル革命の初期にサイバーカルチャー・ムーブメントの拠点として、多くの関係者たちが集った場所だった。モンドハウスは、編集部のオフィスであると同時に、同誌のスタッフや寄稿者の共同生活スペースでもあった。そこではアイデアが交換され、コラボレーションが形成され、雑誌のユニークな視点の形成に貢献した。

私は『MONDO2000』にリブランドされた一九八九年に、発行人のアリソン・ケネディからコントリビューティング・エディター（貢献編集者）として参加してほしいと依頼され、年に一、二回は彼女と『MONDO2000』のスタッフとの交流を持った。

私はモーガンとアリソンから、サイバーパンクや後のサイファーパンク（暗号パンク）物語の核心を聞き、多彩なサイケデリックへの扉も開かれた。NYへの思い以上に、サンフランシスコというまさに「魂の街」に私の関心は大きく移動した。当然私は、一九八五年以降、モンドハウスとアリソンの家を頻繁に訪れることになり、モーガンが八〇年代の終わりに、バークレーからヨーロッパに旅立っていくと、私もモーガンを追いかけるようにヨーロッパのアムステルダム、ブダペスト、ベルリン、ウィーンへの旅へと向かっていった。

アリソン・ケネディ（クイーン・ムー）

アリソン・ケネディは、「クイーン・ムー」の別名を持ち、その知識は桁外れの博覧強記だった。日本の伝統文化についても膨大な知識があり、彼女と話をしていると、日本人の私が困惑するほどその知識量はすごかった。アリソンの当時のパートナーは、ビデオアーティストのスティーブ・ベックだった。ベックは、パイク氏やローリー・アンダーソンとも交流があり、私は彼の作品群の日本でのビデオ化も実現した。

アリソンとベックには、本当に世話になった。彼らにはナパ・ヴァレーのカリストガにある「泥風呂」やグライダー体験など、普通の観光からマウント・ディアブロでのトレッキングまで、サンフランシスコのあらゆる魅力を教えてもらった。なかでも、彼らと何度か行ったバークレーのカリフォルニア・レストラン「シェ・パニース」の味は衝撃的だった。

一九七一年にアリス・ウォーターズによって創業された「シェ・パニース」は、オーガニックで地元産の食材を使用し、ファーム・トゥ・テーブル・ムーブメントの先駆者としての役割を果たしたことで有名となり、ビル・クリントンが大統領だった時にこのレストランを訪れている。

このレストランの特徴は、新鮮な旬の食材を反映した日替わりのセットメニューである。「シェ・パニース」は、その卓越した料理だけでなく、アメリカ料理に与えた影響や、持続可能性と環境に対する責任への取り組みでも有名である。イタリア料理専門店ではないが、最高級の食材を使ったイタリア風のメニューが多い。ここで食べたピザの味は、本場イタリアで食べたそれを遥かに上回っていた。

人生の急所

私はアリソンとベックから、サンフランシスコの食やヒッピー・ライフスタイルの本質、さらにバークレーの豊かな自然やリトリートでの滞在までを学んだ。ベックの運転でサンフランシスコから北上して二時間、ユカイア（Ukiah）という場所にあるヴィシー・スプリングス（Vichy Springs）というリトリートは、私の心身の「再生」を何度も救ってくれた特別な場所だった。このリトリートは、私の個人的な身の上に起こった「不幸」なできごとを何度も癒やしてくれた。

私は二十五歳の時に、日芸の会計事務員だった五歳年上の女性と早すぎる結婚をした。日芸の教職員旅行ではじめて会話し、その後、彼女は「歯ブラシを持って部屋に来て」

と私を誘った。知り合って三カ月後の結婚だった。その翌年に長女が生まれ、その二年後に次女が生まれた。

結婚から数年後、日芸の教授と妻が長年交際していたことをはじめて同僚の助教授から聞いた。この話は公然の秘密で、会議などで顔を合わせる教授への私の態度を振り返れば、年功序列、教授が一番の世界で、助手の私の意見をことごとく否定してくる教授に、別の心理を読み取ることができた。

さすがにこのことは、妻との信頼関係に大きな溝を作った。なぜ日芸で働く私に、妻は過去の交際相手であった教授の存在を語らなかったのか? 私は教授への「当て馬」だったのか? いろいろな憶測以上に、妻への思いが一気に冷めていった。これにより、私は自分の「仕事」を拠り所にし、家にも寄り付かず、東京で「事務所」と称した隠れ家で暮らすようになっていった。

当時、私の外の世界には別の女性がいた。彼女はのちにシングルマザーとして、ふたりの子どもを産んだ。私はその子どもたちを認知した。妻との離婚調停と裁判は私の敗北に終わった。日本の裁判所は、婚姻関係が継続している中で、不貞の証拠がない限り、夫の一方的な離婚請求は認められなかった。むしろ私の不貞を妻は主張し、その証拠を突きつけられた。私は子どもの養育費を含む生活費、さらに慰謝料の支払いを命じられ、この裁判は妻の完全勝利に終わった。それから三十数年、毎月の支払いは続き、私は別れてくれない妻のATMと化してきたのである。

私の長女は大学の法学部、そしてロースクールへと進み、司法試験に合格し、東京地方裁判所の裁判官になった。ある日、二十年以上会っていない長女が、自身の結婚式に私の参加を求めてきた。

「お父さんが結婚披露宴に参加してくれて、一緒にヴァージンロードを歩いてくれないと、相手の男性と結婚できない」という手紙が私の手元に届いた。メールで披露宴には参加できないと伝えたが、新郎側に新婦の父親の不在は申し開きができないということで、再度、披露宴への参加を強く求めてきた。

私は複数の友人にこの件を相談した。「実の娘の結婚式に父親が出席するのは当たり前だ」「夫婦間の問題と、娘と父親は別」「娘とも何十年も会っていないのだから、せめて結婚式くらいは出席すべき」といった意見に押され、私は六本木のグランド・ハイアットで開かれた娘の披露宴にのこのこと出席したのだった。

これがのちに、知り合いの弁護士が指摘した「婚姻関係継続の証明」に当たる事件だった。別居を何十年も続けていても、娘の結婚式に出席し、ヴァージンロードを二人で歩けば、妻との婚姻関係は十分に成立していると妻側は主張できる。私にとって離婚が絶対的に不利となる要因を自ら招いたことだったのである。

こんな私事を語れるのも、本書の性質上の特権である。

こうした痛い人生のひとこまを、癒やしてくれた場所はこの地球上にいくつかあったが、ヴィシー・スプリングスはそのなかでも特別な場所だった。

ヴィシー・スプリングスは、田舎のリトリート（隠れ家）と温泉リゾートの二つの世界を合流したような場所である。ヴィシー・スプリングスでは、北米で唯一の天然の温炭酸泉「ヴィシー」のミネラルバスが提供されている。

ヴィシー・スプリングスの歴史は、地元のポモ先住民族の歴史（五千年以上前）から現在のスパ運営まで多岐にわたっている。実際の温炭酸泉は一千万年以上前からのものであると推定されており、ポモ族はユカイア渓谷に唯一居住していた間、この泉を使用していた。彼らは痛風、関節炎、リウマチ、火傷、切り傷、乾癬、湿疹の治療にこの温炭酸泉を使用していたという。

一八〇〇年代初頭、ユカイア渓谷（地元のポモの方言で「深い谷」を意味する「ヨカヨ」の英語化）全体がメキシコ（当時カリフォルニアはメキシコの一部だった）からカエタノ・フアレスに与えられた。セニョール・フアレスは他の場所で広大な土地を所有していたが、ユカイアではあまり開発をしなかった。ユカイアの泉を発見した功績は、一八四九年にユカイア峡谷に到着した最初の「白人」であるフランク・マーブルに与えられた。この年は、金を求める人々がカリフォルニアに殺到した年だった。不法占拠者も続き、一八五二年までにウィリアム・デイが住居を構え、ユカイアの「ソーダ・スプリングス」に少なくとも三棟のコテージを完成させた。これら三棟のコテージは、現在もリゾート内に建っており、使用されている。

ヴィシー・スプリングスは、古代からの生態系が残る環境で、小さな川を上っていくと美しい滝があらわれる。このヴィシー・スプリングスが、シリコンバレーの主席研究者やＩＴ企業のＣＥＯたちに愛されている理由は、ここを体験すれば明らかになるだろう。

アレクサンダー・シュルギン

さらに私は、アリソンを通じて、生化学者のアレキサンダー・シュルギンとも出会うことができた。シュルギンとの出会い、モーガン、アリソン、そしてベックとの出会いが、私のその後の活動に多くの刺激をもたらしてくれた。彼らには今でも感謝している。

アレクサンダー・サーシャ・シュルギンは、精神活性化合物の合成と研究で知られる著名な化学者、薬理学者である。一九二五年六月十七日、カリフォルニア州バークレーに生まれたシュルギンは、治療に応用できる可能性があると信じていたサイケデリックの研究に大きな影響を与えた。

シュルギンは、カリフォルニア大学バークレー校で生化学の博士号を取得後、ダウ・ケミカル社で研究化学者として働き、そこで初の生分解性殺虫剤ゼクトランを発明した。ダウ・ケミカル社での成功により、彼は経済的自由を手に入れ、精神作用物質への興味を追求するようになった。精神作用物質への関心は、五〇年代後半にメスカリンを個人的に体験したことがきっかけとなった。これをきっかけに、シュルギンは類似物質の合成と研究に専念するようになった。シュルギンはカリフォルニア州ラファイエットの自宅敷地内に個人研究室を設けた。シュルギンはここで何百種類もの精神活性化合物を合成しテストしたのだ。

妻のアン・シュルギンは彼の研究に欠かせない存在だった。二人は特に心理療法において、これらの化合物の治療的可能性を探求した。シュルギンは、七〇年代後半にMDMA（エクスタシー）を心理学者に紹介し、セラピーに使用する可能性を見出し評価されていた。彼は多くのフェネチルアミン（2Cファミリー）とトリプタミン（DMT）を合成し、評価した。彼の研究は、CIAが注目するようになり、精神作用物質の諜報戦での活用も議論され、全体的には、これらのクラスの化合物に関する理解を広げた。

一九九四年、麻薬取締局（DEA）はシュルギンの研究室を家宅捜索した。逮捕者は出なかったが、捜査の結果、化学物質と実験器具が押収され、シュルギンの研究に対する法的圧力が高まっていた。九〇年代後半、アメリカ合衆国司法省に属する警察機関であるDEAは、シュルギンの薬物の記録管理と研究室のセキュリティに対する懸念から、シュルギンが扱う物質を合法的に管理するためのスケジュール「Iライセンス」を剥奪した。

晩年、シュルギンは健康問題に直面し、それが法的な圧迫と相まって、活発な研究の縮小につながった。シュルギンは二〇一四年六月二日、八十八歳で逝去した。シュルギンは精神薬理化合物とその潜在的応用に関する理解を広めた先駆者として記憶され、彼の遺産は、世界中の科学界や治療界に影響を与え続けている。

アレクサンダー・シュルギンが残した著書『PIHKAL: A Chemical Love Story』と『TIHKAL: The Continuation』は、精神薬理学の分野における代表的な著作であり、精神作用物質に関心のある人にとっては必読書とされている。妻のアン・シュルギンとの共著である本書は、自伝、化学、精神薬理学のユニークな融合を提供し、それぞれフェネチルアミンとトリプタミンに関するシュルギンの広範な研究を記録している。

『PIHKAL: A Chemical Love Story』：化学的ラブストーリー

本書は二部に分かれている。第一部は「シュラ」（アレクサンダー・シュルギン）と「アリス」（アン・シュルギン）の自伝的フィクションであり、精神作用物質に関する個人的な経験を探求している。第二部では、百七十九種類のフェネチルアミン化合物の詳細な合成と効果についての記述があり、その多くはシュルギン自身が合成したものである。フェネチルアミンは、メスカリン、MDMA、2C-Bのようなよく知られた物質を含む化合物のクラスである。本書は、これらの化合物の化学構造、合成、投与量、主観的効果についての洞察を提供している。『PIHKAL』は、研究者、化学者、愛好家に、フェネチルアミンに関する包括的なリソースを提供し、精神作用物質の研究に大きな影響を与えた。また、これらの化合物の治療への応用の可能性にも光を当てた。

続編である『TIHKAL: The Continuation』も二部構成になっている。第一部ではアレクサンダーとアン・シュルギンの自伝的物語が続き、第二部では五十五種類のトリプタミン化合物の合成と効果に関する詳細な情報が提供される。トリプタミンは、DMT（ジメチルトリプタミン）、シロシビン（サイケデリック・マッシュルームに含まれる）、5-MeO-DMTなどの物質を含む化合物の一種である。本書では、これらの化合物の化学的性質、効果、潜在的な治療法について解説している。

同書はDMTに関する理解を深める上で大きな影響力を持ち、サイケデリックの治療可能性に対する関心の高まりに貢献した。DMTの唯一の特性は、その驚くべき視覚体験にある。人それぞれであろうが、主にパウダー状のものをパイプで燃焼させ、口から吸引する方法が一般的である。効果はすぐに現れ、フルカラーのウルトラハイビジョンのような、壮大でハイレゾなフラクタル画像の緩やかで繊細な動きが数分間続く。この視覚体験に神を感じ、強烈な神秘体験を刻印される人も多い。アマゾンでのアヤワスカ体験が今やツアーとなっている時代ではあるが、シュルギンによるＤＭＴの合成方法の公開は、極めて画期的なことだった。『TIHKAL』は、これらの物質の化学的性質や効果に関心を持つ研究者や愛好家にとって、貴重な資料となったのである。

両書とも、精神薬理学の分野と精神作用物質の理解に大きな影響を与えた画期的な著作である。科学的な厳密さ、個人的な洞察、フェネチルアミンとトリプタミンを用いた治療可能性に関する言説への貢献は高く評価されている。記載されている物質の合成方法や消費に関しては、多くの国で違法であるため、情報は教育目的でのみ提供されているという免責事項を含んでいる。これらの本における精神作用物質の詳細な合成手順の公開は、論争と法的精査につながった。批評家たちは、これらの本が違法な薬物の使用や合成を助長する可能性があると主張する一方、支持者たちは重要な科学的資料とみなしている。

シュルギンとの出会い

シュルギンの私設研究室は、カリフォルニア州ラファイエットにあった。アリソンの紹介で、私は一九八六年に、この研究室兼シュルギンの自宅を訪ねた。ラファイエットはバークレーに比較的近く、この二つの都市はサンフランシスコ・ベイエリアに位置し、ラファイエットはバークレーから約十〜十五マイル（約十六〜二十四キロ）東に位置している。両都市間の運転距離は、交通状況にもよるが、通常三十分程度である。

シュルギンが認可されていた「スケジュールⅠ」の化学薬剤の使用と評価は、彼の私設研究室の構成メンバーにも適用された。これが「リーガル・テスティング・パス」で、私はシュルギンのもとで、精神作用物質のテストに参加することができた。私はシュルギンのもとで、精神作用物質の驚くべき効用を体験し、サイケデリクスの本質を私なりに理解できた。この時の体験は、私の人生の指針に大きな影響を与えたのである。

ゾーン5　サイケデリックと僻遠の森

モーガン・ラッセル

当初の成功にもかかわらず、『MONDO2000』は財政難と他の技術専門誌との競争に直面した。アリソンは発行人として経営再建に努力したが、インターネットが主流になるにつれ、物理的な雑誌の刊行を維持するのに苦労した。同誌は九〇年代半ばに廃刊となったが、サイバーカルチャーに与えた影響と、テクノロジーと社会の変革期を記録したその役割は、今でも忘れ去られていない。

モーガンは、八〇年代後半にヨーロッパを放浪する旅に出た。アムステルダム、ブダペスト、ベルリンを経て、一九九〇年からウィーンに定住することになった。その大きな理由は、ヨハンナというオーストリア人女性との出会いだった。モーガンより一回りほど年上のヨハンナは、過去に結婚に失敗し、ウィーンの国連に勤務していた。モーガンはヨハンナから生活の支援を受け続けていた。ヨハンナとモーガンはその後、別れの時もあったが、結局モーガンはウィーンを離れることはなかった。

私は二〇〇〇年以降、モーガンとは疎遠になっていた。二〇一八年、ヨハンナからの突然のメールでモーガンの死が伝えられた。ヨハンナはモーガンの孤独死を見届け、彼の遺骨をモーガンの実家があるシカゴに届けたのだった。

アルス・エレクトロニカ

モーガンは八〇年代後半から九〇年代前半にかけてのサイバーカルチャー・ムーブメントの重要人物であり、私は彼と協同でさまざまなプロジェクトを展開した。

毎年、オーストリアのリンツで開催されるアルス・エレクトロニカ・フェスティバルは、一九七九年の初開催以来、アート、テクノロジー、社会の各分野で影響力を持つイベントに成長した。九〇年代初頭、このフェスティバルは、サイバースペースやバーチャルリアリティ（VR）などの新興テクノロジーに焦点を当てるようになり、この時期のこれらの分野への関心の高まりを反映していた。そこにはウィーンに定住したモーガンの貢献が大だった。一九九〇年と一九九一年のアルス・エレクトロニカの全体テーマの設定から、カリフォルニアからのゲストスピーカーの招聘のほとんどの事務連絡を、モーガンが行っていたのだ。

一九九〇年のフェスティバルは、「Digital Dreams：デジタル・ドリーム：ヴァーチュエル・ヴェルテン」と題された。このフェスティバルでは、バーチャル・ワールドの概念と、アートや社会に対するその意味合いを探求した最初の大きなイベントのひとつであった。このフェスティバルでは、没入型の芸術体験を生み出す可能性や、人間の知覚や相互作用に与える影響など、VRの可能性を掘り下げた展示、レクチャー、ワークショップが行われた。

一九九一年のテーマは「アウト・オブ・コントロール」。VRを含むデジタル技術が、社会、文化、環境に与える広範な影響について考察した。ディスカッションやプレゼンテーションでは、日常生活へのテクノロジー統合の進展がもたらす課題と機会、またVRや人工知能の進歩が提起する倫理的・哲学的な疑問が探求された。

参加者の中には、マービン・ミンスキー[1]（Marvin Lee Minsky 一九二七―二〇一六）、ティモシー・リアリー、ジョン・ペリー・バーロウ[2]（John Perry Barlow 一九四七―二〇一八）がおり、それぞれがユニークな視点でフェスティバルのディスカッションやプレゼンテー

1 マービン・ミンスキー 「人工知能の父」として知られるアメリカのコンピュータ科学者、認知科学者。一九五六年の夏、ジョン・マッカーシーと共に、研究分野として人工知能を打ち立て、AI研究の基礎を築いた。一九五八年にマサチューセッツ工科大学の人工知能研究所（AIラボ）の創設に関わり、初代所長に就任。

2 ジョン・ペリー・バーロウ アメリカの詩人、エッセイスト。作詞家としても活動し、バンド、グレイトフル・デッドに歌詞を提供していた。電子フロンティア財団の共同設立者でもある。一九九六年に発表された『サイバースペース独立宣言』で、インターネットを国家権力から独立した領域として位置づけるビジョンを提示した。

ションに貢献した。

コンピュータ科学者、認知研究の先駆者であるミンスキーは、マサチューセッツ工科大学のＡＩ研究所の共同設立者である。彼の人工知能と認知心理学の研究は大きな影響力を持ち、アルス・エレクトロニカでは、ＡＩ、ロボット工学、人間と機械の相互作用の未来に関するトピックについて議論した。

ハーバード大学の心理学者だったリアリーは、六〇年代にサイケデリック・ドラッグの可能性を提唱したことで有名になった。九〇年代までに、彼は人間の意識の新たなフロンティアとしてのバーチャルリアリティとデジタル体験の可能性に興味を持つようになった。このフェスティバルで、リアリーは、心を拡大し、新たな体験の領域を探求するためにテクノロジーをどのように利用できるかについて、自分の考えを語った。

ロックバンド、グレイトフル・デッドの元作詞家であり、電子フロンティア財団の共同設立者でもあるジョン・ペリー・バーロウは、インターネットの自由とデジタルの権利の著名な提唱者だった。彼のアルス・エレクトロニカへの参加は、プライバシーの問題、表現の自由、よりオープンでつながった社会を促進するインターネットの可能性など、台頭しつつあるデジタルの社会的・政治的意味合いについての議論を含んでいた。

一九九一年のアルス・エレクトロニカ・フェスティバルは、テクノロジー、アート、社会の接点を探るというテーマを掲げ、こうした思想家たちが未来へのアイデアやビジョンを共有する場を提供した。ミンスキー、リアリー、バーロウが参加したことは、テクノロジーの変革の可能性と、それが人間の文化や意識に与える影響に焦点を当てたイベントであることを強調した。

アルスエレクトロニカが早くからサイバースペースとVRに焦点を当てたことで、同フェスティバルはテクノロジーとアートの交差点に関する議論の先駆的なプラットフォームとして確立された。同フェスティバルは、デジタルアートと芸術活動におけるVRの使用をめぐる言説を形成する上で重要な役割を果たし、アーティスト、技術者、理論家がアイデアを交換し、革新的な作品を展示する場を提供したのである。

九〇年代初頭にアルス・エレクトロニカで開催されたサイバースペースとVRに関するカンファレンスは、これらの新興テクノロジーの芸術的、文化的、社会的な意味を探求する上で重要な役割を果たした。そして、人間の経験を形成するデジタルメディアの役割や、アートとテクノロジーの未来について、現在進行中の対話の舞台となった。

ヴィレム・フルッサー

一九九〇年、ミュンヘンで開催された「サイバースペース」国際会議にモーガンと参加した。そこでは、チェコ系ブラジル人の哲学者・コミュニケーション理論家が基調講演を行った。ヴィレム・フルッサー[3]（Vilém Flusser 一九二〇―一九九一）はメディア論とコミュニケーションの分野で著名な思想家であり、デジタル技術の影響とデジタル時代におけるコミュニケーションのあり方に関する彼の研究は大きな影響を与えていた。「サイバースペース」国際会議は、サイバースペースという概念を探求する初期のイベントのひとつであった。サイバースペースとは、インターネットや仮想現実といった、当時台頭しつつあったデジタルの環境状況を表す言葉として人気を集めていた。フルッサーの基調講演では、この新しいデジタル空間がもたらす哲学的、文化的な意味合いが取り上げられ、人間のコミュニケーション、相互作用、知覚がどのように変化するかを探った。

フルッサーは、一九二〇年五月十二日、チェコスロバキアのプラハに生まれた。人間の知覚を形成する写真の意義を分析した『Towards a Philosophy of Photography』（一九八三年、邦訳『写真の哲学のために』）、『The Shape of Things』（一九八三年）、デザイン、文化、テクノロジーの関係を探求した『デザインの哲学』（一九九三年）などの著作で知られ、新しいメディアが人間の文化に与える影響や、テクノロジーが私たちの世界理解を形作る方法について探求している。メディアやテクノロジーが人間の相互作用や文化の発展に与える影響を理解することの重要性を説き、コミュニケーション

3 ヴィレム・フルッサー チェコ生まれのブラジルの哲学者、メディア理論家。新たなメディアやテクノロジーが社会に与える影響に注目し、メディア理論、記号論、写真論などの分野で業績を残した。代表的な著書に『写真の哲学のために：テクノロジーとヴィジュアルカルチャー』（一九九二年）『テクノコードの誕生 ―コミュニケーション学序説』（一九九七年）『デザインの小さな哲学』（二〇〇九年）など。

哲学を展開した。彼はメディアの受動的な消費に批判的で、より能動的で批評的なテクノロジーとの関わりを提唱した。メディアのメカニズムを理解することが、現代世界をナビゲートするために不可欠であると考えていたのだ。

デジタル時代における、直線的なテキストベースのコミュニケーションから、より多次元的なイメージベースのコミュニケーションへの移行に関するフルッサーの考えは、会議の議論の中心に関連していた。デジタル技術が社会と文化をどのように変容させるかについての彼の洞察は、サイバースペースの社会的、倫理的、技術的側面についての議論を含むイベントの基調となった。全体として、フルッサーが基調講演を行ったミュンヘンでの「サイバースペース」国際会議は、デジタル技術とその社会への影響に関する初期の言説において重要な出来事であり、デジタル時代の到来によってもたらされた重大な変化の理解に貢献した。

私はフルッサーの講演後に、日本に招待したい旨を直接伝えた。フルッサーは笑顔で応えてくれた。日本で将来予定されている国際会議などを思い浮かべながら、フルッサーの日本での講演内容や彼を初めて日本に紹介する意義などを考えていた。しかし、フルッサー夫妻は、一九九一年十一月二十七日、チェコとドイツの国境付近で交通事故により帰らぬ人となった。フルッサーは享年七十一歳だった。

彼の死はメディア理論と哲学の分野にとって大きな損失であったが、彼の著作は学術界や芸術界、特にメディア研究、コミュニケーション、デザインの分野で影響力を持ち続けている。彼の著作は、現代社会におけるテクノロジーやメディアと人間の複雑な相互作用に対する洞察として、今もなお重要な意味を持ち続けていて、ベルリンのメディアアートの先端国際会議「トランスメディアーレ」には、フルッサーを記念したアーカイブが併設されている。

アルバート・ホフマン

一九九三年、モーガンから連絡があり、ウィーンで、リゼルグ酸ジエチルアミド（LSD）の発見者であるアルバート・ホフマン（Albert Hofmann 一九〇六―二〇〇八）とアレクサンダー・シュルギンを招いた会議を開くので参加してほしいとのことだった。モーガンが組織した会議は、一般に公開されたものではなく、半ばプライベートな会合だった。ホフマンとシュルギンの遭遇に加え、ゲストとしてエム・アイ・シックス（MI6：Military Intelligence 6）として知られている英国情報局秘密情報部（SIS, Secret Intelligence Service）の元部員も参加した。

会議では、ホフマンによるLSDの発見と、シュルギンの精神作用物質の可能性、それらが心理学やカウンターカルチャーに与えた影響、サイケデリックが人間の意識に与える影響や、治療的利用や自己成長などについて議論された。同時に、この会合では、バーチャルリアリティやインターネットといった新たなテクノロジーが、サイケデリック体験とどのように交差し、意識を探求するための新たな道を提供するのかについて探求することが示唆された。デジタル技術と仮想空間に焦点を当てた九〇年代のサイバーカルチャーと、精神拡張と意識変容状態に焦点を当てた六〇年代のサイケデリックカルチャーとの類似点と相違点に触れたのである。

さらに、各国の薬物規制政策やＬＳＤのような物質の地位に関する現在進行中の議論を踏まえれば、サイケデリックの使用に関する倫理的考察や法的課題も議論に含めることができた。それは、医療への応用の可能性、主流文化への統合、サイケデリック体験の形成におけるテクノロジーの役割など、社会におけるサイケデリックの将来について貴重な意見の交換となったのである。

ホフマンは、スイスのバーデンに生まれ、チューリッヒ大学で化学の学位を取得後、スイスのバーゼルにあるサンド研究所（現ノバルティス）の製薬化学部門に入社した。彼がＬＳＤを発見したのは、ライ麦などの穀物に生える真菌であるエルゴットの薬効を研究していた一九三八年のことである。彼はＬＳＤ－２５（彼のエルゴット誘導体シリーズの二十五番目の化合物）を、呼吸器系と循環器系を刺激する可能性のある物質として合成した。しかし最初のテストでは有意な効果は見られず、この化合物は研究室の脇に置かれた。

それから五年後の一九四三年、ホフマンはＬＳＤ−２５を再テストすることを決意し、偶然にも少量を指先から吸収した。彼は世界で初めて記録されたＬＳＤトリップを体験し、強烈な万華鏡のような視覚を伴う夢のような状態だったと語った。その効果がＬＳＤによるものであることを確認するため、ホフマンは一九四三年四月十九日に二百五十マイクログラムのＬＳＤを意図的に摂取した。

当初、ＬＳＤはサンド社からアルコール依存症やうつ病などの治療薬として「デリシッド」という名で販売されていた。しかし、六〇年代になると、ＬＳＤはレクリエーション・ドラッグとして、また意識を探求するための道具として人気を博し、カウンターカルチャー運動と結びついた。医療目的以外での使用が広まったことで、最終的には多くの国で禁止されるに至った。

ＬＳＤをめぐるさまざまな論争にもかかわらず、ホフマンはその潜在的な治療効果と、管理された科学的環境での使用を主張し続けた。彼は、責任を持って使用すれば、ＬＳＤのような精神薬は人間の精神と意識について貴重な洞察を与えてくれると信じていた。

さらにホフマンは「マジック・マッシュルーム」の活性化合物であるシロシビンやシロシンなど、他の重要なサイケデリック物質も発見した。化学分野への貢献と意識研究への影響により、ホフマンは化学とサイケデリックの幅広い文化的探求の両方において重要な人物となったのである。

ホフマンのLSDの発見は、心理学、芸術、スピリチュアリティなどさまざまな分野に多大な影響を及ぼし、彼の洞察はサイケデリックと意識に関する議論にとって貴重なものとなった。ウィーンでの会議におけるアルバート・ホフマンやシュルギンの会話の正確な記録は残っていないが、この会合は、両者の関心と当時のより広い文化的背景を反映し、これらのトピックを包含していたのである。

テレンス・マッケンナ

一九八八年当時、日本で『エキセントリック』という雑誌の特集取材を引き受けた私は、モーガンとともにサンフランシスコとロサンゼルスに行き、VRのパイオニアたちやサイケデリックに関わる主要人物、特にテレンス・マッケンナやジョン・C・リリー[4]、ティモシー・リアリー、ロバート・アントン・ウィルソンらと出会った。彼らとの出会いは、後の私の人生を決定づけていった。

テレンス・マッケンナ（Terence McKenna 一九四六―二〇〇〇）は、アメリカの民族植物学者、神秘主義者、講演者、作家であり、特に八〇年代後半から九〇年代にかけて

4　ジョン・C・リリー　アメリカの医師、神経科学者。人間の意識の研究を行い、特に外部の刺激を完全に遮断し、深い瞑想状態や自己探求を促す「アイソレーション・タンク（感覚遮断タンク）」の開発者として有名。また、イルカのコミュニケーションを科学的なアプローチから研究したことでも知られる。

のサイケデリック・ムーブメントやカウンターカルチャーに大きな影響を与えた。マッケンナは人生の大半を、アメリカや熱帯地域などさまざまな場所で過ごし、そこで民族植物学の研究を進めた。晩年は、主に北カリフォルニアのオクシデンタルを拠点にしていた。カウンターカルチャーが盛んなこの地域は、マッケンナのサイケデリック、エコロジー、オルタナティブ哲学への関心にとって理想的な環境だった。マッケンナは二〇〇〇年に亡くなるまでこの地で暮らした。

一九八八年、私はマッケンナに会うために、カリフォルニア州北部のソノマ郡に位置する小さな町オクシデンタルに赴いた。サンフランシスコからUS－101を北上し、CA－116ウェストでセバストポール方面に出て、ボヘミアン・ハイウェイを北上してオクシデンタルに至るルートである。サンフランシスコ・ベイエリアからオクシデンタルまでの距離は、約一時間半から二時間である。この道のりは風光明媚で、特にソノマ郡のワインカントリーやレッドウッドの森に近づくにつれ、その美しさが際立つ、のどかな田舎の雰囲気を求める人々に人気の観光地でもある。

町の歴史は古く、一九世紀後半にノース・パシフィック・コースト鉄道の停車駅として設立された。この鉄道とのつながりは、オクシデンタルがこの地域の伐採と農業の拠点として成長するのに役立った。二〇世紀には、オクシデンタルはそのボヘミアンかつカウンターカルチャーな雰囲気で知られるようになり、芸術家、作家、ミュージシャンを魅了した。この創造的で自由奔放な雰囲気は、今もこの町を特徴づけている。

周辺地域では、近くのレッドウッドの森でのハイキング、風光明媚なルートでのサイクリング、ソノマ・コーストの美しいビーチの散策など、さまざまなアウトドア・アクティビティを楽しむことができる。また、ソノマ郡の有名なワイン産地にも近いため、ワインの試飲や地元のブドウ畑の散策にも便利な拠点となっている。オクシデンタルは自然の美しさ、文化の豊かさ、コミュニティ意識の高さが融合した、魅力的でユニークな街である。

この街に、シロシビン・マッシュルームやDMTを含むサイケデリック物質の使用法の探求と、人類の進化、意識、文化におけるそれらの役割に関する理論で知られるマッケンナが住んでいた。眼光鋭く、独特な抑揚を伴う声の持ち主のマッケンナは、アマゾンの奥地か南米にこそ彼の住処は相応しいと思ったが、それはあまりにも私の短絡した考えだった。私はマッケンナと一九九一年、ウィーンで再会し、二度の出会いを経験した。

マッケンナの主要なアイデアに、「石を投げられた猿」理論がある。映画『2001年宇宙の旅』の冒頭で、類人猿が骨を手に取り争う場面があったが、マッケンナは、初期の人類の祖先がサイケデリック・マッシュルームを摂取したことが、人類の意識、言語、文化の発達に重要な役割を果たしたと提唱した。さらにマッケンナは、「ノベルティ理論」と呼ばれる考えを展開した。

この理論では、宇宙には時間の終わりに相互の結びつきと複雑さを増大させ、人間の営みやこの世界が何らかの目的によって規定、支配され、そのために存在、現象しているとするテレオロジー的アトラクターが存在することを示唆していた。これが「タイムウェーブ・ゼロ」という概念の創造につながり、人類史における新奇性と変化の時期を予測する時間のフラクタル・モデルを提唱した。

マッケンナは、マヤ暦のサイクルが終わる二〇一二年十二月二十一日前後に重要な出来事が起こるという考えを早くから提唱していた。彼はこの日が新しい意識の時代への移行を示すと信じていた。マッケンナは、サイケデリックの使用による意識の変容状態の探求を強く支持していたし、彼はこうした物質が現実と人間の心の本質について貴重な洞察を与えてくれると信じていたのである。

マッケンナはカリスマ的なスピーカーで作家だった。『True Hallucinations』(邦訳:『幻覚世界の真実』)や『Food of the Gods』(邦訳:『神々の糧』)などの著書や講演により、既存のサイバーカルチャーやサイケデリックの聴衆だけでなく、レイブパーティーの主役としても幅広い支持を集めた。彼はサイケデリック・コミュニティの中心的存在であり、サイケデリック物質とその精神的・心理的成長の可能性に対する関心の復活に大きな影響を与えた。彼の思索的な理論をめぐる論争もあったが、マッケンナはサイケデリックと意識の研究において影響力のある人物であり続けている。

ジョン・C・リリー

ロサンゼルスの主な訪問目的は、ジョン・C・リリー（John Cunningham Lilly 一九一五－二〇〇一）とティモシー・リアリー、ジェームズ・グラウラーホルツ、ロバート・アントン・ウィルソンだった。はじめに、ジョン・C・リリーとの出会いについて記してみたい。

私がリリーを訪ねたのは、マリブの海を見下ろせる高台にある彼の自宅だった。ロサンゼルスのダウンタウンからサンタモニカ方面へI－10ウエストを終点まで進み、CA－1ノースに合流、そこから海岸沿いに三十キロほど進むとマリブ（Malibu）に到着する。ジョン・C・リリーは当時、リサ・ライオンと同居していて、二人が知り合い、同居するまでの経緯については驚きだった。ある日リリーの本を読んだリサは、大きなショックを受け、半ば押しかけ女房のようにリリーのもとで暮らすようになっていたのだ。

リサ・ライオンは女性ボディビルダーの先駆者であり、モデルでもあったし、日本のＴＶＣＭでも知られていた。特に、写真家ロバート・メイプルソープとのコラボレーションで知られ、伝統的な女性らしさや身体美の概念に挑戦する象徴的な写真シリーズを生み出していた。

ジョン・Ｃ・リリーは、アメリカの医師、神経科学者、精神分析医、精神航行士、哲学者、作家、発明家で、イルカとのコミュニケーション、意識の研究、アイソレーション・タンク（感覚遮断タンク）の開発で知られる。彼の難解なコンセプトのひとつに地球偶然管理局（ＥＣＣＯ：Earth Coincidence Control Office）があるが、これは現実と意識の本質に関するリリーの探求を反映していた。

ＥＣＣＯのコンセプトは、リリーがしばしばＬＳＤや幽体離脱を誘導するケタミンといったサイケデリックの使用によって誘発された意識の変容状態や、アイソレーション・タンクでのセッションの経験から生まれた。リリーは、ＥＣＣＯは宇宙的な存在、あるいは高次の知性のネットワークであり、人類の進化と個人の成長を導くために地球上の偶然の一致を調整していると提唱した。リリーによれば、ＥＣＣＯはシンクロニシティ（共時性）や一見ランダムに見える出来事を通して活動しており、その出来事を詳しく調べると、意図的な方向性やメッセージが見えてくるという。ＥＣＣＯに自分を同調させることで、個人がより大きな宇宙の計画と共振し、ガイダンスや洞察を受け取ることができると。彼は、瞑想やサイケデリックの使用、感覚遮断など、意識を拡大する修行によって、このつながりを強化できると考えたのである。

ＥＣＣＯのコンセプトは、人間の認識の限界と、地球上のイルカや地球外の他の形態の知性とのコミュニケーションの可能性についての、リリーの広範な探求の一部である。ＥＣＣＯは思弁的で形而上学的なアイデアではあるが、心の神秘と現実をより深く理解する可能性に対するリリーの生涯の関心を反映していた。

一九八九年に東京芝浦に作られたＧＯＬＤというクラブで、私が毎月開催していたパーティー「ECCO NIGHT」は、リリーのＥＣＣＯというコンセプトをシンプルにし、日本の「一期一会」という意味を含めて借用したものだった。

リリーはキャリアのかなりの部分をロサンゼルスのマリブで過ごし、そこで研究を行い、自身の理論や経験について幅広く執筆した。また、ハワイ、特にマウイ島にも滞在し、イルカとの研究や人間の意識に関する研究を続けた。

リリーは、ＥＣＣＯがより高いレベルの知性で活動し、地球上の意識の進化を導くことに関与していると示唆した。この概念は、現実の本質と高次の知性とのコミュニケーションの可能性についてのリリーの広範な探求の一部であった。リリーの研究は心理学と意識の研究の分野に大きな影響を与え、彼の考えは心と宇宙の謎に興味を持つ研究者や思想家を刺激し続けている。

ティモシー・リアリー

リリーとの出会いと前後して、後に東京やウィーン、そして『MONDO2000』のアリソンの家でも出会うことになるティモシー・リアリーについて触れておきたい。

ティモシー・リアリーは、アメリカの著名な心理学者、作家であり、サイケデリック・ドラッグの使用を提唱し、六〇年代のカウンターカルチャー運動のスローガンとなった「Turn on, tune in, drop out」[5]というキャッチフレーズで知られる。彼のビバリーヒルズの自宅は、決して豪華な邸宅ではなく、清楚に整頓された家だった。そこにバーバラという若い奥方と住んでいた。後にバーバラとともに東京に彼らを招待した時のことは、リアリーの晩年の不幸を予測できた出来事だった。

バーバラの「リアリーいじめ」は甚だしく、ことあるごとにリアリーを人前でもなじっていた。和食レストランでの食事の仕方から、リアリーに対するバーバラの接し方は、尋常ではなかった。その後、東京からLAに戻ったバーバラが、南米の金持ちと駆け落

5　Turn on, tune in, drop out　ティモシー・リアリーが一九六七年に開催された集会Human Be-Inにて発したフレーズ。LSDなどのサイケデリックな体験を通じて精神を覚醒させ（Turn on）、新しい現実に同調し（Tune in）、従来の価値観や社会制度から離脱する（Drop out）ことを訴えた。六〇年代カウンターカルチャー・ヒッピームーブメント時代のスローガンとなる。

ちしたという話が風の噂で伝わってきた。バーバラがまだ学生時代に出会い、長年にわたりリアリーを支えた良き伴侶の姿は、リアリーの晩年には消えていた。

リアリーの最も有名な「turn on, tune in, drop out」というフレーズは、個人の解放と探求の哲学を要約したものである。このフレーズにはそれぞれ意味がある。

ターン・オン：これは自分の意識を覚醒させる経験を指し、しばしばＬＳＤのようなサイケデリック・ドラッグの使用が含まれていた。

チューン・イン：新しい、より深い方法で世界に気づき、関わることを示唆する。自分自身や宇宙との調和を意味し、意識の高まりやマインドフルネスによって達成される。

ドロップアウト：伝統的なキャリアパス、消費文化、適合主義的な価値観など、主流社会の慣習や期待から自らを切り離すことを促す。その代わりにリアリーは、個人の自由、創造性、精神的探求に基づいた新しい生き方を提唱した。

リアリーのメッセージはしばしば、薬物の使用や社会からの完全な逸脱を推奨していると誤解される。しかし、彼が意図していたのは、現状に挑戦し、自分自身の意識を探求し、より本物で自分にとって意味のある生き方をするよう人々に呼びかけることだった。

晩年、リアリーは意識の拡大、テクノロジー、宇宙移民化に関するアイデアを探求し、推進し続けた。彼は仮想現実と、人間の意識を拡張するツールとしてのインターネットの可能性に関心を持つようになった。リアリーはまた、「SMI²LE」(宇宙移住、知能向上、生命延長)の概念を探求し、人類の未来的なビジョンを反映させた。

リアリーは晩年、意識の探求と人間の可能性を高めるためのテクノロジーの利用を提唱し続けた。リアリーは、サイケデリック・ムーブメントの研究者、愛好家、批評家の間で彼の遺産について議論され、物議を醸す人物であり続けた。

私はリアリーを二度、東京に招聘した。一九九〇年当時、芝浦のGOLD以外にENDMAXというクラブを東麻布の一の橋にオープンした。これはウィリアム・S・バロウズの日本レップとしての仕事の一部だった。西武美術館で八〇年代後半に開催されたウィリアム・S・バロウズの「ショットガン・ペインティング展」は、この象徴的な作家の芸術表現のユニークな側面を紹介するものだった。これらの重なり合うイベントへのゲストとして、バロウズの盟友であるリアリーを東京に招いたのだった。

『裸のランチ』や『ジャンキー』など文学への貢献で知られるバロウズだが、特に晩年は視覚芸術を探求していた。彼の「ショットガン・ペインティング」は、ベニヤ板の前に置かれたスプレー缶にショットガンを撃ち込んで描かれた。その結果、飛沫や模様が抽象的な構図を形成し、バロウズは偶然性と無作為性をめぐる文学的実験の延長と考えていた。ただ、バロウズは高齢で日本への旅は困難だったこともあり、バロウズの「代役」としてリアリーに一役買ってもらったのだった。

ジェームズ・グラウアーホルツ

ジェームズ・グラウアーホルツ（James Grauerholz 一九五三―）は、ウィリアム・S・バロウズの秘書として、また側近として、バロウズを支える重要な役割を果たした。グラウアーホルツは七〇年代初頭にバロウズと出会い、すぐに彼の生活に欠かせない存在となり、彼の文学的、芸術的活動のさまざまな側面を援助した。グラウアーホルツは、バロウズの手紙の管理、原稿の整理、展覧会や公の場への出演の手配などを行った。また、展覧会の企画・推進など、バロウズがアートの世界で活躍するための手助けにも尽力した。

グラウアーホルツとバロウズとの関係は、仕事上の職務にとどまらず、特に晩年はバロウズの親友であり、協力者であり、世話人でもあった。一九九七年にバロウズが亡くなった後も、グラウアーホルツは彼の文学的遺産を管理し、後世の人々が彼の作品にアクセスし続けられるようにした。

私はグラウアーホルツの仲介で、カンザスのローレンスにあったバロウズの自宅を二度訪問し、デビッド・クローネンバーグ[6]の監督・脚本による、バロウズの『裸のランチ』の映画化に際し、主役のピーター・ウェラーとバロウズとのロサンゼルスでのディナーに同席し、アリゾナのツーソン郊外で開始されようとしていた「バイオスフィア2」という閉鎖生態系の実験施設への見学にも同行した。

バロウズ・コミュニケーションというグラウアーホルツを軸とするバロウズの著作権や活動のマネージメントを行う組織の日本のレップとして、私はバロウズがこの世を去るまでグラウアーホルツとともに活動を続けたのである。

ロバート・アントン・ウィルソン

ロバート・アントン・ウィルソン（Robert Anton Wilson 一九三二—二〇〇七）は、アメリカの作家、哲学者、自称「ゲリラ存在論者」であり、意識、代替現実、科学、哲学、神秘主義の交差点の探求や著書『コスミック・トリガー』で知られる。『コズミック・トリガー』シリーズの第一巻は『イルミナティの最終秘密』や、ロバート・シェアとの

6　デビッド・クローネンバーグ　カナダの映画監督、脚本家。肉体の変容や破壊を描く「ボディホラー」と呼ばれるホラーのサブジャンルの作家として知られている。代表作に、殺人ビデオに魅せられた主人公の現実が変容していく過程を描いた『ヴィデオドローム』（一九八三年）、ハエ男となってしまった主人公の苦悩を描く『ザ・フライ』（一九八六年）など。

共著『イルミナトゥス！』[7]三部作で知られる。

私はウィルソンが夫妻で滞在していたLAのサンタモニカのアパートメントハウスで出会うことができた。写真で顔は知っていたが、本人は至極普通の常識人といった印象が残っている。私が日本でも翻訳監修した『コスミック・トリガー』は、彼の半自伝的な本で、ウィルソンの意識変容状態の体験、さまざまなオカルトや秘教的な教えの調査、ティモシー・リアリー、アレイスター・クロウリー、バックミンスター・フラーなど多彩な人物との出会いを掘り下げていた。この本は、個人が世界を知覚し解釈する主観的な枠組みである「現実のトンネル」という概念の探求で有名である。

ウィルソンの文章の特徴は、ユーモア、懐疑主義、複雑な現象を説明するためのさまざまなモデルや理論の使用である。彼は、一般意味論、サイバネティックス、アルフレッド・コージブスキーの著作、そして六〇年代と七〇年代のカウンターカルチャー運動から多大な影響を受けている。

ウィルソンの「23の謎」とは、彼がいくつかの作品、特に「イルミナトゥス三部作」と『コスミック・トリガー』の中で論じている、23という数字の意味に対する信念である。この概念は、多くの出来事や現象が何らかの形で23という数字と結びついている、あるいは23に還元される数値を持っているという考えに根ざしていた。

ウィルソンは、さまざまな文脈で23という数字が繰り返し登場し、それがある種の神

7　イルミナトゥス！　原題は『ILLUMINATUS!』。日本では『イルミナティ』シリーズで出版されている。ロバート・シェイと、ロバート・アントン・ウィルソンによって、一九七五年に出版された三部作小説。秘密結社イルミナティとその世界支配を巡る陰謀を描いた。八〇年代にかけて世界中にセンセーションを巻き起こし、ポップカルチャーや、陰謀論そのものに大きな影響を与えた。

秘的な意味や共時的な意味を持っていることに興味をそそられた。彼はしばしば歴史、科学、大衆文化の例を挙げてこの点を説明した。例えば、ヒトゲノムは23対の染色体から構成されていること、地球の地軸は約23度傾いていること、多くの著名人が23という数字に関連する日に重要な出来事を経験していることなどを挙げた。

「23の謎」は、数秘術、シンクロニシティ、宇宙に隠されたパターンの探求など、より広範な関心と結びつけられることが多い。ウィルソン自身は、ユーモアと懐疑心をもってこのテーマに取り組み、人間の知覚の限界と、一見ランダムな世界における意味の構築を探求するツールとして使った。

「23の謎」はウィルソンの作品に繰り返し登場するテーマであるが、彼はそれを深刻な科学理論として提示したのではなく、むしろ従来の考え方に挑戦し、読者に現実の本質を問うことを促す、遊び心に満ちた挑発的な方法として提示したことに注目することが重要である。

執筆活動以外にも、ウィルソンは心理学や意識から政治や陰謀論に至るまで、さまざまなテーマで講演を行う教育者でもあった。彼の著作は、オルタナティブ・カルチャー、心理学、哲学の分野に永続的な影響を与え、既成概念に挑戦し、読者に現実に対する新たな視点を探求するよう促す彼の能力は、今なお称賛され続けている。

コンラッド・ベッカー

ウィーンに定住したモーガンの友人だったコンラッド・ベッカー（Konrad Becker 一九五九―）は、九〇年代から二〇〇〇年代にかけてウィーンで重要な文化・デジタルメディア・センターであった「Public Netbase/t0」（別名 Institute for New Culture Technologies/t0）の共同設立者である。このパブリック・ネットベースは、情報技術、デジタル文化、メディア・アートへの批判的関与で知られた。

パブリック・ネットベースは、デジタル・テクノロジーが社会に与える影響に関する芸術的プロジェクト、リサーチ、言説のためのプラットフォームを提供した。プライバシー、監視、デジタルの権利、公共空間におけるインターネットの役割などの問題に取り組む展覧会、会議、ワークショップ、オンライン・プロジェクトを開催した。パブリック・ネットベースは、テクノロジーへの批判的なアプローチとデジタル著作権の擁護により、しばしば政治的・文化的な議論の中心に位置していた。資金難と論争により、パブリック・ネットベースは二〇〇〇年代半ばに閉鎖された。

アート、テクノロジー、批評理論を融合させ、デジタル文化の複雑性を学際的アプローチによって検証したのがコンラッドの特徴で、メディア論、サイバネティクス、情報の政治学に関する著書、共著も多数あった。コンラッドは、芸術的、学術的な探求にとどまらず、デジタル・ライツ、インターネット・ガバナンス、コミュニケーション・テクノロジーの民主化に関する活動にも携わっている。パブリック・ネットベースでの活動や自身のプロジェクトを通じて、コンラッドはオーストリア国内外のデジタル文化やメディアアートをめぐる言説に大きな影響を与えてきた。彼はメディア理論やデジタル文化の分野で活動を続け、テクノロジーの社会的・政治的側面に関する議論に貢献している。

ゴジラというメタファー

一九九五年三月二十八日、「Public Netbase/t0」のオープニング・イベントにて、私は「ゴジラ、エクスフォーメーション、そして電気的感覚の知覚」と題した講演を行った。これは、デジタル技術とインターネットが社会や文化に与える影響を概念化する方法として、「ゴジラ」というメタファーを提示したものだった。日本映画の象徴的な怪獣であるゴジラは、しばしば破壊とテクノロジー（核技術）の予期せぬ結果の象徴と見なされる。私が「ゴジラ」のメタファーを用いたことは、伝統的な文化や社会構造に対するデジタル技術の破壊的で変革的な力を示唆していた。

ゴジラは東洋と西洋の映画の影響を受けた「怪獣」であり、伝統的な文化間の境界が曖昧になるグローバルなデジタル文化のハイブリッド性を表徴していた。ゴジラのメタファーは、映画におけるゴジラの制御の困難さと同様に、デジタル領域を制御・規制することの難しさを暗示していた。

私のメタファーは、ゴジラに代表される核技術の予期せぬ結果のように、デジタル技術の急速な成長と社会への予期せぬ影響について批判的な検証を促すことだった。このメタファーは、表現やコミュニケーションの新しい形態の創造や、文化の均質化の可能性など、デジタル技術の文化的な意味合いを強調していた。「ゴジラ」のメタファーは、技術の進歩が破壊や不平等につながるのではなく、より大きな善に役立つことを確実にするために、倫理的・社会的影響を考慮することを思い出させる役割を果たしていたのである。

コンラッド率いるパブリック・ネットベースは、情報技術やデジタル文化への批判的な取り組みや言論のプラットフォームとして知られていた。この場での「ゴジラ」のメタファーの提示は、デジタル技術の社会的影響の検証に重点を置く同センターの姿勢と合致した。私の「ゴジラ」のメタファーは、デジタル・テクノロジーが社会や文化に及ぼす複雑でしばしば予測不可能な影響を理解するための示唆に富むアナロジーとして機能した。テクノロジーの破壊的な可能性、デジタル時代における文化的影響の融合、デジタルの進歩の影響に対する思慮深い考察の必要性についての懸念が凝縮されていたのである。

サイバースペース国際会議

私がモデレーターを務め、一九九〇年に北青山のＴＥＰＩＡ（高度技術社会推進協会）で開催した「サイバースペース国際会議」は、ＶＲ（仮想現実）とデジタルカルチャーの黎明期における重要なイベントだった。ジャロン・ラニアー[8]、ルディ・ラッカー、スコット・フィッシャー、スティーブ・ベックといった著名人を日本に招聘し、ＶＲやインターネットを初めて日本に紹介する大きな役割を果たした。

サイバーカルチャーの専門家が一堂に会し、サイバースペースとＶＲ技術の可能性について議論したこの会議は、日本のデジタル文化の歴史において画期的な出来事だった。日本の技術者、アーティスト、学識経験者が、世界の最先端のアイデアやイノベーションに触れる場を提供したのである。この会議が日本のデジタル文化とテクノロジーの発展に与えた影響は大きく、これらの新興分野への関心と投資を喚起する一助となった。

この会議の招聘者について触れておこう。

8　ジャロン・ラニアー　コンピュータ科学者、作曲家、ビジュアルアーティスト。一九八〇年代からバーチャルリアリティ（ＶＲ）分野の研究及び商用化に取り組み、同分野の第一人者として知らる。著書にはインターネット経済やテクノロジーが人間に対してどのような影響を与えるかを考察したものが多い。代表的な著書に『人間はガジェットではない』（二〇一三年）、『万物創生をはじめよう』（二〇一七年）、『今すぐソーシャルメディアのアカウントを削除すべき10の理由』（二〇一八年）などがある。二〇一〇年にはタイム誌の「世界で最も影響力のある一〇〇人」に選出された。

ジャロン・ラニアー

ジャロン・ラニアー（Jaron Lanier 一九六〇―）は、コンピュータ科学者、ビジュアル・アーティスト、作曲家である。彼はバーチャルリアリティ技術の先駆者であり、VRヘッドセットやグローブの開発に貢献したことで知られている。ラニアーのアイデアと発明は、VRと人間とコンピュータのインタラクションの進化に大きな影響を与えた。「VRの父」と呼ばれるジャロン・ラニアーの活動は、八〇年代からテクノロジー、音楽、執筆など多岐にわたり、影響力のあるキャリアを歩んできた。ここでは、彼の長年の活動を概観しておこう。

一九八五年、ラニアーはVR製品を開発・販売する最初の企業のひとつであるVPLリサーチを設立。VPLリサーチは、ヘッドマウントディスプレイのEyePhoneと、VRインタラクションのために手の動きを追跡するDataGloveを開発した。また、ラニアーはVPLリサーチで、VR体験の基礎となる3Dグラフィックス技術の開発にも取り組んだ。

VPLリサーチが九〇年代初頭に破産申請をしたにもかかわらず、ラニアーはVR技術の研究を続け、その可能性を提唱した。彼はさまざまなテクノロジー企業や研究機関の顧問を務め、VRとコンピュータ・サイエンスの専門知識を共有した。

二〇〇〇年代、ラニアーは、テクノロジー産業の方向性、特に監視資本主義や人間の労働力の切り下げといった問題について懸念を表明し始めた。同時に、才能あるミュージシャンであったラニアーは、テクノロジーへの関心と芸術的追求を融合させながら、演奏と作曲を続けた。さらに『人間はガジェットではない（You Are Not a Gadget）』（二〇一〇年）、『Who Owns the Future?』（二〇一三年）などを出版し、デジタル文化のさまざまな側面を批判し、テクノロジーが人類に利益をもたらす方法を提案している。

二〇一三年以降、ラニアーは学際的科学者としてマイクロソフト・リサーチに参加し、VR、人工知能、その他の新興テクノロジーに関するプロジェクトに取り組んでいる。

ラニアーは、テクノロジーの倫理的意味合い、仕事の未来、社会におけるAIの役割に関する議論において、積極的な発言を続けている。現在もマイクロソフトで研究開発に携わり、テクノロジー、アート、人間の経験の接点を探求し続けている。彼はキャリアを通じて、常にテクノロジーとその社会への影響の限界を押し広げる先見的な思想家であった。VRへの貢献とデジタル時代への批判的な視点により、彼はテック界で尊敬され、影響力のある人物となっている。

ルディ・ラッカー

ルディ・ラッカー（Rudy Rucker 一九四六―）は、数学者、コンピュータ科学者、SF作家である。テクノロジー、意識、現実の交差点を探求する作品で知られる。サイバーパンクというジャンルの提唱者のひとりであり、新たなテクノロジーが社会に与える影響について幅広く執筆している。彼の主な活動を紹介しよう。

ラッカーは、長年教授を務めたサンノゼ州立大学をはじめ、さまざまな教育機関で数学とコンピュータサイエンスを教え、卓越したアカデミックキャリアを持っている。数学者として、ラッカーは幾何学、特に四次元と無限に関する分野を中心に研究してきた。数学的なトピックに関する学術論文や書籍を数冊出版している。『Infinity and the Mind』（邦訳『無限と心』）や『The Fourth Dimension』（邦訳：『四次元の冒険』）といったタイトルでは、科学的な厳密さと思索的な想像力を融合させながら、現実、意識、宇宙の本質に関連する哲学的な問いをしばしば掘り下げている。

さらにラッカーはサイバーパンクの著名人でもあり、「トランスリアリズム」という、SFの要素と自伝的・哲学的テーマを融合させた文学スタイルを確立したことでも知られている。数多くの小説や短編小説を執筆。彼の作品はしばしば意識、テクノロジー、代替現実に関するテーマを探求している。アーティストとのコラボレーションや、科学、テクノロジー、創造性の交差点に関する文化的議論に貢献し、キャリアを通して、数学、SF、哲学的探究の境界を横断する能力で知られる影響力のある人物である。

スコット・フィッシャー

スコット・フィッシャー（Scott Fischer 一九五一―）は、バーチャルリアリティ分野の研究者・発明家で、ヘッドマウントディスプレイや没入型環境など、LA技術の発展に大きく貢献している。彼の研究は、仮想現実と拡張現実を利用した人間体験の向上に焦点を当てている。

八〇年代初頭、スコットはNASAのエイムズ研究所に勤務し、宇宙探査とシミュレーションのための仮想インタフェイス環境の開発に携わった。この仕事には、宇宙飛行士の訓練やミッション計画のためのVRシステムの作成も含まれる。NASA時代、スコットは、ヘッドマウントディスプレイとリアルタイム・コンピュータ・グラフィックスおよびトラッキング技術を組み合わせた最初のVRシステムの一つであるVirtual Environment Workstation（VIEW）システムの開発に携わった。

その後、テレプレゼンスとバーチャルリアリティシステムの開発に特化した会社、テレプレゼンス・リサーチ社を設立し、ユーザーが遠隔地や仮想環境に物理的に存在しているかのように感じられる没入体験の創造に取り組んだ。スコットは複数の教育機関で教鞭を執り、VR、ヒューマン・コンピュータ・インタラクション、メディアテクノロジーに関する講義や研究を行っている。VR関連の会議やイベントで頻繁に講演を行うほか、同分野の企業や研究プロジェクトのアドバイザーを務めている。さらにVRコミュニティで活動を続け、バーチャルリアリティ技術の新たな応用や進歩を探求する研究開発プロジェクトに取り組んでいる。スコットのバーチャル・リアリティ分野への貢献は、没入型技術の開発や、宇宙探査、トレーニング、エンターテインメントなどさまざまな領域での応用に永続的な影響を与えている。

スコットのキャリアの多くは、仮想現実のテクノロジーと創造的な可能性を拡大することに焦点を当ててきた。仮想現実に関連することが多い手袋やゴーグルは、データグローブ、ヘッドカップリングディスプレイ、3Dオーディオとともにそこで開発された。スコットは慶応義塾大学大学院政策・メディア研究科の特任教授を務めた。そこで彼は、ユーザーが物理世界に重ね合わせて位置ベースのデータを作成および表示できるようにするプロジェクトを主導した。これは、現在「拡張現実」と呼ばれるものの原型となった。

私がTEPIAの会議にスコットを招聘した後に、彼は伊藤穰一の妹、伊藤瑞子と結婚した。これにも何かの縁を感じた。

二〇〇一年、スコットは南カリフォルニア大学に移り、映画芸術学部内の新しいインタラクティブ・メディア科の陣頭指揮を執った。そこで彼は、没入型ゲーム、モバイルゲーム、ビデオゲームの媒体における部門の研究イニシアチブを確立した。彼は設立から二〇一一年まで同科の科長を務めた。

スティーブ・ベック

スティーブ・ベック（Steve Beck 一九五〇―）は、映像合成とエレクトロニック・アートの分野における革新者であり、芸術表現にテクノロジーを活用するパイオニアである。ビデオ画像を作成・操作するためのさまざまなツールやテクニックを開発し、デジタルアートやマルチメディアの進化に貢献してきた。

ベックは、ビデオ・アーティストの先駆者であり、エレクトロニック・ビジュアル・アーツの分野における革新者である。ビデオ・シンセシスへの貢献と、ビデオ・イメージを作成・操作する画期的なツールの開発で知られる。彼の主な活動を紹介しよう。

ベックは、ベック・ダイレクト・ビデオ・シンセサイザーやベック・ビデオ・ウィーバーなど、七〇年代に最初のビデオ・シンセサイザーを開発したことで知られている。これらの装置は、アーティストが電子信号を使って抽象的な視覚的構成や効果をリアルタイムで作り出すことを可能にした。

脳内画像抽出器「フォスフォトロン」は、ベックのもう一つの革新的なシステムで、燐光材料を使って複雑な視覚的パターンとテクスチャーを作り出すように設計された。電子テクノロジーと物理的素材を融合させた、ビデオアートへのユニークなアプローチを代表する作品である。

ベックのビデオアートは、世界中のさまざまなギャラリー、美術館、フェスティバルで展示されている。彼の作品は、抽象的な美しさと技術的な革新性で知られ、芸術表現としての電子メディアの可能性を追求している。記録された作品に加え、ベックはビデオ・シンセサイザーを使ってリアルタイムでダイナミックな映像体験を創り出すライブ・ビデオアートを行い、しばしば音楽や他の形態のマルチメディアを伴っている。

アーティスティックな活動にとどまらず、ベックはビデオテクノロジーの研究開発にも貢献し、ビデオ処理や操作のための新しいツールやテクニックに取り組んでいる。ベックの活動は、ビデオアートや電子映像メディアの分野に大きな影響を与えており、ビデオ合成における彼の革新は、アーティストに新たな可能性をもたらし、ビジュアル・テクノロジーの発展に影響を与え続けている。

ECCO NIGHT

いずれにせよ、TEPIAの「サイバースペース国際会議」は、サイバースペースVRの可能性を探求することに関心を持つ、さまざまな分野の研究者、アーティスト、技術者が参加した。この会議は、こうした新たなテクノロジーが社会や文化に与える将来的な影響について意見を交換し、議論する場として、欧米の最新動向と日本の研究環境が直接交流を開始する端緒を開いたのだった。

この会議を終えたスピーカーたちを、私は、GOLDの「ECCO NIGHT」に招待した。のちにこの時の様子をルディー・ラッカーは『MONDO2000』やさまざまな媒体で紹介した。ラッカーの記事は、「ECCO NIGHT」の興奮とエネルギーを捉え、最先端の文化現象の一部であるという感覚を伝えていた。

記事の中でラッカーは、GOLDの近未来的な雰囲気について詳述している。先進的な照明とサウンドシステムによって、まるでSFの世界に入り込んだような没入感のある環境が作り出され、このクラブは、大型のビデオスクリーンやコンピューター生成のグラフィックなど、革新的なテクノロジーの使用で知られ、全体的な感覚的体験をさらに高めていたと評したのである。

私がオーガナイズした「ECCO NIGHT」は、東京の新興テクノカルチャーのショーケースだった。GOLDと同時期に、私は松下電器（現パナソニック）の実験劇場「東京P／N（東京パーン）」での月一回のイベントも手掛けていた。五百数十枚の壁面スピーカーを張り巡らしたそのスペースに、先に紹介したコンラッド・ベッカーとZEV[9]、クリスチャン・マークレイ、ノウト・ヒューマン&マリアン・アマシェ、サイキックTV、オーネット・コールマン・トリオなどを招聘したプログラムを展開していた。

日本のエレクトロニック・ミュージック・シーンのささやかな一ページを開いていた私は、GOLDの「ECCO NIGHT」とENDMAX、そして東京P／Nの三つの舞台を掛け持ちで回し、その他、六本木にシンクロエナジャイザーと呼ぶリラクゼーション装置を配した「ブレイン・ジム」の監修など、大学に行く時間もないほどに東京の夜の闇に身を浸していた。

マルチメディア・アートへの実験的なアプローチで知られていた「ECCO NIGHT」では、エレクトロニック・ミュージック、ビジュアル・アートのインスタレーション、パフォーマンスがミックスされ、当時のサイバーカルチャー・ムーブメントを定義していたテクノロジーと創造性の融合が強調された。

9　ZEV　詩人、パーカッショニスト、サウンド・アーティスト。インダストリアルと呼ばれる音楽ジャンルの先駆者として知られる。主に産業資材として使われるステンレス鋼、チタンといった金属や、プラスチックで作られた手製の打楽器を用いたパフォーマンスを行った。ユダヤ教のカバラや、アフリカ、アフロ・カリビアン、インドネシアなど、様々な地域や文化の音楽から影響を受けている。

　GOLDでの「ECCO NIGHT」パーティーは、サイバーパンクのアイデアと美学が現実の空間で実現された瞬間を象徴しており、ラッカーの報告は、東京のナイトライフとアートシーンにおける活気に満ちた変革期を克明に記録した記念すべき記事だったのである。

ゾーン6　インターネット東京

マーク・スタールマン

一九八九年、マーク・スタールマン（Mark Stahlman）とはじめて会ったのは、東京皇居前のパレスホテルのカフェラウンジだった。当時、ウォール街で最古の投資顧問会社アレックスブラウン&サンズの首席分析官だったマークは、私より七歳年上で、仕立てのよいスーツに身を包み、いかにもウォール街でアグレッシブに活躍しているような風貌だった。マークは、テクノロジーと金融の分野でさまざまな職務に携わり、八〇年代にはウォール街の投資アドバイザーとして知られ、テクノロジー企業や新興デジタル経済に焦点を当てた彼の洞察と分析は、急速な技術進歩と市場成長の時代に影響力を発揮した。

マークと私との出会いは、計画的なできごとのようだった。『MONDO2000』のアリソンからの紹介で、私はマークの東京訪問時に時間を用意した。実際、マークがどんな人物かを事前に知ることは、アリソンからの紹介というだけで不要だった。ウォール街の投資アナリストは表の顔で、マークの最大の関心は、急激に変化しつつあったデジタル技術とそれに伴うサイバー文化の動向のみならず、サイケデリックや生物学にも通じていた。最初の出会いから、私とマークは意気投合し、互いの参照点を確認した。私は彼の次の来日にあわせ、GOLDの「ECCO NIGHT」に招待し、GOLD内にシンポジウムのスペースを用意し、東京のテクノロジー関連企業のキーマンを招いたL・S・D（Logistic of Sensory Design）という名の非公開の会合を開催した。

あわせて、彼のウォール街での実績を日本の経済界に知ってもらうため、電通を介して彼のプロモートに助力した。しかし、サン・マイクロシステムズやAOL（アメリカオンライン）などの成長を主導してきたマークの実力を評価できる電通マンは、当時皆無だった。

私はNYとの関わりが薄くなっていたが、マークとの交流が、再びNY行きを加速させることになった。当時マークはトライベッカの大型ロフトに住んでいて、私はマークと会うためにNYを訪れた。一九九〇年、GOLDの「ECCO NIGHT」の合間をぬって、マークをＮＹに訪ねた際、はじめてインターネットの商用化とそれに伴うサイバースパースの文化と経済、そしてテクノロジーの行方を彼から聞くことができた。マークは私に言った。「インターネットの到来に向け、今すぐ準備をすべき」だと。

ベルリンの壁崩壊

実際、この直後、世界は大きく変動することになった。それが、ベルリンの壁崩壊後の世界だった。

一九八九年十一月九日のベルリンの壁崩壊は、冷戦の終結と世界的な開放と統合の新時代の幕開けを象徴する重要な出来事だった。この出来事がインターネットのグローバリゼーションに与えた影響は直接的ではなかったが、やがてインターネットの世界的な普及に貢献することになる一連の政治的、経済的、社会的な変化が動き出した。

ベルリンの壁の崩壊は、ドイツの再統一とソビエト連邦の崩壊をもたらし、その結果、多くの東欧諸国が民主化された。このような政治的変化は、これらの地域におけるインターネット・テクノロジーの導入と拡大にとって、より有利な環境を作り出した。

冷戦時代の終わりはまた、多くの国々における経済の自由化と市場改革の始まりでもあった。これには、国営電気通信会社の民営化や電気通信部門の規制緩和が含まれ、民間企業の参入が促進され、競争が激化した結果、インフラが改善され、インターネットへのアクセシビリティが向上した。

九〇年代にはグローバル化が加速し、国際貿易、投資、文化交流が活発化した。インターネットは、こうしたグローバルな交流を可能にし、促進する上で重要な役割を果たし、コミュニケーション、商取引、情報交換のツールとしての重要性が急速に高まったのである。

同時期に、ネットワーキング、コンピューティング、テレコミュニケーションにおいて著しい技術進歩があった。九〇年代初頭にワールド・ワイド・ウェブが開発されたことで、インターネットはより使いやすく、より多くの人々がアクセスできるようになり、世界的な普及をさらに促進した。

以前は孤立していた地域が開放され、インターネットによって接続性が高まったことで、文化交流が活発になり、国境を越えた考え方が広まった。このことは、相互接続と相互依存の世界により貢献した。

ベルリンの壁崩壊がインターネットのグローバル化を直接引き起こしたわけではないが、その後の数年間、インターネットの世界的な拡大に資する環境を作り出した一連の政治的、経済的、社会的変化に貢献した極めて重要な出来事だったのである。

テクノ・リアリズム

九〇年代以降、マークはテクノロジー評論家、アナリストとしての活動を活発化させた。特にデジタルメディア、インターネット、人工知能に関連して、テクノロジーが社会的・文化的に与える影響について懸念を表明してきた。マークの仕事はいわゆる現実的な方法でテクノロジーを扱うテクノ・リアリズムである。それは、テクノロジーが世界をユートピアにすると信じるか、あるいはテクノロジーがすべてを破壊すると信じるかの両極端の間でバランスを取ることを目指す理念である。彼はテクノロジー、経済学、哲学の交差点を探求することが多く、さまざまな会議、出版物、シンクタンクで講演や寄稿を行っていた。

彼の視点は、テクノロジーの経済的側面と社会に対するより広範な影響の両方に対する深い理解によって形成されている。他のテクノロジー批評家ほど広く知られてはいないが、マークの貢献はデジタル時代の複雑性に対する貴重な洞察を提供している。

金融界に身を置いた後、マークはデジタル技術が社会に及ぼすより広範な影響に焦点を移した。インターネット、ソーシャルメディア、その他のデジタル技術が文化、経済、人間行動に与える影響について批判的な視点を持つことで知られるようになった。この分野におけるマークの研究は、テクノロジーが社会的・文化的な力を形成し、またそれによって形成される方法を探求することが多かった。

ウォール街の投資アドバイザーからデジタル社会の批評家、分析家へと転身したマークは、産業界から学界、ジャーナリズム、独立研究機関などのより内省的で批評的な立場へと転身する一部の専門家たちの、より広範な傾向を反映していた。テクノロジー、金融、社会の交差点に関する彼の洞察は、デジタル時代がもたらす課題と機会に関する継続的な議論に貢献した。

デジタルライフ研究センター

私が二〇一三年からフェローとして参加しているデジタルライフ研究センター（CSDL：Center for the Study of Digital Life）は、デジタル技術が社会、文化、人間の行動に与える影響を探求することに焦点を当てた研究組織である。マークはこのセンターの所長で、研究やイニシアチブを主導し続けている。

CSDLは、研究、出版、イベントを通じて、仕事、コミュニケーション、教育、社会的交流の性質の変化など、デジタルライフのさまざまな側面を調査しているシンクタンクである。デジタル技術の哲学的・倫理的な意味合いや、政治やガバナンスへの影響についても調査し、学者、技術者、政策立案者、そして一般市民が一堂に会し、デジタル時代がもたらす課題と機会に取り組んでいる。主なメンバーには、二〇世紀が生んだメディア理論家マーシャル・マクルーハン（Herbert Marshall McLuhan 一九一一－一九八〇）の長男でマクルーハン死後の理論的核心を主導したエリック・マクルーハン（Erick McLuhan 一九四二－二〇一八）やテクノロジーを人間に引き戻す「チームヒューマン」を提唱しているダグラス・ラシュコフ[1]（Douglas Rushkoff 一九六一）など、世界各地の研究者、経済人などが三十名ほどいる。

ECCO NIGHT への関心

前章でも触れた数学者、コンピュータ科学者、SF作家のルディ・ラッカーが、東京のクラブGOLDと「ECCO NIGHT」について『MONDO2000』に寄稿した。その記事は一九九二年一月の特別号に掲載された。

記事の中でラッカーは、近未来的なデザインと最先端技術で知られた東京のハイテク・ナイトクラブGOLDの「ECCO NIGHT」を訪れた時のことを語っている。彼は、ビデオスクリーン、コンピュータ・グラフィック、そしてサイバーパンクの未来像を体現するかのような全体的な美的感覚を特徴とするクラブの内装までを鮮明に描いていた。

1　ダグラス・ラシュコフ　メディア理論化、作家。「バイラル」「デジタルネイティブ」といった言葉を生み出してきたことで知られる。主な著作に、一九九〇年代のデジタル・アンダーグラウンドを活写した『サイベリア：デジタル・アンダーグラウンドの現在形』（一九九四年）、『ネット社会を生きる10ヵ条』（二〇一〇年）、『デジタル生存競争』（二〇二二年）など。

ラッカーの記述は、当時の東京のナイトライフ・シーンの興奮と斬新さを捉え、ハイテクに精通した前衛的な人々の拠点としてのクラブの役割を強調していた。

この記事は、テクノロジー、文化、アートの交差点など、『MONDO2000』が探求したテーマを反映していた。また、SFへの興味と現実の技術開発を融合させるラッカーの能力を読者に伝え、現実と想像の境界が曖昧な世界を読者に垣間見せていた。この記事をきっかけに、私の東京での活動と「ECCO NIGHT」への関心が高まっていったのである。

Joi Ito（伊藤穰一）

私より早く『MONDO2000』の東京コレスポンデントとなっていたJoi Ito（伊藤穰一一九六六―）との出会いも「意図された計画」のようなものだった。

ティモシー・リアリーは、「Ｊｏｉはニューブリードだから、必ず彼と会ってくれ」と言っていたし、『MONDO2000』のメンバーから私の存在を聞いていたＪｏｉが、私と直接出会うのは時間の問題だった。

私がＪｏｉとはじめて会ったのは、Ｊｏｉの自宅があったサンフランシスコではなく、芝浦GOLDでの「ECCO NIGHT」だった。二十三歳の若きJoiは、私より一回り年下の好青年だった。「ECCO NIGHT」の大音響の空間の中での最初の出会いは、ジョン・レノンとオノ・ヨーコの息子ショーンとの出会いと同じく、ごく自然な挨拶程度だったが、その後、Joiは頻繁に私と東京での交流を続け、一九九三年には彼が民間で初のインターネット専用線を渋谷区富ヶ谷のマンションに引き入れたのを契機に、オフィスをシェアし、インターネット・アクセスの現場に向き合うことができた。

九〇年代初頭、バブル経済が破綻し、その対岸に突如登場したインターネット経済圏の初期環境の到来を、私はJoiとシェアした。彼は日本の起業家、ベンチャーキャピタリスト、学者であり、テクノロジーとイノベーション分野における幅広い活動で知られている。彼の二十代から現在までの活動を紹介したい。

Joiは八〇年代後半から九〇年代前半にかけて起業家としてのキャリアをスタートさせ、日本でソフトウェア会社など複数の会社を設立した。インターネット業界に早くから参入し、日本のウェブサービスやデジタル文化の発展に貢献していくのが彼の二十代だった。

一九九四年、私はウィーンのモーガンとともに、アルス・エレクトロニカの新たな表彰体系としてネット部門の創設にかかる初代審査員を引き受けていた。トロント大学のマクルーハン・プログラムのディレクターだったデリック・デケリコフとＯＲＦ（オーストリア国営放送）の重役も初代審査員だった。私はこの職能に一番適しているＪｏｉを審査員に加えることをアルスに提案し、その後、Ｊｏｉは私に代わってアルスのネット・カテゴリーの審査員として数年以上活躍してくれた。

　Ｊｏｉは一九九九年、アーリーステージのインターネット企業に特化したベンチャーキャピタルである株式会社ネオテニーを設立。Ｊｏｉは革新的なテクノロジー新興企業への投資で知られるようになる。同時に、Internet Corporation for Assigned Names and Numbers（ＩＣＡＮＮ）やクリエイティブ・コモンズなど、複数の組織の取締役を務めた。

　二〇一一年、ＪｏｉはＭＩＴメディアラボ[2]所長に就任し、世界を驚かせた。大学を中退した起業家が、ニコラス・ネグロポンテが開設したメディア・ラボを引きつぐことは、ＭＩＴでは前例のないことだった。しかし、メディア・ラボを任されたＪｏｉは、研究とイノベーションに対する学際的アプローチでリーダーシップを発揮し、テクノロジー、イノベーション、倫理に関する議論において著名な人物となり、カンファレンスで講演したり、これらのトピックに関する記事を執筆したりした。

　性的人身売買で告発されたジェフリー・エプスタインとの金銭的関係をめぐる批判と論争を受け、Ｊｏｉは二〇一九年にＭＩＴメディアラボの職を辞した。ＭＩＴ退職後も社会的インパクトのあるさまざまなプロジェクトやイニシアチブに関わり続け、現在は

2　ＭＩＴメディア・ラボ　一九八五年に設立されマサチューセッツ工科大学に属する研究機関。学際的なアプローチを特徴とし、企業や外部とのコラボレーションを積極的に行っている。バーチャルリアリティ、人工知能、微生物、宇宙開発、ホログラム、植物工場など非常に多岐にわたる研究分野を持つ。二〇一一年から二〇一九年に伊藤穰一が所長を務めた。

千葉工業大学の学長となっている。

伊藤穰一は、そのキャリアを通じて、テクノロジー業界への貢献と、イノベーションと起業家精神に対する先進的なアプローチが評価されてきた。彼の仕事は複数の分野にまたがり、テクノロジーと社会の未来についての議論を形成する重要な人物である。

バブル経済とその崩壊

日本における「バブル経済」とは、特に不動産や株式市場における急速な資産価格の上昇を特徴とする好景気の時代を指す。このバブルは、八〇年代半ばから九〇年代初頭まで続いた。円高と貿易黒字を受け、日本銀行（日銀）は経済成長を刺激するために金利を引き下げた。これによって借入金が安くなり、投資と支出が増加した。

八〇年代の金融規制緩和により、銀行はより投機的な融資を行うことができるようになり、信用拡大に貢献した。低い借り入れコストと容易な信用供与により、不動産や株式への投機的投資が行われた。資産価格は高騰し、日経平均株価は一九八九年十二月に当時の史上最高値を記録した。好景気は投資家や企業の過信を招き、多くの人が資産価格は無限に上昇し続けると信じていた。

過熱とインフレを懸念した日銀は、一九八九年に利上げを開始した。これにより借り入れコストが上昇し、投資と消費が減少した。金利が上昇するにつれ、資産価格は下落し始めた。不動産価格と株価の下落は富と信頼を損ない、個人消費と企業投資の減少につながった。資産価格の下落は銀行や金融機関を圧迫し、その多くは不動産ローンへのエクスポージャーが大きかった。これが金融危機につながり、多数の倒産と信用収縮が発生した。バブル経済の崩壊は、「失われた十年」（後に「失われた二十年」に拡大）と呼ばれる長期不況を引き起こし、日本経済は低成長、デフレ、高水準の公的債務を経験した。

バブル経済の崩壊は、日本に深刻かつ永続的な影響を与えた。日本はデフレ圧力、低経済成長、銀行・企業部門の構造的問題に苦しんだ。日本政府と日銀は、経済を刺激し、金融システムを改革するためにさまざまな措置を講じたが、回復は遅く、ばらつきがあった。日本のバブル経済とその余波の経験は、世界中の経済学者や政策立案者によって広く研究され、資産価格バブルのリスクとその結果を管理する課題についての教訓を提供してきた。

シンクロエナジャイザー

このバブル経済の真っ只中、一九八八年から九〇年代半ばまでの私の東京での活動をウンドやカウンターカルチャーに光を当て、私の多岐にわたる活動をエンパワーした。振り返ってみたい。バブル経済の余波は、これまで顧みることのなかったアンダーグラ

一九八八年、六本木のロアビル近くに開設された会員制リラクゼーション・ヒーリング・サロン「ブレイン・マインドジムＰＳＹ」は、シンクロエナジャイザーを日本ではじめて紹介した店舗だった。シンクロエナジャイザーは「シンクロエナジャイザー瞑想システム」とも呼ばれ、瞑想やリラクゼーション・テクニック用に開発された装置である。脳の半球を同期させ、深いリラクゼーションや瞑想の状態を誘導することで、心身の健康を促進するように設計されていた。

サイケデリックな幻覚剤やリラクゼーション・ドラッグがご法度だった時代に、カリフォルニアのロサンゼルスとサンフランシスコを中心に、ブレインジムと呼ぶ電子的瞑想空間が相次いで作られていた。私はこのシンクロエナジャイザーをロサンゼルスで体験し、それをすぐさま日本に紹介した。

バブル経済の影響からか、新規のブレイン・マインドビジネスに関心をもつ企業が何社か現れ、あっという間に六本木にシンクロエナジャイザーの体験スペースが営業を開始し、多彩なメディアで取り上げられた。私はこのブレインジムにおける技術顧問というかたちで開発元と日本の企業をつなげ、開発者のデニス・ゴルゲス（Denis Georges）

がいるクリーブランドを訪れ、日本での事業展開契約を取り付け、日本にゴルゲス氏を招聘した。

デニス・ゴルゲス

デニス・ゴルゲスは、オハイオ州クリーブランドに本社を置く彼の会社シンクロ・テックのもとで作られた装置、シンクロエナジャイザーの開発者である。シンクロエナジャイザーは、光と音の刺激を同期して与えるヘッドセットまたはゴーグルで構成され、同期したオーディオ・ビジュアルの刺激によって、リラクゼーションと瞑想を促進するように設計されている。光と音の組み合わせで特定の周波数に脳を同調させることで、より集中的で効果的な瞑想体験を促し、ユーザーが深いリラクゼーション状態や集中力を高められるようにすることを目的としていた。

この装置のコンセプトは、リラクゼーションや瞑想を目的として開発された他の類似技術と一致している。背後にある技術は、脳の電気的活動を外部刺激に同期させるプロセスである脳波同調の概念に基づいている。これらはバイノーラル・ビートやその他の視聴覚刺激装置など、さまざまな形で研究されてきた。

シンクロエナジャイザーの使用者の中には、リラックス効果、集中力や創造性の向上など、ポジティブな体験を報告する人が多いが、この装置や類似の装置の有効性を裏付ける科学的根拠はまちまちであることに注意する必要がある。どんな瞑想やリラクゼーション・ツールにも言えることだが、体験には個人差があり、誰もがサイケデリックな化学反応を得るわけではない。

ECCO NIGHT に集う人々

前章でも触れたが、「ECCO NIGHT」はGOLDで開催されていたレギュラーのテーマパーティーのひとつだった。一九九〇年一月二十六日に一回目の「ECCO NIGHT」が開催された。エレクトロニック、ハウス、テクノ、エクスペリメンタルなジャンルを中心に、メインDJの高橋透[3]らによる多彩な選曲が特徴だった。このイベントは、ビジュアル・プロジェクションやアーティスティックなインスタレーションが音楽を引き立て、参加者にユニークで没入感のある体験を提供することを目的としていた。

「ECCO NIGHT」は、有名なDJと新進のDJやパフォーマーを紹介することで知られ、革新的なサウンドとクリエイティブな表現のためのプラットフォームとなった。GOLDのスローガンは、「Global Warning For Individual Satisfaction（個人の満足のための

3　高橋透　日本のDJ。一九七六年からDJとして活動を始める。一九八〇年に一度ニューヨークへ移住。八一年に帰国後、新宿ツバキハウス、六本木ツバキボール、渋谷Club Dなどのディスコでレジデントを務めた。八五年に再びニューヨークへとわたり、DJのラリー・レヴァンらと親交を深める。八九年の芝浦GOLDオープンに伴い、帰国し、レジデントDJ、サウンド・プロデューサーを務めた。

れていた。

グローバルな警告)」で、かつてのホール・アース・カタログを模した「WHOLE GOLD CATALOGUE」(一九九〇年)というパンフレットの冒頭には、次のように記されていた。

ちゃちな夢の砂上楼閣「ウォーターフロントシティ」の足元を淀んだ黒い水が舐める。芝浦は日増しに醜くなっていく老都市東京の、厚化粧からのぞいた素顔だ。この地でゴールドとは、存在しない純粋さの象徴である。おそらく永遠に味わうことのない、その至福の代名詞を廃墟のビルに与え、人々は毎夜集まってきては慰めあい、愛を交わし合う。

モニター画面のサンドストームのような空のかなたに肥大した太陽が姿を消すと き、芝浦のインダストリアルな地霊の呼び声が、今夜も聞こえてくる。

エントランス・ギャラリーで、インダストリアル・アートの戦場をくぐり抜け、GOLDで、暴力的な音の攻撃に血液の振動をチューンし、ラヴ&セックスで、スロー・ビートに乗った愛のステップをからませあい、ヨシワラ、ウラシマで、肉体と精神にエネルギーを補給し、夜が朝に溶け合う一瞬を待つ。

GOLDのフロア構成は、まず1Fがエントランスギャラリー、2Fから4FがクラブＧＯＬＤ、５Ｆがスロージャムの LOVE&SEX、６Ｆ、７Ｆが会員制の飲食スペースYOSHIWARA と URASHIMA である。ＧＯＬＤを運営していたのは、夜の仕掛け人と呼ばれ、数々のクラブを手掛けてきた佐藤俊博氏[4]率いる株式会社エラ・インターナショナルとＧＯＬＤの直接経営を行う子会社、株式会社ゴールドラッシュである。

　佐藤氏のもとに集結したのは、ＮＹのサウンド・デザイナーのジェームズ・トス、編集者で空間デザイナーでもあった都築響一[5]、アートディレクターの吉田康一、ＧＯＬＤのメインＤＪをつとめた高橋透や KO KIMURA など、当時のクリエイティブの第一線で活躍する面々が集結していた。

ボディ・アポカリプス

「BODY APOCALYPS」は、ＧＯＬＤの一周年記念で開催された大規模なイベントだった。インターネット前夜ということもあり、このイベントに関する詳細はほとんど記録されていないが、アイデンティティと変身、ディストピア、ボディ・アートなどをテーマにしたパフォーマンス・イベントだった。このイベントには、およそ三千人が集結し、前衛的なパフォーマンスやボディ・ピアシングなどの芸術表現が含まれ、終末的なファンタジーの雰囲気を醸し出していた。

4　佐藤俊博　七〇年代から日本のディスコ・クラブカルチャーを支えた人物。新宿ツバキハウス、芝浦ＧＯＬＤ、恵比寿みるく、など数々の伝説的ディスコ、クラブを立ち上げてきた。現在は株式会社テーブルビートの代表取締役として、丸の内新丸ビル内の居酒屋ＭＵＳＭＵＳや、東京大学駒場リサーチキャンパス内の学生食堂 Dining Lab 食堂コマニなどを手掛ける。

5　都築響一　編集者、ジャーナリスト、写真家。大学卒業後、『POPEYE』『BRUTUS』といった雑誌の編集者として活動。東京の一人暮らし部屋の写真を撮影した『TOKYO STYLE』で話題を集め、『ROADSIDE JAPAN 珍日本紀行』で第23回木村伊兵衛写真賞受賞するなど写真家としても大きな功績を残す。芝浦ＧＯＬＤや恵比寿みるくなどの立ち上げにも関わった。

全体として、GOLDは東京のナイトライフとサブカルチャー・シーンのハブであり、音楽、アート、パフォーマンスの境界線を押し広げるさまざまなイベントを開催していた。「ECCO NIGHT」と「BODY APOCALYPS」についての具体的な記録は限られているが、参加者に革新的で忘れられない体験を提供するというクラブの広範な使命の一部であったことは明らかだ。

ENDMAX

ENDMAXは東京・東麻布の一の橋に一九九〇年にオープンしたクラブだった。ビート・ジェネレーションの著名人であり、さまざまなサブカルチャーに多大な影響を与えたアメリカの作家でありビジュアル・アーティストのウィリアム・S・バロウズに捧げられたクラブとして、私が立案、監修した。エンドルフィンをマックスにするという、いささか短絡的な名称だったが、シンクロエナジャイザーのルーツのひとつは、バロウズに由来するものだった。

ENDMAXの最も注目すべき特徴のひとつは、大型の「ドリーム・マシン」の設置だった。ドリーム・マシンは、アーティストのブリオン・ガイシンと数学者のイアン・ソマヴィルが、バロウズからインスピレーションを得て発明したストロボ装置である。

目を閉じて見るように設計されており、視覚野を刺激し、幻覚的なビジョンや夢のような状態を誘発することを意図した光の明滅パターンを作り出す。この装置は、バロウズの作品の中心的テーマであった意識と代替的な精神状態の探求と密接に関連していた。

バロウズ・コミュニケーションのジェームズ・グラウワーホルツの全面協力を受け、バロウズの自宅を訪問した際に、ドリームマシンの正確な設計図を譲り受け、それをクラブの施工業者に渡し、ドリームマシンは完成した。バロウズへの献辞とドリーム・マシンの存在は、芸術、文学、経験の境界を押し広げることへのコミットメントを反映していた。ＥＮＤＭＡＸは、バロウズのファンだけでなく、彼の遺産に触発されたアーティスト、作家、ミュージシャンが集う場所となった。クラブの雰囲気やプログラムには、実験音楽、前衛的なパフォーマンスなどの要素が含まれており、クラブのオープニングにはパラダイス・ガラージュで活躍していたＤＪ・ラリー・レヴァンを招聘した。

ラリー・レヴァン

ラリー・レヴァンは、ニューヨークのパラダイス・ガラージュでのレジデントＤＪとして知られる伝説的なアメリカ人だ。七〇年代後半から八〇年代後半にかけてパラダイス・ガラージュで活躍し、ダンス・ミュージックとクラブ・カルチャーのサウンド形成に大きく貢献した。

パラダイス・ガラージュは、モダン・ダンス・ミュージックとクラブ・カルチャーの発展において極めて重要な場所だった。レヴァンのＤＪセットは、ディスコ、ソウル、ファンク、ハウス・ミュージックの初期形態など、多彩なジャンルのミックスで有名だった。リミックスとプロデュースＤＪに加え、レヴァンは才能あるリミキサー、プロデューサーでもあった。グウェン・ガスリー、タナ・ガードナー、ルース・ジョインツなどさまざまなアーティストのトラックを手がけ、しばしば独特のサウンドを楽曲にもたらした。

ラリー・レヴァンのＤＪプレイに対するスタイルやアプローチは、ハウス・ミュージックの発展や、キュレーターやテイストメーカーとしてのＤＪの役割に多大な影響を与えた。ダンス・ミュージックのエモーショナルで共同的な体験を重視する彼の姿勢は、世界中のＤＪのスタンダードとなったのだ。

ＥＮＤＭＡＸのオープニングでのラリー・レヴァンのパフォーマンスは、彼がアメリカ国外に登場する数少ない機会として重要なイベントとなった。このクラブはニューヨークのクラブ・ヴァイブスを日本に持ち込むことを目的としており、オープニングでレヴァンがＤＪを務めたことは、その意思表示でもあった。

ＥＮＤＭＡＸでのレヴァンのＤＪセットは好評で、参加者は彼のユニークなジャンルのブレンドと、シームレスで没入感のある音楽の旅を作り出す能力を体験した。彼のパフォーマンスは、日本の観客にニューヨークのダンス・ミュージック・シーンのサウンドとカルチャーを紹介し、クラブに訪れた人々やダンス・ミュージック・コミュニティに忘れがたい印象を残した。

ラリー・レヴァンの遺産は、彼のレコーディング、リミックス、そして伝説的なセットを体験した人々の記憶を通して生き続けている。彼は、その画期的な作品と不朽の影響力によって称えられ、ダンス・ミュージックの歴史において象徴的な人物であり続けている。

東京P／N（東京パーン）

次に東京汐留に二年間の期限付きで設置された東京P／N(東京パーン)でのコンサート・プロデュースについて触れてみたい。この施設は、松下電器が「生活実験劇場」として設置した特別な音響システムを備えたコンサートホールが目玉で、五百数十枚の壁面スピーカーがホールを包み込み、三百六十度の音像移動などを実現できる空間だった。

この最新の音響テクノロジーを駆使し、これまでにない音楽体験を実現するためのプロデューサーとして私が起用された。私のもとに博報堂のスタッフが訪れ、ホールの技術仕様や松下電器がもとめる音楽パフォーマンスの目的を理解した上で、私がプロデューサー、コーディネーターを引き受ける条件は、参加する音楽アーティストの選定を私に任せてもらうという一点だった。

このイベントの名称は、「HI-REAL」と呼ばれ、GOLDの月一回の「ECCO NIGHT」とかけ持ちするのはさすがに無理があり、すくなくとも一回の開催に二カ月から三カ月の準備が必要だった。以下、東京P／Nにおける「HI-REAL」シリーズの全容である。

Konrad Becker with Z'ev　一九九一年四月四、五日

第一回目の「HI-REAL」は、Konrad Becker with Z'evという組み合わせで、MANTRONという演目だった。前章で紹介したウィーンのビデオ&メディア・アーティスト、コンラッド・ベッカーとLA出身のパーカッショニスト、ゼブ（ZEV）によるコラボレーションとなった。

ゼブは、本名をステファン・ジョエル・ワイザー（Stefan Joel Weisser 一九五一－二〇一七）と言い、インダストリアル・ミュージックとサウンドアートの先駆的な活動で知られるアメリカの打楽器奏者、作曲家、詩人である。

ゼブのパフォーマンスには、しばしば特注の大型金属彫刻やその他の金属廃棄物が使

用され、複雑なリズムやテクスチャーを生み出すために、それらを叩いたり操作したりした。彼の作品は、音の身体性と空間、身体、魔術的儀式との関係を探求している。ゼブの音楽へのアプローチは、アフリカ、アフロ・カリビアン、インドネシア音楽など、さまざまな世界のパーカッションの伝統や、カバラや錬金術の概念に大きな影響を受けている。彼はまた、音の理論的側面や人間の精神に与える影響にも興味を持っていた。

「モノトン」としても知られるオーストリアのアーティスト、コンラット・ベッカーとのコラボレーションは、東京P／Nのサウンドシステムを唸らせた。彼はマルチメディア・アーティスト、電子音楽家、文化研究者であり、サウンドとテクノロジーに対する実験的なアプローチで知られている。ゼブと共に、サウンドアート、インダストリアルミュージック、デジタルメディアの交差点を探求し、リズム、ノイズ、電子サウンドスケープといったそれぞれの興味を組み合わせたパフォーマンスやレコーディングを行った。

ゼブのパーカッシブなテクニックとコンラッドのエレクトロニック・コンポジションを融合させながら、東京でのコラボレーションではライブ・パフォーマンスが行われた。実験音楽シーンにおけるゼブの影響は、このコラボレーションだけにとどまらず、インダストリアル、ノイズ、アヴァンギャルド・ミュージックの領域で数多くのアーティストに影響を与えてきた。彼の遺産は、音に対する革新的なアプローチと、音楽、芸術、儀式の境界の探求によって記憶されている。

Christian Marclay　一九九一年五月二十四日、二十五日

第二回目の「HI-REAL」は、NYのアーティスト、クリスチャン・マークレイの「100台のターンテーブル・オーケストラ」[6]というイベントだった。クリスチャン・マークレイは、ターンテーブルとレコードを使った革新的な作品で知られるスイス系アメリカ人のビジュアル・アーティスト、作曲家でもあった。ターンテーブルを楽器として使用するパイオニアとして知られ、彼のパフォーマンスはDJ、サウンドアート、実験音楽の境界線をしばしば曖昧にした。

ターンテーブルを使ったマークレイの音楽パフォーマンスは、レコードとターンテーブルを操作して独自のサウンドスケープとコンポジションを作り出すものだった。スクラッチ、ループ、サンプリングなどのテクニックを駆使し、レコードの物理的、音響的特性を探求することが多い。マークレイの作品の特徴は、音に対する遊び心と独創的なアプローチにあり、幅広い音楽ジャンルや文化的な引用やアダプテーションを駆使していた。

招聘交渉の際、クリスチャン・マークレーは、東京でのイベントに一〇〇台のターン

6　クリスチャン・マークレイ　アメリカのサウンドアーティスト、ビジュアルアーティスト。DJプレイとは異なる、ターンテーブルやレコードを使ったパフォーマンスで知られる。コラージュやサンプリングといった手法を多く使う。映画やテレビに登場する時計のシーンを集めた二四時間に及ぶ映像作品「The Clock」で、二〇一一年の第五十四回ヴェネチア・ビエンナーレにて金獅子賞を受賞。

テーブルを用意してくれと言ってきた。最初は冗談かと思っていたし、本人もまさかそれが実現するとは思っていなかったはずだったが、ものは試しに博報堂を通じて、松下電器とテクニクスに打診した。結果は、新品のテクニクスのターンテーブルが一〇〇台、会場に運び込まれたのだった。

このパフォーマンスでは、一〇〇台のターンテーブルを使って複雑なサウンド環境を順次編成するマークレイの能力が披露された。それぞれのターンテーブルはマークレイ自身とＤＪのニコラス・コリンズ、ヒップホップＤＪのジャジー・ジョイスという異なる参加者によって操作され、共同作業と没入感のある音響体験を作り出した。このパフォーマンスは、集団的な音楽制作や実験的な作曲のための楽器としてのターンテーブルの可能性を浮き彫りにした。

ターンテーブルを使ったマークレイの作品は、サウンドアートや実験音楽の分野に大きな影響を与え、レコードとターンテーブル・テクノロジーの創造的な可能性を探求するアーティストやミュージシャンの世代を刺激した。彼のパフォーマンスやインスタレーションは、従来の楽器の概念や視覚芸術と聴覚芸術の境界線に挑戦し続けている。

Naut Humon and Maryanne Amacher　一九九一年七月二十五、二十六日

第三回の「HI-REAL」は、ノウト・ヒューモンとマリアン・アマシェとの「サウンド・トラフィック・コントロール・ショー」と題された。ノウト・ヒューモンは、サンフランシスコを拠点に活動するサウンド・アーティスト、作曲家、キュレーター。アート集団Rhythm & Noiseの創設メンバーであり、音と音楽の境界を探求するさまざまな共同プロジェクトやパフォーマンスに関わってきた。

ノウト・ヒューモンの作品には、没入感のある音環境を作り出すために、型にはまらない楽器や電子操作、空間的な音響テクニックが用いられることが多い。彼のパフォーマンスやインスタレーションは、音楽とリスニングの伝統的な概念に挑戦する、その探求的な性質が特徴である。実験音楽とサウンドアートのシーンで影響力を持ち続け、アーティスト、キュレーターとしての活動を通して、音とリスニングへの新しいアプローチの発展に貢献している。

マリアン・アマシェは、音響心理現象の先駆的な作品で知られ、リスナーの音に対する知覚と相互作用する没入感のあるサウンドスケープを創り出した。サウンド・トラフィック・コントロール・ショーにおけるノウト・ヒューモンとのコラボレーションで

は、空間音響技術、電子操作、東京の会場のユニークな特性に対応したダイナミックな音環境の創造が用いられたと思われる。このイベントは、アマシェによる「サウンド・トラフィック・コントロール」シリーズの一環であり、建築や音響に働きかけるサイトスペシフィックなサウンド・インスタレーションやパフォーマンスを行った。

ノウト・ヒューモンとマリアン・アマシェのコラボレーションは、サウンドアートの分野における二人の革新的な頭脳の出会いであり、その結果、観客に実験的で没入感のあるサウンド体験をもたらした。

余談だが、このコンサートに現代音楽家の高橋悠治氏[7]がマリアン・アマシェのゲストとして来場してくれた。高橋氏がベルリンでクセナキスに師事し、帰国されてからの活動に影響を受けていた私は、日芸の学生時代に、「芸術祭」に高橋氏を呼んだのが、私のコンサート・プロデュースの始まりだった。しかし、せっかくの高橋氏の独奏会に集まった学生は十数名で、五百席のキャパの大講堂が閑散とし、高橋氏には大変申し訳ない気持ちを抱いた。

だが、高橋氏は暖房の行き届かない閑散とした大講堂で、自身の考えを交えながら、バッハを何曲も弾いてくれたのである。アマシェと歓談していた高橋氏に、日芸でのコンサートの失礼を詫びた私に、「何も気にしていませんよ」と微笑んでくれたことを今でも思い出す。

7 高橋悠治 作曲家、ピアニスト。一九六三年にヨーロッパに渡り、作曲家のヤニス・クセナキスに協力。一九六六年からアメリカへと移り、この頃からコンピューターを使った作曲を開始。アジアの抵抗歌を演奏する団体「水牛楽団」の活動でも知られる。

Psychic TV　一九九二年一月十七、十八日

第四回の「HI-REAL」は、Psychic TV[8]（サイキックＴＶ）による ULTRA HOUSE というイベントだった。一九五〇年二月二十二日にニール・アンドリュー・メグソンとして生まれ、二〇二〇年三月十四日にこの世を去ったジェネシス・P-オリッジは、前衛音楽とアートの世界で大きな影響力を持った人物だった。ジェネシスは、先駆的なインダストリアル・ミュージック・バンド、Throbbing Gristle（スロッビング・グルッスル）とサイキックＴＶの創設者として、またアート集団 COUM Transmissions への参加者としてもよく知られている。

一九七五年に結成されたスロッビング・グリッスルは、インダストリアル・ミュージックというジャンルを創り上げたと言われている。ジェネシスは、実験的なアプローチ、電子楽器の使用、物議を醸すパフォーマンスで、従来の音楽やアートの概念を覆した。一九八一年にスロッビング・グリッスルが解散した後、ジェネシスはサイキックＴＶを結成し、サイケデリア、アシッド・ハウス、オカルトの要素を取り入れながら、実験的なサウンドスケープを探求し続けた。

8　PsychicTV　サイキックTV。一九八一年から一九九九年、二〇〇三年から二〇二〇年の間で活動したイギリスのインダストリアルミュージックバンド。中心人物だったジェネシス・P-オリッジは、宗教団体「テンプル・オブ・サイキック・ユース」の結成や、「パンドロジェニー・プロジェクト」と呼ばれる身体改造プロジェクトで知られる。

二〇〇〇年以降、ジェネシス・P-オリッジとパートナーのLady Jaye Breyerは、Pandrogeny Projectに着手した。これは、身体改造と共有名によって二人のアイデンティティを融合させる試みであり、伝統的なジェンダーとアイデンティティの概念に挑戦するものだった。

ジェネシス・P-オリッジがサイキックTVを率いて来日したことは、日本のアンダーグラウンド・ミュージック・シーンにとって忘れられない出来事となった。この公演は、サイキックTVのアルバム『Dreams Less Sweet』のプロモーション・ツアーの一環だった。東京でのライブは、音楽、ビデオアート、パフォーマンスの融合で注目され、ライブ・イベントに対するサイキックTVのマルチメディア・アプローチが披露された。「HI-REAL」コンサートでは、インダストリアル・サウンド、サイケデリックな映像、儀式的な要素がミックスされ、観客に没入感を与えた。サイキックTVの日本公演は、実験音楽のパイオニアとしての評判を確固たるものにし、日本のオルタナティブ・ミュージック・シーンに永続的な影響を残した。

ジェネシス・P-オリッジの音楽とアートへの貢献は、その革新性と境界を押し広げる性質で広く認められている。スロッビング・グリッスル、サイキックTV、さまざまなアート・プロジェクトでの活動は、インダストリアル、エクスペリメンタル、エレクトロニック・ミュージックの領域において、その後の世代のアーティストやミュージシャ

GOLD
1F
entrance gallery
2F
disco
3F
disco
4F
disco
If Night Club Are Only Reserved For "Kools" And "Go

WHOLE GOLD CATALOGUE

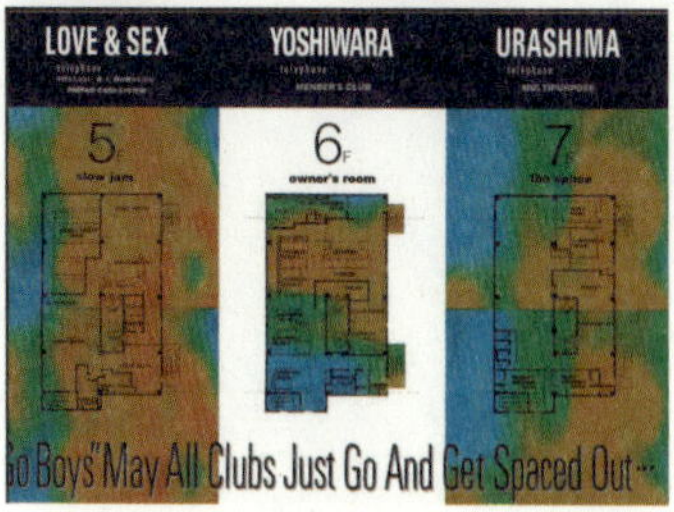

LOVE & SEX
YOSHIWARA
URASHIMA
5F
slow jam
6F
owner's room
7F
o Boys" May All Clubs Just Go And Get Spaced Out…

Ecco Night
The Night Of Overness
HOUSE OF GOLD

GOLD
Global Warning For Individual Satisfaction

Planning Staff

Night Clubbing
Element Of Vogueing
Stephan Lupino
ELEMENT OF VOGUEING
LUPINO'S

ECCO NIGHT
"L-5 Party"
march. 16. fri

(L-5 Party)
ECCO NIGHT 2 "SPECED OUT !" ENJOY
march. 16. fri
* S P A C E D O U T *
DJ:KOH KIMURA, S/E OPERATOR:AKIRA SHIRAISHI.
LIGHT & SOUND INTEGRATION:TOHRU TAKAHASHI.
HOLOPHONICS VIRTUAL SOUND EFFECTS:HUGO ZUCCARELLI.
ORIGINAL CONCEPTS & VISUAL DIRECTION:MITSUHIRO TAKEMURA.
GRAPHIC DESIGN:KOW YOSHIDA.
special equipments:
SYNCHRO ENERGIZING EXPANDED SOUND SYSTEM.
Brain Foods:
"Designer Food" & "High Performance Formulation"
environmental fragrancing:
"AROMAINCENCE"&"SPIRITUAL VISION"
at
GOLD
Love&Sex
GOLD : 3-1-6 Kaigan, Minato-ku, Tokyo Japan.
Phone 03 453 3545. Press Contact 03 5485 1791-3

ENJOY!
Inter New Age Party "ECCO NIGHT" at GOLD
JAN, 26 (fri) 1990
****SPECIAL EQUIPMENTS :
SYNCHRO ENERGIZING EXPANDED SOUND SYSTEM. HOLOPHONICS VIRTUAL SOUND EFFECTS.
ECCO
NIGHT

Inter New Age Party "ECCO NIGHT" at GOLD.
*DJ : KOH KIMURA. **S/E OPERATOR : AKIRA SHIRAISHI.
***SOUND & LIGHTING INTEGRATION : TOHRU TAKAHASHI.
****SPECIAL EQUIPMENTS :
SYNCHRO ENERGIZING EXPANDED SOUND SYSTEM. HOLOPHONICS VIRTUAL SOUND EFFECTS.
CONCEPT DESIGN
HOUSE
GOLD
ENJOY!

SPECIAL ECCO NIGHT「ボディ・アポカリプス」

日時……………１９９０年11月9日（金） ドア・オープン19時
場所……………GOLD & LOVE SEX
ゲスト・パフォーマー：
リディア・ランチ
ジェネシス&ポーラ・P-オリッジ
ZEV
モーガン・ラッセル
ファキール・ムサファー&クレオ・ドゥ・ボア
DJ……………高橋 透&ジェネシス・P-オリッジ
ヴィジュアル
ジェネシス・P-オリッジ
チャールズ・ゲートウッド
ECCO TV NETWORK
ヒデノリ・イシダ
総合プロデューサー…武邑光裕
製作……………エラ・インターナショナル
MITSUHIRO TAKEMURA ASSOCIATES
制作協力…………VIRTUAL REALITY EVERYWHERE
BUDAPEST/BERLIN/AMSTERDAM/SANFRANCISCO
CHAOS COMPUTER CLUB/HAMBURUG
FLASH VIDEO/SANFRANCISCO

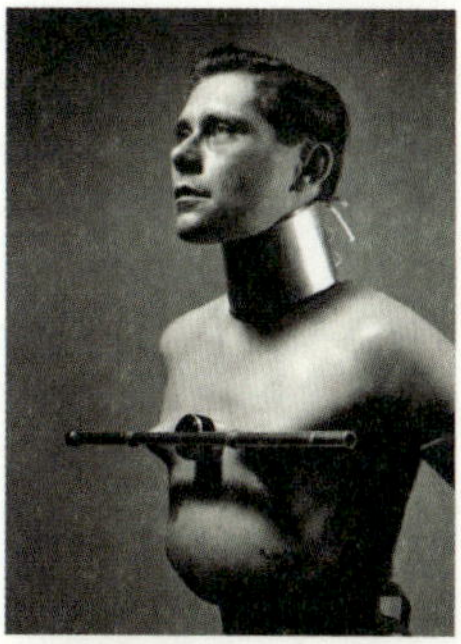

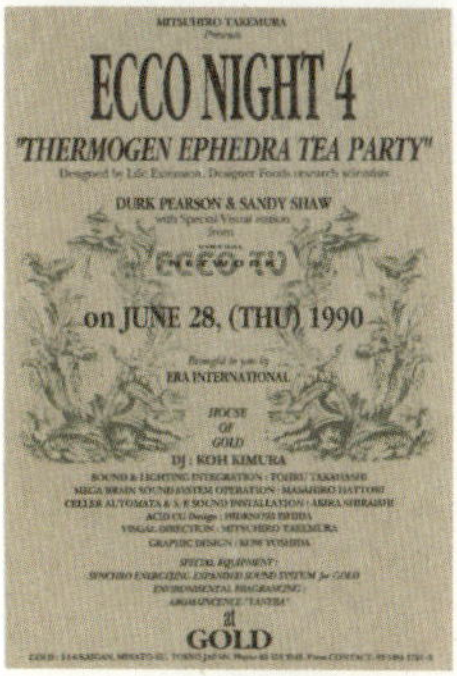

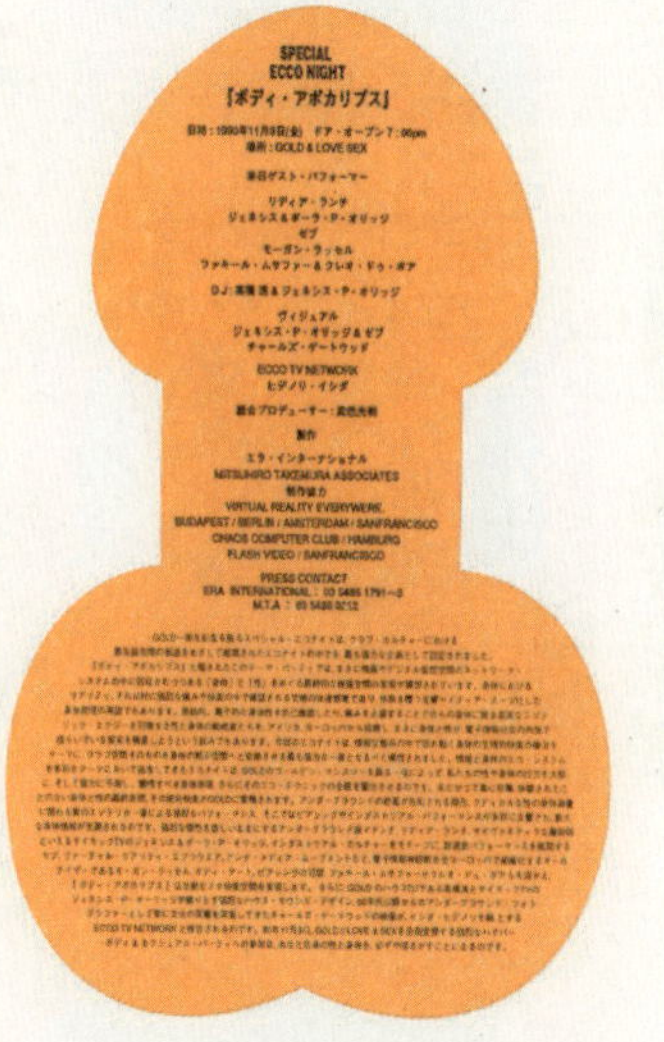

AFP HI-REAL DSFC
NAUT HUMON
ナット・ヒューマン
and
MARYANNE AMACHER
マリアン・アマシェ
co-ordinated by MITSUHIRO TAKEMURA
JULY 25(thu)・26(fri)
19:30open 20:00start
The SOUND TRAFFIC CONTROL Show
MITの魔女と西海岸オルタナティヴが生み出す、仮響現実空間。
Tokyo P/N

PSYCHIC
TV
ULTRAHOUSE
JAN.17(fri)・18(sat)

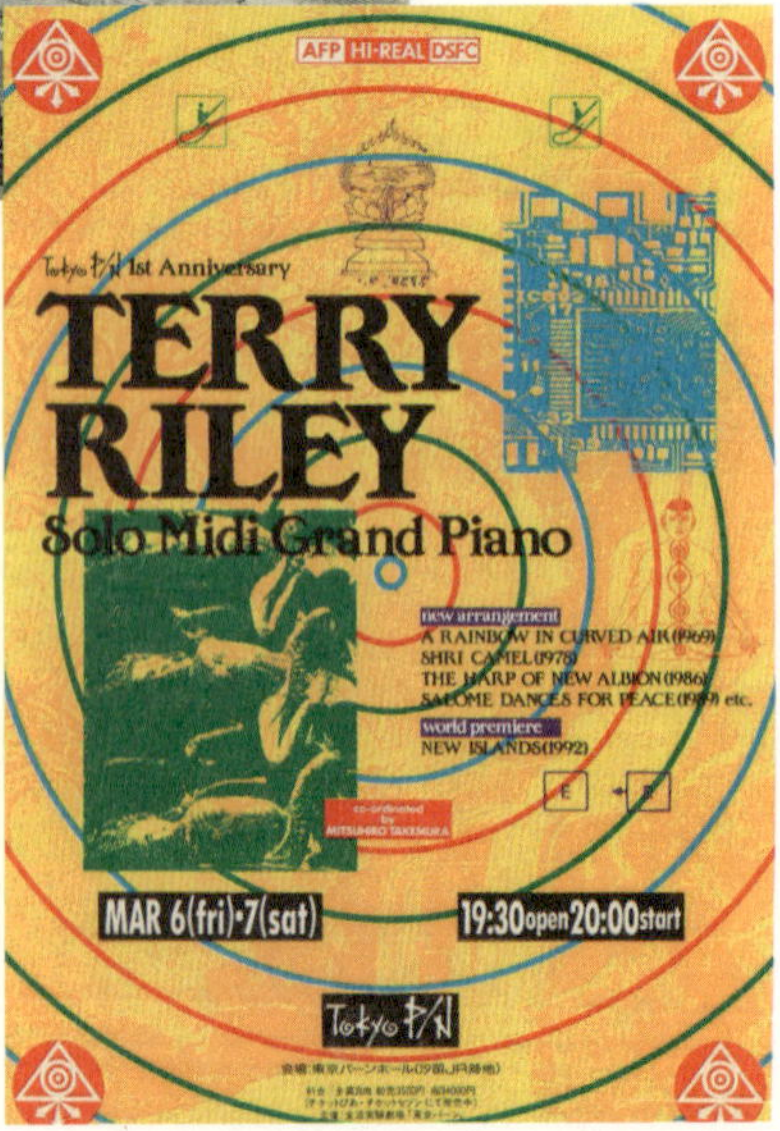
AFP HI-REAL DSFC
Tokyo P/N 1st Anniversary
TERRY
RILEY
Solo Midi Grand Piano
new arrangement
A RAINBOW IN CURVED AIR(1969)
SHRI CAMEL(1978)
THE HARP OF NEW ALBION(1986)
SALOME DANCES FOR PEACE(1989) etc.
world premiere
NEW ISLANDS(1992)
co-ordinated by MITSUHIRO TAKEMURA
MAR 6(fri)・7(sat)
19:30open 20:00start
Tokyo P/N

ンに多大な影響を与えたのである。

私とジェネシスとの交流は、ＧＯＬＤの「ECCO NIGHT」特別版「ボディ・アポカリプス」とこの「HI-REAL」でのコンサート以降も続いた。当時、ロンドン警察がジェネシスの自宅を家宅捜索し、アレイスター・クロウリー関連の魔術道具などを押収した事件もあり、ジェネシスはインドから多数の友人たちに助けを求め、とりわけ資金的援助に多数の友人たちが応えたのだった。

Terry Riley　一九九二年三月六、七日

「HI-REAL」の第五回目は、二〇世紀を代表する現代音楽の作曲家でありピアニストでもあるテリー・ライリーの初のミディ・グランドピアノによるコンサートで、世界初演の「NEW ISLANDS」を演奏した。

テリー・ライリーはアメリカの作曲家、演奏家であり、ミニマルミュージックの先駆者の一人として広く知られている。一九三五年六月二十四日、カリフォルニア州コルファックスで生まれたライリーの作品は、クラシック、ジャズ、エレクトロニクスの各ジャンルにまたがり、現代音楽に多大な影響を与えてきた。

ライリーは、反復パターン、フェイジング技法、拡張和声構造を用いた画期的な作曲で最もよく知られている。一九六四年に作曲した「Ｉｎ Ｃ」は、五十三の短く繰り返されるメロディックなフレーズで構成され、任意の数の楽器によってさまざまなシーケンスで演奏される、ミニマリズム音楽の代表的な作品とみなされている。

六〇年代、ライリーはテープ・ループとディレイ・システムを使って、複雑で重層的なサウンドスケープを作り出す実験を行った。「A Rainbow in Curved Air」(一九六九年)のような作品は、催眠術のようなマルチ・テクスチャーの音楽を創り出すための彼の革新的なテクノロジーの使い方を示している。

ライリーは、ミニマリスト作曲家仲間のスティーヴ・ライヒ[9]やフィリップ・グラス[10]、クロノス・カルテット[11]など、さまざまなアーティストとコラボレーションを実行してきた。彼のコラボレーションは、伝統的な音楽ジャンルの境界を押し広げることが多く、ライリーのインド古典音楽、特にラーガ形式への関心は、彼の作曲に大きな影響を与えている。彼はインドの声楽家パンディット・ナートに師事し、インド音楽の要素を自身の作品に取り入れている。

ＭＩＤＩ（Musical Instrument Digital Interface）グランドピアノによるソロコンサートは、ライリーの電子音楽およびデジタル音楽技術の探求の一環であった。ＭＩＤＩグランドピアノは、アコースティック・ピアノの鍵盤から電子音やサンプルをコントロー

9　スティーブ・ライヒ　作曲家。ミニマル・ミュージックの創始者の一人として知られる。単純なリズムやフレーズの繰り返しが徐々に変化していく様を通じて聴き手に独特な聴覚体験をもたらす。代表作に『ドラミング』『18人の音楽家のための音楽』、『クラッピング・ミュージック』などがある。

10　フィリップ・グラス　作曲家。ミニマル・ミュージックを代表する音楽家の一人として知られる。オペラ、交響曲、室内楽、映画音楽など幅広いジャンルの作品を発表している。

ルすることを可能にし、伝統的なピアノ演奏と電子音楽の融合を可能にした。ミニマリズム、即興演奏、電子音楽の実験というライリーの特徴的な融合がフィーチャーされた。テリー・ライリーの現代音楽への貢献は計り知れず、作曲と演奏に対する彼の革新的なアプローチは、世界中の数え切れないほどの音楽家や作曲家にインスピレーションを与えてきた。彼の作品は、その独創性、奥深さ、そして異文化への影響力の高さによって、称賛され続けている。

Ornette Coleman Trio　一九九二年六月十九，二十日

「HI-REAL」の最終回は、オーネット・コールマン・トリオによる「NIGHT AT INTERZONE」として開催された。バロウズ原作、デヴィッド・クローネンバーグ監督による映画『裸のランチ』の日本公開直前に、オーケストラパートの作曲を担当したハワード・ショアが持参した16ｃｈマルチトラックテープを東京Ｐ／Ｎ会場で再生し、その音源に合わせてオーネット・コールマン・トリオが即興で演奏するという仕掛けだった。

ステージ背後に設置した大型の三面スクリーンに、『裸のランチ』の映画のシーンや

代表作に、演出家のロバート・ウィルソンとの共作オペラ『浜辺のアインシュタイン』や、ドキュメンタリー映画『コヤニスカッツィ』の音楽など。

11　クロノス・カルテット　一九七三年にアメリカ、サンフランシスコで結成された弦楽四重奏団。デヴィッド・ボウイ、ビョーク、アレン・ギンズバーグなど、クラシック音楽の枠を超え、ジャズ、ロック、ワールドミュージックなど様々なジャンルで共演を重ねてきた。テリー・ライリー、スティーブ・ライヒ、フィリップ・グラスなどのミニマル・ミュージックの作曲家の作品を演奏してきたことで知られる。

バロウズのドキュメンタリーフィルムがカットアップされ、オーネット・コールマン・トリオのライブ映像がそこに挿入されるという演出が施された。

オーネット・コールマン（一九三〇―二〇一五）は、アメリカのジャズ・サックス奏者、ヴァイオリニスト、トランペッター、作曲家であり、ジャズ史上最も革新的で影響力のある人物の一人として知られている。五〇年代後半から六〇年代初頭にかけて興ったフリー・ジャズ・ムーブメントの先駆者であり、従来のジャズ音楽の形式や構造の解体に挑戦した。

コールマンは一九六一年のアルバム『フリー・ジャズ：A Collective Improvisation』によってフリー・ジャズ・ムーブメントにその名を与え、このジャンルの第一人者としての地位を確立した。彼のアプローチは、即興、集団的なインタープレイ、伝統的なハーモニーやリズムからの逸脱を強調したものだった。

コールマンは「ハルモロディクス」と呼ばれる音楽理論を提唱し、作曲を従来の調性やリズムから解放することで、即興演奏の自由度とミュージシャン間の平等性を高めた。コールマンの最も評価の高いアルバムには、『The Shape of Jazz to Come』（一九五九年）、『Change of the Century』（一九六〇年）、『This Is Our Music』（一九六一年）などがあり、ジャズに対する独自のスタイルとアプローチを披露している。

サックスのコールマン、ベースのバール・フィリップス、ドラムのデナード・コールマンをフィーチャーしたオーネット・コールマン・トリオは、映画『裸のランチ』のサウンドトラックを直接は制作していないが、オーネット・コールマンはこの映画の音楽に貢献していた。このサウンドトラックは、コールマンと作曲家ハワード・ショアとのコラボレーションによるもので、ジャズの要素とオーケストラ・アレンジを融合させ、映画のシュールな性質を引き立てる、雰囲気のある前衛的なスコアを作り上げたのだった。

ジャズと音楽全体におけるオーネット・コールマンの遺産は深く、彼の自由、表現、創造性の探求は、ジャズというジャンルのみならず、それ以外の分野にも忘れがたい足跡を残している。

ゲルハルト・ベルガー

一九九二年の暮れ、バブル経済の崩壊がはじまっていた。八〇年代後半からこの年までの私の活動は、思えばバブル経済という潤沢な経済力という背景なしには実現されないものだった。GOLD、ENDMAX、東京P／Nなどもバブルの破綻とともに消えていった。ただし、バブル経済がなかったら、東京の文化は既成の表層に留まり、欧米のカウンターカルチャーを同時に体現することは困難だったと思える。

このバブル崩壊と入れ替わるように始まっていたのが、インターネット革命だった。この時期、F1ドライバーのゲルハルト・ベルガーが、オーストリア青年商工会議所のためにチロルでベルガー・サマー・アカデミーを開催した。このイニシアチブは、モータースポーツの世界におけるベルガーの豊富な経験とネットワークを活用し、若者たちにユニークな教育と体験の機会を提供することを目的としていた。このアカデミーでは、参加者のリーダーシップ、チームワーク、戦略的思考といったスキルの育成に焦点を当てた。

一九九三年、マクラーレンからフェラーリに二度目の移籍を実現させたベルガーのサマーアカデミーに、私とモーガンが講演者として招待された。チロルの風景に溶け込んでいたエコホテルを貸し切って、アカデミーは開催された。

ベルガー・サマーアカデミーは、若いプロフェッショナルや起業家志望者を集め、さまざまな業界、特にモータースポーツ以外の世界の情勢やその関連分野についての見識を提供した。ワークショップやセミナー、実践的な活動を通して、参加者は将来のキャリアに活かせる貴重な知識と経験を得るというこのプログラムは、実践的な学習と実社会での応用に重点を置いており、ベルガーの若手起業家育成へのコミットメントと、次世代のリーダーを育成することで地域社会に恩返しをしたいという思いが反映されていた。

私は日本で起こりつつあったインターネット革命とその世界的な影響について講演した。講演後、ホテルの正面にベルガーのためのフェラーリの新車が四台駐車しており、そのうちの一台をチロルの山道で運転した。フェラーリを運転するのは、これが最初で最後だった。本来はアウトバーンで速度無制限で運転したいところだったが、フェラーリ初心者にはチロルのなだらかな山道をゆっくりと走るのがお似合いだった。

ベルガーとはその後、一年間だけ日本でのレップを頼まれ、彼のスポンサー探しを手伝った。ただし、バブル経済が冷えてきたこの時期に、ベルガーのスポンサーに名乗りを上げる日本企業はいなかった。

京都への転身

バブル経済の時代と寝て、いささか走りすぎた私は、心身ともに疲れ切っていたし、東京から距離を置き、本来の大学教員として残すべき仕事をする必要があった。当時私は、インターネットによってもたらされたデジタル革命の中で、デジタル・アーカイブの可能性を追いかけはじめていた。

一九九四年、私は京都造形芸術大学（現京都芸術大学）の理事長だった徳山詳直氏から彼の大学へと誘われた。日芸での教員生活もそろそろ潮時を迎え、京都移住のため一九九五年の春に日芸を退職した。日芸の私のゼミからは、多くの学生たちが社会に出ていった。中でも、のちにハイパーメディア・クリエイターとして活躍することになる高城剛君は、学生時代から極めて突出した存在だった。彼と一九八七年にカリフォルニアのアナハイムで開催された「SIGGRAPH」に参加し、その足でフロリダのキーウェストまでクルマでアメリカ大陸を横断したことは、今でも忘れられない思い出となっている。

日芸時代は大学の授業も休講が多く、学生諸君にはあまり良い教師ではなかったが、それでも多くの「弟子」たちが私を支えてくれた。社会で活躍する弟子たちの存在が、私の次なる京都への足がかりとなってくれた。日芸退職時に映画学科の学生だった新宮圭輔君を京都の大学での私のアシスタントとして誘い、私は京都へと向かうことになるのだった。

ゾーン7　インター京都

一九九五年三月、私は京都造形芸術大学芸術学部情報デザイン学科専任助教授に就任した。就任と同時に、附属図書館長（一九九七年三月まで）、一九九六年より附置研究所のメディア美学研究センター初代所長を兼任し、一九九九年三月までデジタル・アーカイブを主とした研究開発とコンテンツ制作に没頭した。

八〇年代から一九九三年までの日大芸術学部の助手、専任講師時代は、大学外の活動に追われ、学術研究といえるような論文は少なく、時代を捉える執筆活動は、もっぱら季刊『GS：La Gaya scienza（楽しい知識）』[1]（一九八四年―一九八八年）や、その他多数の雑誌に掲載された原稿などを寄せ集めては、数冊の単著を出版した。一九九二年からは季刊『InterCommunication』の編集委員として論考などを発表していたが、それらはテクノロジー、メディアアート、インターネットなどを中心とした広範囲な雑文で

1　季刊『GS：La Gaya scienza（楽しい知識）』　浅田彰、四方田犬彦、伊藤俊治らが責任編集を務めた季刊誌。書籍デザインは戸田ツトムが務めた。ニューアカデミズム全盛の一九八四年に「知識を軽くポータブルにする」というキャッチコピーで冬樹社から創刊された。「反ユートピア」「POLYSEXUAL」「ゴダール・スペシャル」「千のアジア」といった特集を展開。一九八八年九月発行の第七号で休刊。

あった。

　こうした状況の中、東京のバブル景気が追い風となったクラブ三昧の日々やコンサート・プロデュースに区切りをつけ、京都への思いとともにニューヨーク、サンフランシスコを中心とした生活軸に大きな変化が訪れていた。

　八〇年代のオカルティズムやカウンターカルチャー、そしてサイケデリックスからインターネットへと、縦横無尽に走り抜けてきた私の足跡は、バブル経済の崩壊と、京都への移住とともに新たな展開を迎えることとなった。九〇年代からは欧州への旅が増え、同時に日本の伝統美学への関心が高まっていた。欧米の文化的な深層を追い求めた旅は、当然のことながら、日本という文化の古層への強い思いを募らせていた。日本の伝統文化とは何か、デジタル社会における日本の特異性とは何か、そのような関心を充足させるための方策を漠然と、しかし強く抱いていた私にとって、京都は確かに魅力的な移住地だったのである。

　当時の私にとって、京都とは新たな目標と挑戦の場所だった。京都造形芸術大学芸術学部情報デザイン学科では、敬愛する映像作家で映像理論家である松本俊夫氏[2]（一九三二―二〇一七）が学科長をつとめていた。学生時代、彼の映画『薔薇の葬列』（一九六九年）に衝撃を受け、彼が責任編集を担当していた『季刊フィルム』（フィルムアート社）は、

2　松本俊夫　日本の映画監督、映画理論家。劇映画、実験映画、ビデオアート、インスタレーションなど、様々な表現形式の作品を手がけた。数々の短編実験映画を手掛けた後の劇場用長編第一作『薔薇の葬列』（一九六九年）が代表作として知られる。一九六八年にはフィルムアート社の設立に参加し、雑誌『季刊フィルム』を刊行するなど、活動は多岐にわたった。

前衛映画に没頭していた高校時代の私のバイブルでもあった。

松本氏をはじめ、良き理解者に恵まれた京都の大学では、「情報論」「メディア論」「マルチメディア・デザイン演習」「デザイン特論」（一九九九年三月まで）という講義を担当し、日常的にはメディア美学研究センターでのデジタル・アーカイブ・コンテンツ制作を主軸に活動していた。京都造形芸術大学に付属する研究センター機構に新設された「メディア美学研究センター」は、日本ではじめてのデジタル・コンテンツの研究開発機関となった。

当該センターでは、コンテンツの開発研究の方向性と芸術系教育研究における情報学的知見との融合などを実践し、メディア美学（Media Aesthetics）の研究領域の体系化を図ると共に、多様なデジタル・アーカイブに関わるコンテンツ制作を手がけた。

メディア美学研究センターで取り組んだデジタル・アーカイブは、「色彩の遺伝子（Gene of Colors）」と呼んだ古代の伝統文様と色彩の美学をめぐるプロジェクトだった。私のアシスタントとして東京から京都に移住してきた新宮圭輔君をはじめ、センターには数名の研究員がおり、このアーカイブ・プロジェクトは彼らの日々の作業により、三年の年月が費やされた。

最初に取り組んだのは京都を中心に江戸時代に各地の大名たちが収集した古代文様の

データベース化だった。この膨大な原資料は、明治初期に編纂された古代文様集など、京都造形芸術大学図書館に収蔵されていたもので、それらをスキャナーで読み取り、デジタル化の作業に取り組んだ。この作業の過程で、文様の意匠の素晴らしさだけでなく、そこに使われている色彩とその組み合わせ、いわゆる「色合わせ」の絶妙な美しさに魅了された。文様の中の色を抽出し、それらがどのように合わせられているのかを、アーカイブの中で再現できれば、現代のデザインにも十分に応用可能な資産となり得ると直感した。

こうして、手探りで、古代文様とその色彩の宇宙をめぐる旅が始まった。以下、当該プロジェクトの核心について解説しておく。

人間社会における色彩

私たちの身の回りには、実にさまざまな色があふれている。人間と色彩の間には密接な関係があり、それは情報伝達や感情伝達の面でも、私たちの社会や文化のさまざまな側面に深く根ざしている。当然、それは私たちの心理や行動にも影響を与え、私たちは色によって感情や欲望を象徴し、色には私たちを癒す力さえある。

色彩の歴史は、他の歴史的事象と同様、人類史の縦軸と横軸を形成しながら、あらゆるところで交差している。その結果、私たちの色彩の考察は、表面的な文化的・歴史的変遷や自然界の色彩・景観を捉えるだけに留まるものではなかった。現代社会を構成するコミュニケーションの諸相、つまり拡大する電子メディア社会の中で解釈することだった。言い換えれば、色彩を取り巻く環境的、文化的傾向の背後に潜む極めて重要な文脈を発見しなければならないのだ。

今日、現代社会に浸透しているあらゆるデジタルメディアに登場する色は、色を生成するために物体から光を反射させなければならないことによる色域の制限から解放されている。デジタルメディアに見られる色の乱舞は、透過光によって生み出されるからだ。古代の色と透過光の色の根源的な差異に起因する現代における色彩とは何か？　これらの問いにアプローチするために、私はまず、日本の伝統的な美意識の宝庫である京都の伝統的な文様に見られる古代の色をデジタル化して再現した。これは、自然界から集められた色彩の数々が、現代の文化製品にどのような重要な意味を与えることができるかを、実際のデジタルコンテンツを用いて実験したものである。

色彩というデジタル魔術

現代社会の色彩文化は実に多様であり、繊細である。美術品や工芸品にとって、色が重要な要素であることは言うまでもない。また、衣、食、住という生活の三大基本に関わる多くの分野においても、色彩は非常に重要な文化的産物である。世界の文化は、これらの基本的な要素のそれぞれに、いかに独自の色が割り当てられ続けてきたかの歴史である。特に強調されるべきは、大量の印刷メディアから電子メディアへの移行に伴い、日常生活やビジネスにおける情報交換に色彩の宇宙が浸透してきたことである。以前はモノクロの世界が中心だったが、私たちは今、色彩をこれからのコミュニケーションの根底にある重要な要素として認識している。

テレビやインターネットのホームページで見られる色は、透過光と赤、緑、青の三色を使って生成されている。反射光とシアン、マゼンタ、イエロー、ブラックの四色で発色される印刷物よりも、色の幅が広い。デジタル技術、特にコンピュータ・グラフィックスの普及により、物理的な現実の限界を超え、自由で想像力豊かな現実を生み出すことができるのは周知のことである。バーチャル・リアリティ（実質的な現実）という概念でさえ、物理的現実という安定した枠組みを大きく揺るがしていることに注目した。デジタルメディアを生み出す透過光の中で、新しい現実を認識することが可能になったのである。

現代社会では、電子メディアを通じて生み出される色彩の影響が、私たちの実際の物理的現実にまで浸透しており、それに伴う新たなループを考えなければならない。現代人にとって、電子メディアの内部から生み出される色彩の影響は、実際の日常生活における デザインや、未来に向けた製品デザインに反映されている。

しかし、このような現代の色彩の状況は、突然生まれたものではない。人間と色彩の関係は有史以来存在し、その豊かな歴史を古代の色彩にまで遡ることは、重要な視点となる。私たちは、現代のデジタルメディアを駆使して、人間と自然が織り成す工芸や染色の宇宙にある、京都に古くから伝わる古代の伝統色に着目した。私たちは、特定の高貴な色に強い嗜好性を示した初期の文化に時間をさかのぼることで、これらの洗練された色のいくつかを実感することができた。その中でも、日本古来の色、特に京都に古くから伝わる伝統色を研究の第一歩とした。京都には、私たちが失いつつある繊細な色彩が数多く息づいているからだ。

デザインにおける古代色

日本のデザインには、古くから伝わる伝統色が印象的である。ここでは、デザインという媒体を通して見た伝統色の変遷と、その豊かさについて触れておく。まず、デザインとは何か。デザインとは原理的には図案や模様のことである。近年では都市計画や空間デザインといった広範な意味で用いられているが、基本的な意味で言えば、グラフィカル・デザインとも言える。デザインの構造を分析すると、一般的にデザインの形／デザインの色／デザインの文脈という三つの要素に分けられる。

デザインの形は、さまざまな象徴的解釈を可能にする。動物や植物の形をモチーフにしたデザインもあれば、それとは異なり幾何学模様をモチーフにしたデザインもあり、これらのデザインにはさまざまな意味が込められている。しかし、それらの意味は、デザインが生まれた文化や、それが広まった文化によって異なる。

こうした文化に依存した意味の違いは、デザインの文脈と密接に関係している。特定のデザインがどのようにして他の文化に広まったのか？　他の文化に移行する過程で、特定のデザインの本来の意味はどのように変化したのか？　特定のデザインはどのように生まれ、そもそもどのように意味が付けられたのか？　これらの要素はすべて、特定のデザインの歴史的背景を構成している。

もちろん、デザイン・カラーとはデザインを生み出すために使われた色のことである。当然のことながら、これらのデザインは、今日の私たちの生活に溢れている現代的な原色を使って作られたものではない。これらのデザインに使われている色は、非常に繊細な色である。しかも、ひとつの色と次の色との間の極めて微妙な色のグラデーションが使われているため、私たちがひとつの色として認識しているものは、実際には何色ものバリエーションなのである。アースカラーと呼ばれる自然界に存在する微妙な色の源は、基本的に植物染料と呼ばれるものに由来するため、私たちの感情に優しく訴えかけてくる。

植物染料とは、古くから伝統的に受け継がれてきた方法で作られた染料を指す。合成素材から作られる染料とは分類が異なる。植物染料は、自然界に存在する植物の根や樹皮を原料としている点で特殊である。そのため、植物染料には漢方薬にも使われる成分が多く含まれている。例えば、ベニバナ、ウコン、藍はいずれも強力な薬効があるとされ、布の染色に広く使われるようになった。

着物の染料には、薬用にもなる成分が含まれていた。このように、着物を体に巻くことで、健康を維持することもできたのだ。飛鳥時代の茜色はかなり淡い色で、肌色に近い。薬草の液から作られたもので、現在の赤やオレンジとはまったく違う。マダー（アカネ）は皮膚の病気に効果的な色だと考えられていた。このことから、体を彩る色は病気を遠ざけるという古代医学の考え方が生まれたのである。

このように、色はかつて実用的な用途に由来していたのである。古代から受け継がれてきた自然界と人間との共生関係、そこから得られた知恵の結晶が植物染料となったのである。日本古来の色彩は、こうした過程を経て発展してきた。自然界から多くの色を取り出し、デザインや衣服に用いたからこそ、豊かな多様性を保つことができたのである。

ある特定の色は、次第に時代の権力や階級構造と結びつき、珍重されるようになった。

その過程で、色は様式化され、決定的な美学を持つようになった。ノーブルカラーと呼ばれる色のことである。ノーブルカラーは茜色と同様に、紫色も薬用に用いられた色である。これらの色は入手が困難であったため、権力や高貴な生まれなどを象徴する制限制度と結びつけられるようになった。つまり、茜色や紫色は最初から高貴な色として認識されていたのではなく、薬効があり、入手が困難であったため、高貴さを表すようになった。高貴な色というのは、社会の誰もが使えるものではなかった。色彩は時代の権力構造と結びついており、階級的な区別を反映するために、より明るく、より繊細に作られた。

色彩の社会階層化は、色彩に制限をもたらした。その制限の中で、当時の人々は偉大な創造性を発揮したため、逆に高貴な色への制限が、より広い色の世界を生み出すことになった。色彩は試行錯誤を繰り返し、幾多の変遷を経て新たな色彩を生んだ。各時代が生み出した新しい色彩によって歴史は構成されているといえる。

伝統色を使ったデザインのデジタル化

京都で平安時代などの意匠や文様を収集し、その色や形をデジタルデータ化してみると、特に意匠に使われる色には、先に述べたような高貴な色以外にも、さまざまな意味があることに気づかされた。また、非常に洗練された色同士がブレンドされていることもわかった。それらの色をデジタル化して別のカラーフォーマットに変換すると、新たに完全なデジタル色を分離することができた。さらに、デザインや形状を自由に操作して変化させれば、まったく新しい形に変換することも可能だった。

このように、デジタル技術は、京都で収集され体系化された伝統的な色彩やデザインが持つ美的・文化的資源の創造的変換を刺激した。デジタル・アーカイブを作成するにあたり、デザイン形状の要素を分離・分類し、さまざまな展開を見せるデザインを体系化した。どの色を使っているかという分類はもちろん、自然現象のようなデザイン、動物のようなデザイン、花のようなデザイン、草木のようなデザイン、幾何学的なデザインなど、パターンによる分類も行った。

実際のアーカイブ・コンテンツでは、色彩のパターンがどのように実際のデザインに使われているかを見ることができるようにした。視聴者がモニターに表示されたデザインパターンのひとつをクリックすると、プログラムはそのデザインを形作ったイメージの宇宙にジャンプする。そして、視聴者がそこに入ると、そのデザインに関連するすべての情報にアクセスできる。必要に応じて、コンテンツには視聴者の興味を満足させるための説明のテキストも含まれている。

さらに、分類された形だけでなく、先に述べた色やテキストによってもデザイン情報にアクセスすることが可能である。デザインに関連する色、形、テキストはすべてリンクされており、閲覧者は見たい情報に自由にジャンプすることができる。つまり、コンテンツは明確な始まりと終わりがある直線的な構造ではない。むしろ、視聴者が任意に知的欲求を満たすことができるノンリニアな環境なのだ。

私が目指したのは、テキスト、ビデオ、サウンドを組み合わせるマルチメディアの機能を最大限に活用した、感情に訴えかけるインタフェイスとコンテンツを持つデジタル・アーカイブである。このような環境の中で、デザインの美やデザインに関する情報に触れることで、失われつつある日本古来の色彩やデザインの豊かさを再発見することができると考えた。

また、このような情報環境の中に入り、さまざまなデザインの要素や、それらの組み合わせによる龍や雲、あるいは想像上の生物の動態を見る時、デザインそのものが太古のバーチャルな空間やメタバースになっていることに気づくだろう。

世界を旅する文様と色彩

私たちは、この古代のバーチャル・リアリティ空間が、単一の文化環境で独自に創造されたものではないことに留意しなければならない。今日、私たちはこれらのデザインを見ると、すべて日本古来のデザインだと思いがちだ。しかし、日本の文化遺産の他の部分と同様に、デザインもまた、日本に伝わり、日本独自の方法で解釈された多くの文化的伝統の混合なのである。

意匠の伝播に目を向けると、特に大きな役割を果たしたのが、東西の文化交流を促進したシルクロードに象徴される交易である。ササン朝ペルシャや初期イスラエルから、陶磁器、ガラス、金工品、織物などさまざまな美術品が中国にもたらされた。このことは、中国の磁器と同様に、中国のデザインにも大きな影響を与えたことがわかる。しかし、デザインの伝播は、逆の方向への影響も示している。西から東へと影響を及ぼした美術品とは異なり、デザインの影響は東から西への動きが顕著である。

モンゴルの中東侵攻は、そうした拡散の契機となった。たとえば、龍、鳳凰、キリン、雲と空のモチーフなど、中国からもたらされたデザインがペルシャ、アラビア、トルコへと広がっていった。当時重要だったのは、あるデザインが別の文化環境に広まった時、その本来の意味が必ずしも新しい文化に伝わらなかったということだ。大半の場合、デザインは単一のデザイン要素として取り入れられるか、新しい文化的背景に応じてデザインに新たな意味が与えられることになった。例えば、中国で皇帝を象徴する龍の意匠がペルシアに伝わった時、龍は数ある動物の中の一種としか見られず、単なる一意匠と

3　グスタフ・クリムト　オーストリアの画家。一八九七年に保守的な美術家協会を脱退し、ウィーン分離派を結成。展覧会や出版を通じてモダンデザインの成立に貢献した。華やかな色彩と複雑な模様、金箔を使用した装飾的なスタ

して扱われた。

話を日本に戻すと、デザインの始まりは三、四世紀であり、七、八世紀には隋や唐のいわゆる中国風の意匠が日本に伝わった。平安時代、鎌倉時代を経て、これらの意匠はそれぞれの個性を持ち始める。その後、宋、元、明、清、さらにポルトガル、スペイン、オランダを経由して南方や西方からもたらされた意匠が混ざり合い、発展し、やがて日本文化の文脈に移植された。

しかし、一九世紀末になると、日本のデザインは西洋に伝わり、美術やデザインに大きな影響を与えるようになる。例えばオーストリアでは、いわゆるウィーンのジャポニスムがあった。グスタフ・クリムト[3]（Gustav Klimt 一八六二―一九一八）、コロマン・モーザー[4]（Koloman Moser 一八六八―一九一八）、ヨーゼフ・ホフマン[5]（Josef Franz Maria Hoffmann 一八七〇―一九五六）といった芸術家たちが、絵画やテキスタイルの柄に日本の意匠や古来の伝統色を取り入れ始めた。つまり、異なる文化的背景を持ち、日本で成長・発展してきたデザインや色彩が、日本を経由して、さらに別の文化へと受け継がれていったのである。前述したデザイン・コンテクストは、このような変化の中で生み出されたものである。

このように、デザインや色彩は、西から東へ、東から西へと行き来しながら、絶えず更新され、変化してきたグラフィックデザインなのである。しかし、それらは単なるデ

イルを特徴とし、女性の裸体などを多く描くことでも知られた。代表作に『ユディト』（一九〇一年）、『接吻』（一九〇八年）などがある。

4　コロマン・モーザー　オーストリアの画家、グラフィックアーティスト、デザイナー。ウィーン分離派の創立メンバーの一人。ステンドグラス、インテリア、本の装丁、ポスターなど幅広いジャンルのデザインで知られる。同時期にイギリスで起こったアーツ・アンド・クラフツ運動からの影響を受け、一九〇三年に、ヨーゼフ・ホフマンらとともに、「ウィーン工房」を設立。生活と芸術の総合を目指した。

5　ヨーゼフ・ホフマン　オーストリアの建築家、デザイナー。ウィーン分離派の中心メンバーの一人。一九〇三年に、コロマン・モーザーとともにウィーン工房を設立。モダニズム建築の先駆者であり、その直線的なデザインから〝スクエア・ホフマン〟と呼ばれた。代表的な建築に、プーカースドルフ・サナトリウムやウィーンのストックレー邸がある。

ザインではない。それらは人類の歴史の中に存在し、意匠や色彩は人類の太古からの記憶を記録した遺伝子のようなものだといっても過言ではない。そして今、デジタル技術の進歩とともに、私たちは再びその新たな証拠を目の当たりにし始めている。

歴史を刻んできた人々の知恵の結晶は、時を超え、外国を旅し、ついに極東の島に辿り着き、そしてまた旅に出る世界の記憶なのである。

豊原国周デジタルミュージアム

メディア美学研究センターのもうひとつの基幹プロジェクトは、幕末から明治にかけて活躍した豊原国周（とよはらくにちか一八三五―一九〇〇）の「浮世絵末期」のデジタル化だった。私がデジタル化に取り組んだ国周の浮世絵は、大江直吉氏（元京都芸術短期大学学長）による世界最大のコレクションであり、京都造形芸術大学附属図書館に寄贈された二百点以上の極めて保存状態の良いものだった。

国周は「役者絵」を得意とし、特に役者の表情をクローズアップして表現することを得意とした。その上、新しい手法も考案した。紙を三枚使って一枚の肖像画を仕上げるという大胆な「ワイド構図」で知られている。

このコレクションをデジタイズする過程で、レタッチや色調の調整を行い、高精細な

「デジタル国周」に仕上げた。浮世絵のデジタル化実験は、航空管制用の超高精細ディスプレイ（ＳＨＤ）システムのために制作された。大江直吉氏蔵の国周の浮世絵は、京都造形芸術大学図書館コレクション管理室より提供を受けた。一九九八年、京都市主催による「デジタル・アーカイブ国際会議」（国立京都国際会館）において、ＳＨＤを用いたデジタル・ミュージアム「浮世絵師豊原国周」[6]を発表した。

これは、ＮＴＴとメディア美学研究センターとの大規模産学連携プロジェクトとして、後の文化遺産や人文科学系のデジタル・アーカイブ制作の規範として評価された。さらに、本センターの研究員からは、海外でも活躍するコンテンツデザイナーが輩出した。

以下は、制作スタッフの一覧と「豊原国周・最後の浮世絵師」をめぐる覚書である。制作スタッフのなかで特筆すべきは、ウィーンからこのプロジェクトのために来日してもらったデザイナーのアーニャ・ヴァイスバッハのインタフェイス・デザインであり、これには感銘を受けた。彼女がいなければ、このデジタル・ミュージアムは単なるデジタル画像のブラウジングにとどまったであろう。そして、センターの助手である新宮圭輔君のプログラミング能力の助けもあり、このデジタルミュージアムは完成した。

6　デジタル・ミュージアム「浮世絵師豊原国周」　全体設計：武邑光裕／グラフィック＆インタフェイス・デザイン：アーニャ・ヴァイスバッハ／ＣＧプログラミング：新宮圭輔／音楽：浦尾画三／デジタイズ：日本写真科学株式会社／スーパーバイザー：大江直吉

時代の輝きを捉えた浮世絵

近年まで浮世絵に興味を持つことは、昔を懐かしむことと同義だった。そのため、浮世絵は一般的に「時代遅れ」、「古い」と言われるようになった。確かに、江戸末期から明治初期にかけての風俗や社会情勢を赤裸々に写し取った浮世絵は、描かれた時代の枠を超えられない面が多い。当然、当時の生活様式を本当の意味で知ることもできない。人物に施された精巧な装飾も、電柱や高いビルのない町人の生活や日本の風景を理解することは容易ではない。しかし、裏を返せば、今は失われた世界が描かれているからこそ、浮世絵がその時代の輝きを捉えていたことがわかる。

さらに、浮世絵の表現方法を精査すると、新たな光を発見することができる。実際に、浮世絵に影響を受けた一九世紀のヨーロッパの画家たちの作品にも、浮世絵から見いだした新しい表現様式を見ることができる。

国周の作品には、歴史の中で培われてきた浮世絵制作の技法が、文明開化とともに流入した西洋の技法と融合する要素が包括されている。最後の浮世絵師となった国周は、明治時代になっても江戸浮世絵の作風の多くを守り続けた。しかし、そんな彼も時代の流れには逆らえなかった。そのため、国周は他の絵師のように西洋の新しい技法をただ取り入れるのではなく、それらの要素を積極的に浮世絵に取り入れた。つまり、国周の江戸のスタイルがあったからこそ、今日、彼の時代の新しさや斬新さが凝縮された作品が私たちの心を捉えているのである。

国周を国周たらしめていたのは、浮世絵の力技である。大きく見開かれた瞳のバランスを崩した瞳孔、ページを飛び出すように跳ね上がった力強い眉、歪んだ唇、歪んだ手の仕草。これらは様式化された表情だとわかっていても、何か恐ろしいことが起きているような気がしてならない。同じように、人間の体格を無視したようなねじれた体格や曲がった腕にも緊張感が感じられる。一瞬を切り取ったイラストレーションによって、国周は演劇の臨場感を呼び覚ますことに成功している。

さらに、国周の注目すべき点は、挿絵のシーンの真ん中に役者が登場する構図である。特に、国周が一人の役者を描いた三枚続きの名作「暫」では、九代目市川團十郎が見る者に迫ってくる躍動的な迫力がある。この左右対称の構図は、それまでの役者絵にはなかったものだ。

また、国周の作品に見られる豊かな色彩も見逃せない。舶来の化学染料を用い、それまでの浮世絵にはなかった赤色などの蛍光色によって、浮世絵に新たな局面を生み出した。国周ならではの色彩豊かな世界といえるだろう。

浮世絵の世界を形作った線の表現

浮世絵の特徴を生み出した技法は、浮世絵のイメージを表現するための線にほかならない。浮世絵に描かれる人物などの輪郭は、構図のさまざまな要素を区切る線によって決まる。同時に、着物の柄や繊細に梳かれた髪の生え際など、ディテールを表現するための技法でもある。木版画という技法は、線を使わざるを得ない一方で、表現の可能性を広く押し広げてきた。浮世絵の細い線で形を表現する技法は、確立された芸術の歴史を通して、時代とともに発展してきたことがわかる。

浮世絵がメディアとして消滅しかけていた時代に活躍した国周の浮世絵は、線の表現が非常に精巧で繊細だった。ある時は極細の線で直線を描き、またある時は曲がりくねった曲線を描く。そうした線が無数の点で交差し、ひとつの作品を構成する。

長い時間をかけて発展したこの表現の痕跡は、現代の日本においても、さまざまな表現に見ることができる。例えば、肖像画やさまざまな映像の中に。浮世絵で培われた技法や表現様式は、現代でも受け継がれている。特に日本の漫画やアニメーションの分野では、線に頼った表現から発展してきた。このように、浮世絵が発展した長い歴史と伝統は、現在の映像文化にも影響を与え続けているのである。

メディア美学研究センターの認知

　メディア美学研究センターの成果は、基幹プロジェクトの他、京都市の地域文化経済振興策の提言や、一九九九年に設置された「京都デジタルアーカイブ研究センター」の創設にも連動した。これは、後に全国規模で広がる地域社会のデジタル文化遺産生成の強力な推進力ともなった。

　メディア美学研究センターにおける企業との産学連携教育プログラムの開発（NTTコミュニケーションズ、大日本印刷、日本写真印刷、松下電器、NTT西日本など）は、一九九六年七月から一九九九年三月までの間、メディア美学研究センター研修員教育プログラムとして、企業のコンテンツ事業ニーズと、コンテンツ制作の独自ワークフローモデルとを連携させ、ウェブデザイン、オンラインコンテンツ、CD-ROM、DVDコンテンツなどの企業用コンテンツの実制作を受託し、コンテンツ教育上のオン・ザ・ジョブ・トレーニングやE-ラーニングモデルの開発を行った。

　大学への貢献としては、一九九五年〜一九九七年の二年間、図書館長と大学情報化特別推進委員会委員長を務めた。情報化の進展によって変貌する次世代図書館の構築と運営、同時に、大学情報化特別推進委員会委員長として、京都造形芸術大学の情報システム、ネットワーク環境のグランドデザイン、運用フレームなどを提言にまとめ、大学LANや情報センターの基盤形成を行ったのである。

国内では、東京国立博物館で開催された「デジタル・アーカイブ国際会議96」で発表したデジタル・コンテンツ作品「Digital Japanesque」（一九九六年十一月）が、メディア美学研究センターでの活動を認知してもらう端緒となった。この発表は、日本の伝統的文化資源のデジタル化が、現代の文化生産に資するその役割を、日本の伝統文様と古代色のアーカイブ・システムによって立証するためのデジタル・アーカイブ・システムの構築とそのプレゼンテーションだった。

セルパ・ポルトガル

京都時代、いくつかの国際会議に招かれたが、中でも重要な会議が欧州委員会とポルトガル政府経済省、貿易観光省、地域計画省主催の国際会議「地域開発枠組みにおける工芸品貿易業と小規模企業」（Serpa, Portugal、一九九七年六月十三日〜十四日）での招待講演だった。セルパは、ポルトガル中央部のアレンテージョ地方にある都市である。リスボンからクルマで二時間ほどである。会議のホストが、リスボンで一泊したホテルまで、クルマで迎えに来てくれた。

欧州における伝統的工芸品貿易は、その生産者の多くが零細企業であり、伝統工芸産業の環境は変化するライフスタイルや後継者問題などに直面していた。京都や日本各地の地域社会同様、都市化や空洞化により、こうした伝統産業の多くが新たな地域課題と向き合っていた。会議では、「伝統工芸の場所」「工芸品市場と観光開発」「地域コミュニティと都市開発要素」「地域工芸品の新ビジネスモデル」の四つのテーマで議論が進められ、欧州のみならず米国、南米、東欧諸国から二百八十人が参加。日本からは私が招待された。

私の講演は、日本の伝統産業集積地である京都における伝統工芸産業の再生事例、新たなビジネスモデルの展望について、「京都におけるデジタル・ジャパネスク」と題し、京都自らが世界の中で求められる「日本」的デザインや伝統に内在するイノベーションや創造性を発見しつつあることに触れ、地域の伝統工芸、文化は、単なる伝承としてのものづくりだけでなく、新たな時代に適応するデザイン性やデジタル技術などと向かい合う必要があることを示した。

京都西陣で累積した古代文様から抽出した「色合わせ」のデジタル化や伝承図案の現代化などの実例とともに、「伝統の創造的継承」が地域伝統産業のコアファクターであることを説明した。本講演は、京都造形芸術大学メディア美学研究センターで取り組んできたデジタル・アーカイブ研究の成果発表ともなった。

会議の最終日は、セルパに残る城跡での晩餐会だった。ポルトガルのジョルジェ・サンパイオ（Jorge Fernando Branco de Sampaio 一九三九―二〇二一）第三共和政第五代大統領がヘリコプターで会場に降り立つ姿が印象的だった。

石川新情報書府

京都時代にはじまった地域デジタル・アーカイブの整備事業に先鞭をつけたのは石川県の取り組みだった。私は、石川県の豊かな文化遺産のデジタル・アーカイブ・プロジェクトである「石川新情報書府」[7]のコンテンツ公募にかかる審査委員長をつとめ、約十年間、石川県と関わった。石川県は歴史的にアーカイブに深いかかわりを持つ。江戸時代には四代加賀藩主前田綱紀が全国の工芸や図書の収集に力を入れ、それを見て新井白石が「加賀は天下の書府なり」という表現をしたといわれている。石川県の取り組み以降、北海道から沖縄にいたる全国の美術館や図書館が中心となったデジタル・アーカイブが登場していった。

7　石川新情報書府　一九九六年から開始された、石川県が所蔵するアイテムをデータベース化したデジタルアーカイブ事業。輪島塗、山中漆器、九谷焼、加賀友禅、金沢泊といった石川県内の伝統工芸作品や作家データ、蔵書や資料などを閲覧・活用できた。二〇一五年までの二〇年間継続された。

京都のデジタル新世紀―デジタル・アーカイブ・ビッグバン京都

一九九八年十二月、京都市、社団法人システム科学研究所、京都デジタル・アーカイブ推進機構により、京都デジタル新世紀シンポジウム実行委員会が組織され、私はそのシンポジウムのモデレーターを務めた。

デジタル技術の進展によって、マルチメディア化、高度情報化が進捗する中で、「世界遺産都市京都の再生」「伝統産業のダイナミックな変成」はいかになされていくべきか、その中でデジタル・アーカイブの果たす役割とは何か、との問題意識から開催されたシンポジウムだった。基調講演には、デリック・デ・ケリコフ（トロント大学マクルーハン・プログラム・ディレクター）による「デジタル京都―歴史文化都市の未来像」、プレゼンテーションには「デジタル・アーカイブの産業的視点」と題してダグ・ロワン（イメージングソリューション社社長・元コービス社社長）が登壇した。ビル・ゲイツが世界の文化遺産をデジタル化して販売すると騒がれたコービス社のダグ・ロワン氏を招聘したことで、このシンポジウムは大きな盛り上がりを見せた。

シンポジウムでは、「デジタル・アーカイブは京都に何をもたらすか」というテーマのもと、柏倉康夫（京都大学教授）、リチャード・ラインハート（カリフォルニア大学バークレー校博物館情報学教授）、一筆芳巳（ウペポ＆マジ株式会社社長）、佐藤敬二（京都市工業試験場産業工芸部長）、寺前浄因（高台寺副執事）、松山靖史（株式会社しょうざん社長）、そして私が登壇した。

東京への帰還

京都でのメディア美学研究センターを軸とする研究開発はコンテンツ制作においても多岐にわたる展開となった。デジタル・アーカイブへの関心や地域での取り組みが始まろうとしていた頃、私は東京の美術デザイン系の大学と大阪の芸術工学系の大学の理事長から丁重な誘いを受けた。と同時に、デジタル・アーカイブの日本での提唱者だった月尾嘉男氏[8]から東京大学にできる新たな大学院に来ないかという誘いを受けた。

東京の某大学からは、メディア美学研究センターごと、つまりスタッフを含めて移管してくれないかというオファーだった。四年間お世話になった京都造形芸術大学には感謝していたが、当初、京都で実行しようとしたプロジェクトが完了したこともあり、私は東京に帰還することを考え始めていた。

お声がけしてくれた大学には感謝していたが、私が最終的に心を動かされたのは、映画評論家でフランス文学者として知られ、東京大学第二十六代総長となった蓮實重彥氏[9]が全体構想を手掛けた新領域創成科学研究科という新大学院への関心だった。日芸から京都、そして再び東京へ帰還する私の心には、京都をあとにする一抹の寂しさと、慣れ親しんだ東京への新たな思いが交差していたのだった。

8　月尾嘉男　工学者。東京大学名誉教授。建築デザイン・設計分野におけるコンピュータ利用の草分け的存在。コンピュータ・グラフィックス、人工知能や仮想現実の建築設計や都市計画への応用などを研究。一九九〇年代中頃、日本で初めて「デジタルアーカイブ」を提唱した人物としても知られる。

9　蓮實重彥　映画評論家、フランス文学者。東京大学第二十六代総長。仏文学にとどまらず、映画、現代思想、日本文学などの評論活動を展開。著書に『表層批評宣言』（一九八五年）『監督 小津安二郎』（一九九二年）『『ボヴァリー夫人』論』（二〇一四年）『伯爵夫人』（二〇一六年）など。

ゾーン8　東大本郷キャンパス

本郷・根津の記憶

一九九八年八月、私は東京大学大学院新領域創成科学研究科の文科省への設置認可申請に際し、教員候補者選考委員会において環境学専攻に設置予定のメディア環境学分野の助教授候補者として選考された。そして設置審の教員組織審査において正式にメディア環境学分野助教授として承認され、一九九九年四月に本郷キャンパスに着任した。

小学生の頃、母方の祖父に連れられて本郷キャンパスの五月祭に来たことを思い出す。医学系研究科のある古い校舎の暗い研究室に、ホルマリン漬けの人体部位が雑然と展示されていて、東大というのは恐ろしいところだと少なからずショックを受けた。ヤコペッティの『世界残酷物語』への関心や、GOLD、「ECCO NIGHT」、「ボディ・アポカリプス」に至る私のトラウマは、東大の五月祭に起因していたのかもしれない。

母の突然の失踪後、日暮里の祖父の家に厄介になっている時、谷根千（谷中、根津、千駄木）は身近な場所だった。今では下町情緒が残るエリアとして人気があるが、当時の千駄木や谷中は、誠之小学校時代のバス通学の通り道だったし、世の中に出回り始めた「生クリーム」なるものを谷中銀座で始めて食べた時の衝撃を覚えている。東京では、欧米の食文化を受け入れ、次々に子どもたちの舌を直撃した時代だった。開成、東大という進学コースから外れた私が、東大の本郷キャンパスに通うことになるなど、全く考えもしないことだった。日芸出身の私が、東大の大学院の教員になるというのは前代未聞の出来事だったのである。

京都の大学を去る前に、私は新たな着任地である本郷キャンパス周辺でアパートを探した。迷うことなく、住む場所は根津と決めていた。子ども時代に谷中や千駄木をかけ巡っていたこともあり、このエリアは限られた記憶とはいえ、懐かしい場所だった。根津の中でも、芸大に近いアパートに決め、京都から引っ越しの準備に取りかかった。

千代田線根津駅を境に、本郷東大と上野の芸大は近接していても、科学と芸術の境界は互いを大きく分断していた。新領域創成科学研究科は、革新的な研究を通じて新たなグローバル課題に取り組む東京大学の取り組みの一環として、一九九九年に設立された。この研究科は、学際的なアプローチをめざし、伝統的な学問の境界を打ち破り、革新的な科学研究を育成することを目指していた。東大と芸大との分断、つまり科学と芸術の乖離も、この研究科がどこまでその溝を埋められるのかが問われていた。

新設の大学院ではあったが、ほとんどの教員は旧態依然とした工学部系からの鞍替えで、時代の変化に適応するために新たな東大ブランドを身にまとう必要があった。東電からの多額な研究費支援を受け、毎年東電に学生を送り込んできた研究室も、学生集めに苦慮していた。そのため、研究室の研究テーマを「原子力発電」から「スパコンを用いた三次元シミュレーション」といった謳い文句で学生の関心を誘い、修士課程を出る頃には原発の保守管理のための要員を輩出するという研究室もあった。新領域創成科学研究科は、当初の六年間は本郷キャンパスに分散して研究室があり、二〇〇五年以降、新設された柏キャンパスに移転する計画だった。つまり、本郷キャンパスにとどまれる期間は六年間だけだった。

新設された新領域創成科学研究科環境学専攻のメディア環境学分野には、のちに総務省の審議官に就任された月尾嘉男教授のもと、マルチメディアや映画の論客として知られた浜野保樹氏と私の二人が助教授として参加した。環境学系は、人間環境学をはじめ、自然環境学、社会文化環境学、環境システム学、人工環境学、国際環境基盤学の六大講座から成る組織だった。メディア環境学分野は、人間環境におけるメディアと情報が及ぼす社会・文化・産業への影響などを総合的に探求する新設分野としてスタートした。

メディア環境学分野

メディア環境学分野の主たる研究軸は、「コンテンツの創成」と「文化の産業経済化」、「創造産業の振興」である。私は主に「デジタル・アーカイブ整備事業指針」「デジタル・コンテンツ産業政策」「国家・地域社会のブランド構築提言」「国際観光産業振興」への政府提言に関わった。修士・博士課程教育においては、メディア環境学の研究目的とその社会貢献性を重視した教育・研究プログラムを開発した。メディア環境学分野の研究活動としては、経済産業省の「デジタル・コンテンツ産業」振興政策、総務省の地域文化デジタル化事業、内閣府の国家デジタル・アーカイブ整備事業、日本ブランド構築政策、知的財産戦略会議などへの具体的提言を行った。メディア環境学分野の授業科目として、「人間メディア関係論」を担当した。当時のメディア環境分野のシラバスには、以下のような開講理由が記されていた。

「国内でコンピュータが毎年九百万台も販売され、インターネットの利用者数が五年間で五十倍強も増加し、衛星放送の出現によりテレビジョン放送のチャンネルが数百になるなど、通信や放送に関連する分野では異常ともいうべき飛躍が発生している。そのような状態を高度情報通信社会というが、この社会は三種類の要素で構築されている。情報を受信・発信・加工する端末装置のプラットフォーム、情報を伝達するディストリビューション、そして伝達される情報自体のコンテントである。それぞれは既存の工学や理学の対象として研究されているが、メディア環境学分野では、それらが産業、経済、政治、文化などとどのように影響しあっているかを対象に研究する。電話がビジネスの方法を変化させたと同様に、インターネットは未来のビジネスの方法を出現させつつある。一本の映画が世界を変化させたと同様に、一面のホームページが地域を変化させつつある。そのようなメディアと人間、組織、地域、国家の関係を歴史の視点、技術の視点、文化の視点など、さまざまな視点から解明し、情報の世紀ともいわれる二一世紀の方向を発見することが本授業のめざすところである。」

私はメディア環境学分野のカリキュラム開発に関わり、大学院開講科目「人間環境学設計演習Ⅱ」を担当した。修士論文指導と連動し、おもに国家・地域ブランド構築、情報文化遺産をめぐる国の文化経済政策の指針となる政策研究を行った。さらに、大学院開講科目「メディア環境基礎論」も担当した。「人間人工環境学特別設計演習」では、メディア環境学分野研究室所属の大学院修士課程在籍学生に対する修士論文指導、博士論文指導を行った。一九九九年より二〇〇五年三月までの六年間の東大在籍中、修士課程における指導教官として研究指導した学生は全部で三十二名だった。

新宮圭輔君の去就、QuarkImmedia の開発

京都から東京に戻ることになり、メディア美学研究センターでの活動も終了することになった。京都での四年間、私の助手として日々コンテンツ制作に邁進してくれた新宮圭輔君は、デンバーへと旅立つことになった。当時センターで主に使っていたオーサリング・ツールは、DTP分野で世界シェアのQuark社が開発した「QuarkImmedia」のベータテスト版だった。これは、インターネット上におけるマルチメディアのオーサリングおよび表示アプリケーションだった。

一九八一年にティム・ギルとマーク・ポープによってコロラド州デンバーに設立されたQuark Inc. は、革新的な製品であるDTPソフトウェア「QuarkXPress」でよく知られていた。このデスクトップ・パブリッシング・ソフトウェアは、プロフェッショナル向けの効率的なページレイアウトとデザインを可能にし、出版業界に大きな影響を与え

た。「QuarkXPress」の成功により、Quark Inc. は出版用ソフトウェア開発の主要プレーヤーとしての地位を確立した。

九〇年代後半、インターネットが普及し始め、マルチメディアコンテンツの重要性が増すにつれて、Quark は静的なページレイアウト以外の製品ラインナップの拡大を模索した。これが「QuarkImmedia」の開発につながった。「QuarkImmedia」は、デザイナーやコンテンツ制作者が、動的でインタラクティブなマルチメディアコンテンツを簡単に制作および管理できるようにすることを目的とした、意欲的なツールだった。このプラットフォームは「QuarkXPress」とシームレスに統合できるように設計されており、ユーザーは新しいデジタルフォーマットでスキルを活用できた。「QuarkImmedia」によって、ウェブアプリケーション、デジタルマガジン、ビデオやオーディオなどのリッチメディアエレメントを使用した教育ツールなどのインタラクティブな体験の作成が可能になったのである。

その革新的なアプローチにもかかわらず、「QuarkImmedia」は「QuarkXPress」のようには市場に浸透しなかった。ウェブテクノロジーの急速な進化と、Adobe などの競合他社（Flash や Dreamweaver などの製品）が提供するより柔軟なウェブ・デザインツールの出現により、「QuarkImmedia」が足場を固めることは困難だった。

しかし、新宮君はこの Immedia のベータ版を世界の誰よりも使いこなし、メディア美学研究センターのコンテンツ制作のほとんどをこのImmediaで仕上げてくれた。私の抽象的で感覚的なビジョンを手探りで形にしてくれたその力量は、Quarkの日本支社を通じてデンバーのQuark本社にも伝わっていた。新宮君は、Quark本社からの異例の抜擢でデンバーへと旅立つことを決めた。私は彼のQuarkへの就職を見届けるために、デンバーまで赴き、彼と暖炉の温かい炎を前に、彼のアメリカでの活動の夢を語り合った。

新宮君は、Quarkに長く在籍したあと、同じデンバーのテクノ系音楽配信で知られるBeatportに移り、その後デジタル音楽ツールで知られるネイティブ・インスツルメントのベルリン本社、その後も米国の第一線のインタフェイス&エクスペリエンス・デザイナーとして現在も活躍している。彼はメディア美学研究センターから世界へと旅立った最高の人材だった。同時に、私のアカデミックな領域において、「弟子」と呼べる唯一の存在だったのである。

ジーン・カンの思い出

東京大学に移籍後も、京都や全国のデジタル・アーカイブ事業との関わりは続いた。二〇〇〇年九月、私は京都市デジタル・フロンティア京都実行委員会主催による第二回デジタル・フロンティア京都国際会議における全体プロデューサー、モデレーターを担当した。

九月二十六日のシンポジウム「デジタル経済の未来」では、伊藤穰一（ネオテニー代表）、中村伊知哉（マサチューセッツ工科大学メディアラボ客員教授）、サム・インキネン（ラップランド大学・ヴァーサ大学研究員）、ジーン・カン（グヌーテラ開発者、インフラサーチ設立者）、スコット・フィッシャー（慶應義塾大学大学院教授）と共に、進行を担当。二十七日のシンポジウム「京都のニュー・ブランディング」では、京都の新たな地域ブランド構築をめぐる可能性について、高城剛（映像作家）、河合純（キッズカンパニー代表）、後藤陽次郎（ザ・コンランショップ・スーパーバイザー）、ケイト・クリッペンスティーン（ジャーナリスト）と共に進行を担当した。

この会議で特に重要な招聘者は、ジーン・カン（Gene Kan 一九七六―二〇〇二）だった。私はジーン・カンを招聘するためにメールを書き、京都の会議に「あなたにどうしても参加して欲しい」と伝えた。カンは快く承諾してくれ、私は彼と三日間の京都を楽しんだ。

ジーン・カンは、一九九七年にカリフォルニア大学バークレー校を電気工学とコンピュータ・サイエンスを専攻して卒業し、学生クラブ eXperimental Computing Facility（XCF）のメンバーだった。彼は、イギリス生まれの中国系アメリカ人で、二〇〇〇年代初頭に大流行したピアツーピア・ファイル共有プロトコル「Gnutella」に関わった初期の開発者の一人だった。二〇〇〇年にオリジナルのソースコードがNullsoftによって公開された後、「Gnutella」の普及と発展に貢献したことで知られる。その後、「Gnutella」の分散型ネットワーク・モデルをインターネット検索に活用することを目的とした会社、InfraSearchを共同設立した。InfraSearchは最終的にサン・マイクロシステムズに買収された。

残念なことに、この京都の会議から二年後、ジーン・カンは二〇〇二年六月に頭部へのピストル自殺で亡くなった。彼の死は、技術コミュニティ、特にピアツーピア技術の黎明期に携わった人々にとって大きな損失だった。カンの貢献は、分散型コミュニケーション・テクノロジーを発展させたことで特筆すべきものであり、彼の死は、プレッシャーの高い技術環境に置かれた個人が直面しうる精神衛生上の問題に注目を集めることとなった。しかし、彼の遺産は、現在進行中の分散型ネットワークとテクノロジーの開発と応用へと続いている。

立命館大学アートリサーチセンター

京都との関わりは、立命館大学に新たな設置されたアート・リサーチセンターへの参加も含まれていた。このセンターは、主にデジタル・アーカイブを研究対象としていた。

寄付研究プロジェクト（大日本印刷株式会社）「デジタル・アーカイブを対象とする次世代型インタフェイスの開発と応用（ＮＡＨＳ）」に、二〇〇一年八月から二〇〇三年三月まで参加した。

インターネット上に膨大な情報として増殖をとげるホームページ群は、私たちが慣れ親しんできた書物や雑誌のページをめくる経験の延長から広がったといえる。ハイパー・テキストによる自在なページ・ジャンプによって、参照や他とのリンクを瞬時に行えるその機能は、今や広く世界に浸透し、多様な情報との連関を促すシステムとして一般化している。しかし、現在、そのページ構成は大量で複雑なリンク構成となり、一サイトに膨大な量のページがストックされ、ユーザーは本来欲しい情報に辿り着けず、情報の海の中で自らの場所を見失うといったことが往々にして起こる。そこで、本来、情報と人間とが織り成す豊かなフィードバックを、「経験」として高めるインタフェイスの実現が模索されており、それが、本来のウェブの可能性であると考えられる。

蜘蛛の巣のように張り巡らされた情報の編み目を自在にその階層に入りながらブラウジングする経験、全体と部分によって織り成される多元的な階層の短時間での把握。私たちの認知能力との親和性によって、通常のホームページでは経験することのできない、まさにインターネット上の「ファン・トゥ・ドライブ」を可能とさせる全く新たなウェブ・インタフェイスの開発と、その可能性を最大に活用する応用ドメインを開拓することが本研究の目的だった。

文部科学省採択研究、立命館大学オープン・リサーチ・センター整備事業「デジタル時代のメディアと映像に関する総合的研究」では、二〇〇二年十月から二〇〇五年三月まで分担研究を担当した。文化遺産や人文科学を対象領域とするデジタル・アーカイブの形成は、単に美術館ウェブ・サイトやネットワーク上に形成されるコンテンツ閲覧環境の構築だけではなく、実体的な図書館や美術館、その他公共施設、ギャラリーなどの従来型の展示機能との横断的なインタフェイス機能をどのように探求するかという観点が重要と思われる。

その理由として、これまでの情報科学やウェブの世界では、「検索」を第一義とする情報探査がその利便性において重視されてきたが、本来、情報とは、検索によってのみ得られるものではなく、実体空間の来館者などが、情報展示環境を自ら建築的な情報デザイン能力として「経験」する行為でもあり、そうした情報の閲覧を、今日のデジタル・アーカイブ環境に導入することにより、情報コンテンツの経験的、立体的な把握が可能となる、という仮説から、本研究の深化を目指した。

デジタル・ミュージアムの可能性

世界中の美術館・博物館がワールド・ワイド・ウェブを介して自らのコレクションをデジタル画像として表示し、サイバースペース上でのコレクション展示を試みているが、こうしたネットワークを介したデジタル・ミュージアム機能の可能性と拡張を踏まえながら、本来の美術館そのものの実体展示環境と密接に結びつくメディア情報展示の在り方に着目することができた。

例えば美術館は、地域文化資源から世界の芸術資産、文化財など多岐にわたるコレクションを有している。その存在は公共的な性格から個人美術館に至るまでさまざまである。私は京都のメディア美学研究センターにて、日本の伝統美学や文化資源を基盤としたデジタル・ミュージアム・アーキテクチャーのインタフェイス・デザインなどを手がけた経験を有している。とりわけ着目したのが、近年のハイパーボリック（ツリー状）な情報閲覧システムなど、次世代型デジタル・アーカイブにおけるインタフェイス・デザインの編成である。

その構成要素として、美術館における鑑賞者体験の核となる作品鑑賞による美術経験は、とりわけ美術館そのものの実体空間からの立体的な体験によるものであり、それらの環境的要素を詳細に分析し、さらにバーチャルなメディア環境の独自なデザイン特性を生かした仮想環境デザインの可能性を探りつつ、美術館建築の特性や実体空間環境におけるオブジェクトの配置構造などを、メディア環境展示機能とのコンバージェンス・システムとして再構築することとの可能性が得られた。

実体環境の多様なメタファーを分析し、その中では実現できない仮想環境モデルとの相互作用によって生ずる新たなアーカイブの経験的諸相を、いかにデザインするかが本研究の背景だった。その展開上、アーカイブ生成における包括的な美学設計や細部のデザイン・エレメントを統合する概念的なシステム設計を重要視するに至った。

とりわけツリー状のクラスター型画像表示インタフェイスの階層構造から二次元空間と三次元空間の動的な連鎖階層など、利用者のインターアクトやビヘイビアを十分に反映するインタフェイス・アーキテクチャーは、実体の美術館建築の動線や閲覧環境などと同様、極めて重要なファクターであると思われる。実体環境とメディア環境との境界面に現れる新次元の閲覧環境として、特に画像閲覧とユーザー・ビヘイビアの接合するインタフェイス境界面を、いかに実体的な「鑑賞」を超えた情報経験として構築可能かが、本研究を通じてより鮮明に解明された。

学際情報学府コンテンツ創造科学産学連携教育プログラム

東大で新領域創成科学研究科とともに関心を集めた学際情報学府とも関わりを持った。それが、「グローバル・ストラテジー論」の担当（二〇〇四年四月〜二〇〇五年三月）だった。二〇〇四年、内閣府調整費を受けて、次世代のコンテンツ産業を担う人材育成を目的に、「コンテンツ創造科学産学連携教育プログラム」の開発に関わった。

多様なコンテンツ領域（映画、アニメ、ゲーム等のエンターテイメント産業）において、必要不可欠な人材であるプロデューサー、技術開発者、指導的教育者の育成を行うための教育プログラムに着目した。当時、我が国のコンテンツ・ビジネスの事業規模は総額として十一兆円台を推移しており、産業界の重要な一角を担うまでに成長していた。しかし、それを構成するさまざまなジャンルで圧倒的に不足しているといわれているのが「プロデューサー」人材教育であり、近年のデジタル技術の台頭により、科学技術とコンテンツ制作との間には密接な関係が構築されていることから、コンテンツ創造と先端工学との融合にも重きを置いた教育プログラムを目指した。

特にコンテンツ・プロデュースに必須のコンテクスト（文脈性）戦略、文化のグローバル経済化をめぐる国際文化経済戦略を講座授業として体系化し、第一線で活躍するコンテンツ・ビジネス、メディア・ビジネスのクリエーター、プロデューサーの講義を組み込んだ新たな授業形態の実施を行った。二〇〇四年度開設科目の内、私はコンテンツ・プロデューサーが必須とする国際戦略に焦点をおいた「グローバル・ストラテジー論」を担当した。

立教大学と放送大学

東大時代に受け持った他大学の授業は、立教大学社会学部社会学科の要請により、「情報社会研究1」を担当（二〇〇四年四月〜二〇〇五年三月）した。本授業において、情報社会論の課題のひとつを「公共空間の再定義」として捉え、情報環境における新たな公共性環境の出現や、パブリックドメインなどの公共情報財の持つ意味など、公共財が私有財に転換されていくことで成長を担保しているといわれる情報資本主義に内在する諸課題をどのように考えるべきかを提示した。デジタル音楽流通などの広範囲な社会基盤の変化などにも触れ、無体財産のコンテンツ経済成長が及ぼす新たな社会変動などに言及した。

二〇〇五年には、放送大学大学院文化情報科学群「情報化社会研究―メディアの発展と社会」を分担で担当した。情報革命と遺伝子工学の進展で幕をあけた新たな時代に、私たちの生活はどのような変化をとげるのか。未来を予測するのは困難だが、一つ確実にいえるのは、情報環境の変化が大きな要因になることである。ただ情報の世界にあっては、新たな伝達手段が登場しても、以前の技術がなくなるわけではなく、私たちは多様化する伝達手段を使い分けながら必要な情報を摂取する。それが私たちの社会の枠組みを大きく変化させていく。二〇世紀後半に始まったデジタル革命によって、工業文明から情報文明と呼ぶべき新たな段階に入った私たちの社会のありようを、情報の視点から考察した。

『InterCommunication』編集委員&アドバイザー

一九九二年の創刊から二〇〇一年まで、季刊『InterCommunication』(NTT出版発行)全三十四冊の編集委員、アドバイザーをつとめたことにも触れておきたい。十年間にわたり、一貫して電子メディア、情報社会とメディア芸術、サイバー文化の諸関連の論考、エッセイなどを多数執筆し、各号の編集方針、執筆陣の選定などを担当した。

デジタル統合による新たなメディア概念の到来を告げ、旧来の諸メディア間を横断しコミュニケーションの新たな地平を探索する当雑誌に編集委員(浅田彰[1]、伊藤俊治[2]、彦坂裕[3]、武邑光裕)として参画することによって、時事刻々と変化し、膨張し続ける電子メディア環境と文化との連関を把捉する試行を継続した。毎号の執筆だけでなく、対談や鼎談、インタビューなども多数担当し、常に変動・流動するメディア環境や電子メディア

1 浅田 彰 批評家、哲学者。一九八三年にデリダ、フーコー、ドゥルーズらを参照し、フランス原題思想を解説した『構造と力』を出版。思想書としては異例のベストセラーを記録。中沢新一らとともにニューアカデミズムブームを巻き起こした。

2 伊藤俊治 美術評論家、写真評論家。専門の美術史、写真史の枠を超え、アートやサイエンス、テクノロジーを交えた視点から評論活動を行う。東京藝術大学先端芸術表現科の新設に関わり、二〇年にわたって同学科の教授を務める。

3 彦坂 裕 建築家、環境デザイナー。つくば万博(一九八五年)、大阪花博(一九九〇年)に携わるほか、愛知万博(二〇〇五年)では政府出展事業のクリエイティブ統括ディレクターを務めた。

季刊『InterCommunication』
0号から34号までの特集テーマ

No. 0　コミュニケーションの現在（1992 Spring）
No. 1　トランスポーテーション— 速度都市あるいは移動の文化変容（1992 Summer）
No. 2　情報系としての生体（1992 Autumn）
No. 3　サイバースペース（1993 Winter）
No. 4　時間のランドスケープ（1993 Spring）
No. 5　情報都市（1993 Summer）
No. 6　人工生命進化論（1993 Autumn）
No. 7　インタラクティヴ・アート（1994 Winter）
No. 8　ハイパーネットワーク・コミュニケーション（1994 Spring）
No. 9　音＝楽テクノロジー（1994 Summer）
No. 10　デジタル・イメージ論－視ることの変容（1994 Autumn）
No. 11　身体／パフォーマンス（1995 Winter）
No. 12　e-TEXT—電子言語のマトリクス（1995 Spring）
No. 13　インターネットの政治経済学（1995 Summer）
No. 14　映像メディアのアルケオロジー（1995 Autumn）
No. 15　スーパーミュージアム－電子情報時代の美術館（1996 Winter）
No. 16　エンターテインメント・テクノロジー（1996 Spring）
No. 17　アート＆テクノロジーの20世紀—科学と芸術の対話（1996 Summer）
No. 18　ハイパーライブラリー—データベースから脱データベースへ（1996 Autumn）
No. 19　サイバーアジア－情報化する文化と社会（1997 Winter）
No. 20　20世紀のスペクタクル空間（1997 Spring）
No. 21　情報社会の未来形　対話篇（1997 Summer）
No. 22　科学にとって美とはなにか（1997 Autumn）
No. 23　反重力へ—ものからの離陸（1998 Winter）
No. 24　ヴァーチュアル・アーキテクチャー（1998 Spring）
No. 25　テレプレゼンス —時間と空間を超えるテクノロジー（1998 Summer）
No. 26　音楽／ノイズ—21世紀のオルタナティヴ（1998 Autumn）
No. 27　漢字WAR—コンピュータ社会と日本語（1999 Winter）
No. 28　We are the ROBOTS（1999 Spring）
No. 29　ダンス・フロンティア—身体のテクノロジー（1999 Summer）
No. 30　次世代インターネットが拓く世界（1999 Autumn）
No. 31　マルチメディアと教育（2000 Winter）
No. 32　20世紀のカルテ—「戦争の世紀」と芸術（2000 Spring）
No. 33　21世紀のための500冊（2000 Summer）
No. 34　IT革命／ITベンチャー（2000 Autumn）

を焦点とする新たな美学の要請を志向する立場から多彩な論考を発表することに努めた。

新宿・初台のNTT InterCommunication Center（以下ＩＣＣ）は、ＮＴＴが設立したアジアで最大のメディア・アート美術館として、オーストリア、リンツのアルス・エレクトロニカ、カールスルーエのＺＫＭなどと並ぶメディア芸術発信拠点として世界の評価を得るに至った。本誌編集は、実体展示空間であるＩＣＣを情報環境として立体化する意味として、雑誌メディアの特性を活かしつつ、毎号、先鋭的な企画、編集作業を行った。

ＩＣＣの本体活動、並びに本誌による情報発信から、我が国におけるメディア・アート分野の人材育成や環境整備などにも貢献した。コンテンツデザイン領域、メディア・デザイン領域の芸術家、研究者の育成をはじめ、芸術と技術工学の連携などを模索した大学の新設学部、学科などに与えた影響も、高く評価されていた。

東大時代の著作と講演活動

その他の東大時代の活動を補足しておこう。海外での活動としては、ＭＣＮ（Museum Computer Network）Japan SIG Chairを二〇〇一年から二〇〇五年まで務めた。発足から二十五年以上の歴史を持つ米国の非営利組織、ＭＣＮの日本分科会代表として、世界の美術館・博物館の情報化、ネットワーク化の推進を図った。北米を中心に開催される毎年の年次大会では、世界の美術館・博物館の最新動向についての意見交換、シンポジウムの組織化、日本の状況や取り組みを紹介、日本における博物・美術館情報学と国際協同の学会組織運営を行った。二〇〇〇年、日本の文化全般を海外に紹介する雑誌『Japan Echo』27号の「Three New Frontiers in Science」にて、日本の注目すべき新分野開拓の学者三人に選ばれ、研究領域に関しての論述が掲載された。

東大のメディア環境学研究室で月尾嘉男教授から指示されたミッションは、二冊の著作の出版だった。ひとつは月尾氏、浜野氏、私が共同で、メディア環境の原典を紹介する『原典メディア環境　1851−2000』（東京大学出版会）の出版だった。

現代のメディア環境は、自然や人工環境と同様に、人間の環境全体に必要不可欠な要素として存在する。本書は、一九世紀中葉から現在までの「メディア」をめぐる世界史的な展開の只中で、重要なメディアの言説、理論、文化、技術、政策などを取り上げ、原典そのものを提示しつつ、各々に解説を付し、メディア環境学の主要な概論として纏め上げたものである。七百二十三ページ中、私が担当したのは二百三十ページになる。

もうひとつは、メディア環境学研究室の三人のメンバーが各自、単著を出版することだった。私はデジタル・アーカイブと記憶の産業化をテーマに執筆に取り組み、『記憶のゆくたて―デジタル・アーカイヴの文化経済』（東京大学出版会）を出版した。これは、九〇年代後半から、世界で国家事業として取り組まれているデジタル・アーカイブに関する書き下ろし論考だった。記憶の外在化現象として人類史と深い関わりを有する情報の「アーカイブ」（格納）システムは、インターネットとデジタル技術を前提に、歴史上類を見ない膨大な記録を生産するに至った。こうした人類知の記録が及ぼす「デジタル・アーカイブ」の歴史的な意味と変遷を辿り、現代の情報環境や社会システムの中で、記憶と忘却の織り成す人間環境への影響、さらには文化経済として成立する記憶の産業化のありようについて詳述した。この著作は、第十九回電気通信普及財団テレコム社会科学賞を受賞した。

ナムジュン・パイクとの再会

八〇年代前半に、ＮＹでお世話になったパイク氏と、京都で再会した日のことは忘れられない。一九九八年、パイク氏は稲盛財団の京都賞（思想・芸術部門）を受賞し、糖尿病で車椅子ながらマイアミから京都に来てくれた。私は京都賞の思想・芸術部門の候補者推薦委員でもあったことから、パイク氏の受賞はとても嬉しかった。

パイク氏の来日に合わせ、『InterCommunication』誌上でパイク氏との対談を行った。六〇年代にフルクサスの活動から離れ、ＮＹでビデオアートを始動して、のちのメディア芸術の端緒を開拓したパイク氏へのインタビューは、長年の創造活動を回顧しつつ、次代の方向性をみつめるパイク氏の創造的契機や次代のコンテクストを探索する視点に焦点を絞った。これは、「21世紀には〝甘い宗教性〟が重要になってくるのね」―ナムジュン・パイク・インタヴュー（『InterCommunication』No. 28　一九九九年四月）というタイトルで掲載された。

ビデオアートの先駆者であるパイク氏は、テクノロジーと文化に関する挑発的で洞察に満ちた観察で知られていた。彼が「甘い宗教性」が二一世紀に重要になると言及したのは、デジタル時代の深化に伴い、テクノロジーと精神性、そして人間の価値観の間の力学が変化していることを述べたものである。

「甘い宗教性」という言葉は、神学書や学術書では明確に定義されていないが、パイク氏の作品や哲学を考慮すると、肯定的で包括的、育成的なスピリチュアリティや宗教的感情の一形態と解釈することができる。この種の宗教性は、独断的で厳格な宗教的実践とは対照的であり、その代わりに、慈愛に満ちた、普遍的に親しみやすい精神性へのアプローチを促進するものである。

テクノロジーがますます生活のあらゆる側面に影響を及ぼすようになった二一世紀という時代背景の中で、パイク氏は、人々がより穏やかで受容的な精神修行を通じて、安らぎや共同体感覚を求める時代を予見していたのかもしれない。これは、高度にテクノロジー化された社会で起こりうる疎外感や非人間性への対抗策とも言える。「甘い宗教より共感的なスピリチュアリティへの転換を表していたのかもしれない。

性」は本質的に、現代生活によってもたらされる実存的な課題に対処する手段として、

地域文化デジタル・アーカイブ事業の拡大

東大時代、全国規模で地域文化のデジタル・アーカイブ事業がピークを迎えていた。京都で取り組んだアーカイブ・プロジェクトが、日本各地へと展開されていった。それにともない、私は各地方自治体から招聘され、デジタル・アーカイブ事業の本質を伝えるために各地を飛び回った。

ミュージアムの未来

これまでミュージアムなどの文化施設は物理的な場に限定されていた。オンラインで情報の受発信や双方向性が実現した情報社会では、ミュージアムの役割も物理的な場所に限定されず、むしろビジター（来館者）との情報の交流が大きな意味を持ちつつあった。コミュニティ・マーケティングとは情報へのアクセス性を持つ個々人の関心の共有から、自然発生的に生まれる多様なコミュニティの動向を分析し、新たな市場性を生み

出す手法を開発することを意味している。

コミュニティの欲求が、巨大な市場性に連動し、マーケティングそれ自身は顧客の心や感性の在り処に直接連動していく。地域社会のブランド構築にとっても、市場は都市の物理的な場所だけにあるのではなく、オンラインの中のコミュニティに即応する情報の交換にあるといえる。ミュージアムは、地域文化の中心的なハブ機能として、これまでも観光や文化経済の中心的な拠点であり、これからのミュージアム経営にとって、地域文化のデジタル情報発信はもとより、地域経営の観点からも、顧客（ビジター）のニーズをいかにすばやく理解し、地域社会全体の観光文化資源と連動した新たな経営手法を獲得することが重要だろうと考える。このシンポジウムでは、よりグローバルな視野からのミュージアムそれ自身とビジターとの新たな関係作りについて、そして地域文化の産業化という視点から、ミュージアムの未来像を探る基調講演を数多く行った。

東京から札幌へ

以上、東大時代の活動の概要に触れた。二〇〇四年、振り返れば一九九九年春に京都から東京に移住して五年が経った。このまま東大に留まることは考えていなかった。二〇〇五年に本郷から柏キャンパスに移転することも大きな障壁だったし、メディア環境学研究室の月尾嘉男教授が、東大を辞め総務審議官に就任されたことも大きな変化だった。月尾教授という後ろ盾を失って、環境学系での異端児と見なされていた私へのプレッシャーは大きくなっていった。

「このまま東大にいるつもりですか？」と、あからさまに問いただす他分野の教授もいた。

新領域創成という学際的で文理融合をめざした新大学院の実情は、工学系研究室の新たなブランディングによる生き残りに過ぎなかった。そろそろ東大を離職する時期だと考え始めていた時、札幌市の職員と知り合うことになった。何度か会って親交を深めていたころ、根津の串揚げ屋「はん亭」で彼からこう問いかけられた。

「札幌に新設予定の大学に興味はありますか？　看護とデザインの大学です。一度、市長にお目にかかっていただければと思っています」

その新設予定の大学は二〇〇六年四月に開学予定で、初代学長には車椅子で著名なデザイナー、川崎和男[4]氏が内定しているという。私と川崎氏は、ともに経産省のグッドデザイン賞の審査員をしていたこともあり、旧知の間柄だった。確かに看護とデザインの高専を公立大学化するこの計画に、川崎氏の学長就任は適任だった。

北海道の首都とはいえ、札幌には特段の縁もない私にとって、この新設大学への誘い

4　川崎和男　インダストリアル・デザイナー、プロダクトデザイナー。一九七八年に自動車事故で脊椎損傷となり車椅子での生活となる。早くからコンピューターを使ったデザインに着目し、ナイフ、メガネ、人工臓器などのデザインで知られる。国内外のデザイン賞を多数受賞。自身のためにデザインした車椅子「CARNA」や、越前打刃物を使ったはさみ「X&I」、鉛筆削り用ナイフの「PlaSchola」はニューヨーク近代美術館の永久収蔵品となっている。

はとても興味深いと同時に、全く知らない土地での生活に一抹の不安もあった。私は札幌市に提案を行った。二〇〇六年開学予定であるなら、二〇〇五年には文科省の大学設置審議会に申請を行うはずであり、ならば大学設置申請の担当にしてくれないかと申し出たのである。

大学創設の一助になりたいという、私の提案を札幌市は快諾してくれ、私は二〇〇五年三月末をもって東大を辞め、二〇〇五年四月に札幌市の企画調整課、大学設置準備室の教学担当部長という待遇で札幌市役所の職員となった。大学開学までの一年間、札幌市という地方行政機関の公務員になるという、これも私の人生において初めての、なおかつ想像すらしていなかった運命だったのである。

ゾーン9　札幌

札幌前夜

二〇〇四年十月、私の五十歳の誕生日を多くの教え子や友人たちが祝ってくれた。それは、高城剛氏が当時経営していた青山のレストラン「笄櫻泉堂」での盛大なパーティーだった。青山のこの建物は、もともとは安藤忠雄氏の設計した個人住居だったらしいが、高城氏がこの建物を買い取り、レストランの他、デジタル映像編集室や個人事務所なども併設していた。私はこのパーティーで、はじめて札幌に行くことを皆の前で宣言した。京都から東京に戻り、六年目の決断だった。

この五十歳の誕生日パーティーは、とても記憶に残っている。東京から札幌へと移住すると言っても、それは容易いことではないことを自分がよく心得ていたし、まして新設の大学を設置する計画に参加するという機会はなかなか得られないことだった。大勢の教え子や友人が背中を押してくれたことで、札幌という未知の場所への可能性と課題も改めて感じていた。

二〇〇四年六月、札幌市より、札幌市立大学設置準備委員会デザイン専門部会委員の委嘱を受け委員に就任した。この委員会の委員長は、車椅子のプロダクトデザイナーとして著名な川崎和男氏で、私はグッドデザイン賞の審査委員だった時に、川崎氏の明晰な思考と審美眼に出会っていた。札幌の仕事を引き受けたのは、川崎氏とともに働けると思ったからだ。当時、川崎氏はすでに新設大学の学長に内定していたが、川崎氏と札幌市の意見が合わず、二〇〇四年八月十九日、川崎氏が学長を辞退するという事件が起こってしまう。私は川崎氏が掲げていた「看護とデザインの融合連携」という重要な観点と、それを担う強力なリーダーシップを失うことを残念に思った。

予想できない難題と向き合いながら、二〇〇五年四月、私は大学設置準備委員会委員を経て、大学設置申請にかかわる準備業務の評価を受け、札幌市市民まちづくり局企画部大学設置準備室研究・教学担当部長に就任した。地方公務員となった私は、大学開学までの一年間、文科省への大学設置申請業務および初回入学試験問題作成業務などをこなした。

二〇〇六年四月の開学をめざす札幌市立大学デザイン学部の構成は、「空間」「製品」「コンテンツ」「メディア」の四コース制だ。私は共通教育から専門教育カリキュラムの全体統括を行い、文科省大学設置審議会への設置申請書の作成を監修した。

開学に向けて、デザイン学部の教員組織編成も担当した。学長予定者だった川崎氏は、これからの大学のあり方に従来の価値観を刷新する大胆な構想を持っており、なかでもデザイン学部の教員は英語での授業を必須とし、それに適応できる人材を求めていた。新設の札幌市立大学は、それまであったデザイン系高専（芸術の森校舎）と看護系高専（桑園地区校舎）の合体によるものとして札幌市が計画していた。つまり、現状の二つの高専教員を大学教員として採用する可能性が前提となっていた。

川崎氏はこの既定の方向性と反対の立場を取り、大学設置にあたって教員採用を広く国内外に求めるものだった。これは現状の高専教員がそのまま大学教員に移行できることを意味していなかったため、高専教員の一部から反対運動も起こり、開学までの教員組織の編成はいくつもの難題と向き合う必要があった。

デザイン学部の教員公募で留意したのは、外国人教員の採用だった。私はベルリンの友人で国際的に活躍しているメディアアーティストのニーナ・フィッシャー（Nina Fischer）とマロアン・エル・サニ（Maroan el Sani）に声をかけた。日本での展覧会のために来日していた彼らを口説き、教員公募に応募してもらった。結局、彼らは二〇〇七年から三年間、メディア・デザインコースの准教授として札幌で学生たちと親身に向き合ってくれた。

他にも映画監督でVFXアーティストのダグラス・トランブル（Douglas Trumbull）のもとでCGアーティストとしてのキャリアを積み、日本のスタジオ4℃でアニメ映画『鉄コン筋クリート』を監督したマイケル・アリアス（Michael Arias）にも声をかけたが、彼は大学教員への道に関心を示してくれたが、教員応募には至らなかった。

日本人教員として大学に参加してほしかったのは、ゲームデザイナーで私の教え子でもある水口哲也氏[1]、初音ミクを世に出したクリプトン・フューチャー・メディアの代表、伊藤博之氏[2]、オンライン・アート・マガジンとして世界的に知られていた『SHIFT』の大口岳人氏[3]など、札幌にゆかりのある人たちだったが、結局、伊藤氏と大口氏は、二〇〇七年頃から非常勤講師として参加してくれた。

東大時代の教え子で、ソニーやサイボウズ・ラボで就職経験を持つ須之内元洋君に札幌での大学教員への道に誘った。情報科学や音の環境学で優れた研究を行っていた彼こそ、大学教員、研究者という道がふさわしいと感じ、北海道の定山渓温泉で札幌市立大学助手へ応募してくれないかと頼み込んだ。結果、彼は開学当初から札幌に移住してくれた。

1　水口哲也　ゲームクリエイター、プロデューサー。Enhance代表。日大芸術学部にて武邑光裕に師事。ビデオゲームをはじめ、音楽、映像、プロダクトデザインなど幅広く活動。代表作に『Rez』（二〇〇一年）、『ルミネス』（二〇〇四年）、『Child of Eden』（二〇一〇年）など。音楽ユニット『Genki Rockets』のプロデュースなどでも知られる。

2　伊藤博之　クリプトン・フューチャー・メディア株式会社代表取締役。二〇〇七年に発売した音声合成ソフト『初音ミク』がヒット。ニコニコ動画を中心に、初音ミクを用いた楽曲が数多く投稿され、一大ブームへと発展。「ボカロ」文化を築いた。

3　大口岳人　アートやデザイン、ファッション、音楽、マルチメディアなどのクリエイティブカルチャー情報を中心に、海外の情報を日本へ、日本の情報を海外へ紹介するオンラインマガジンの『SHIFT』編集長。『SHIFT』は一九九六年十一月創刊。

看護学部とデザイン学部の学部長の選考において、私をデザイン学部長や学長に推挙してくれる動きもあったが、大学設置申請の実務をやりながら、学部長や学長におさまるという流れにはもちろん抵抗があったし、何より川崎氏と札幌市との確執を知りながら、執行部ポストに就任することは考えられなかった。

川崎氏が学長を辞退したことで、新学長の選定は困難を極めていた。開学まで残された時間は半年を切っていた。札幌市の大学準備室は川崎氏に代わる著名な学者を候補に挙げていたが、その誰からもやんわりと学長就任を断られていた。そんな中、札幌市はデザイン学部への教員応募者の中から、学長候補者を選ぶという切羽詰まった状況に向かっていた。

教員の公募において、教授として応募してきた人物に、筑波大学のプロダクト・デザイン領域で定年を迎え、札幌で定年延長の教員として再スタートを考えていた応募者がいた。看護とデザイン両学部を束ねる構想やリーダーシップが問われる要職である学長候補者として、この人物が果たしてふさわしいのか？　札幌市の上層部はこの人物をつくば市まで訪ね、学長候補者として札幌市長や上層部との面談を依頼していた。文科省への設置認可申請が迫っていたこともあり、札幌市はこの人物を学長候補者として迎え入れた。札幌市役所主導による大学設置において、川崎氏のようなカリスマ性と強いリーダーシップは不要だったのだろう。

二〇〇五年十二月、文科省の大学設置認可を受け、札幌市立大学は二〇〇六年四月に開学した。私は札幌市立大学デザイン学部教授兼附属図書館長に就任し、開学から図書館運営会議委員長としてハイブリッド・ライブラリーの整備を行い、情報化の促進を展開することになった。札幌芸術の森に位置するデザイン学部は、北海道内ではデザイン学系専門図書の集積において特化した特徴を有する図書館を有し、小規模ながら個性ある図書館運営を理念としていた。

私は図書館長として開学から大学運営にも関わり、附属図書館主催の市民公開講座やシネマテークを開催。市民に開かれた大学図書館を目指し、市民開放、市民への図書貸出業務を実現した。年一回発行の図書館ニュースレターの刊行、芸術デザイン学系の電子ジャーナルの導入を行った。

開学と同時に、札幌市立大学の考える研究教育の理念のようなものを広く市民に知ってもらうプロジェクトが始動した。二〇〇六年三月四日、札幌市とさっぽろ産業振興財団によるクリエイティブ産業の振興にむけた国際会議「Creative Conversations 2006」（ロイトン札幌　二階リージェントホール）が開催され、世界的なクリエイティブ産業の第一人者ジョン・ホーキンス氏（John Howkins 一九四五―）の基調講演に次いで、私は札幌市立大学の開学について、「大学と教育―新設される市立大学と都市への役割」と題した講演を行った。

札幌市立大学地域連携研究センター

私は二〇〇七年に開設された札幌市立大学地域連携研究センター副センター長として、札幌市との地域貢献事業開拓、学内研究資源の社会化に取り組んだ。産学連携として株式会社デジタルガレージ（代表・林郁）から二〇〇七年度千五百万円、二〇〇八年度一千万円（研究代表者：武邑光裕）を寄付してもらった。デジタルガレージのＣＥＯである林氏は、伊藤穰一と共同でデジタルガレージを創業され、私が富ヶ谷でＪｏｉとオフィスをシェアしていた時代からの友人だった。札幌に移った私を支援するために、大きな金額を寄付してもらったことに深い感謝の気持ちを抱いた。

この原資により札幌市立大学産学連携公開講座を全十四回、映像制作ワークショップなどを開催した。二〇〇八年度、「札幌市地下歩行空間における次世代映像・情報メディア環境の実装と運用に関する研究」を札幌市に提案。本研究は二〇一〇年供用開始となる札幌市地下歩行空間における創造都市施策、映像情報展示環境の実施計画に反映された。地域連携・地域創成・創造都市事業に貢献する研究活動の積極的な社会化に取り組んだ。

ジョン・ホーキンスとクリエイティブ経済

ジョン・ホーキンス氏は、著書『クリエイティブ・エーコノミー：人はいかにしてアイデアでお金を稼ぐか』（二〇〇一）で知られ、クリエイティブ産業と知的財産の経済的可能性を最初に探求した人物のひとりである。続く著書『クリエイティブ・エコロジー』（二〇一〇）では、クリエイティブ産業と知的財産の経済的可能性を探り、創造性を育むプロセスとその環境について深く掘り下げていた。札幌市がクリエイティブ経済と創造都市をめざすにあたり、ホーキンス氏のこの講演や、日本における創造都市施策の第一人者である佐々木雅幸氏の著書や講演によって明確な指標が生まれたのである。

ホーキンス氏は、クリエイティブ経済を、映画、音楽、デザイン、出版など幅広い産業を含む創造的な製品の取引と定義していた。アイデアと創造性によって生み出される経済的価値を強調し、クリエイティブ経済が各国のＧＤＰ、雇用、貿易に大きく貢献していることを指摘した。ここで重要なのは、伝統的な製造業から、創造性と革新性を原動力とする知識集約型産業へのシフトを強調したことである。さらにクリエイターがそのアイデアを確実に収益化できるよう、知的財産（ＩＰ）を保護することの重要性を説き、クリエイティブ産業の成長を支援するために、強固な知的財産法を提唱していた。

ホーキンス氏の研究は、世界中の政策立案者、企業、学術機関に影響を与え、彼のアイデアは、創造性とイノベーションに焦点を当てた経済発展戦略の形成に役立っていたのだった。

この国際会議は、「Creative Conversations 2007『Ideas are the future.（創造は未来へ）』」へと続き、二〇〇七年二月二十日、私は「教育現場の取り組み：学生の未来における役割」と題した講演を行った。札幌市はサービス産業の割合が他の都市に比べて高く、安定かつ豊富な行政財源を持たないという問題を抱える一方で、オールドエコノミーに依存せず、常に創造的な発想で都市としての将来の発展を見すえ、デジタル・コンテンツ産業の振興を推進するなど、新産業創出のための基盤を着実に築いてきた。

「クリエイティブ」という言葉が期待と羨望の意味を込めてさまざまな分野で使用されていた時代、横浜、神戸、名古屋、浜松など、国内でも多くの都市が、「クリエイティブ」をキーワードにさまざまな戦略を展開していた。都市にとってクリエイティブがいかに重要か、緊急課題の提示と具体的な方策を提案した。

記憶の外在化

東大時代からの日本各地への講演行脚は札幌に移住後も続いていた。二〇〇八年四月二十一日に六本木アカデミーヒルズ・ライブラリートークでは、「記憶の外在化」を軸に、古代アレキサンドリアの図書館から、未来のデジタル・アーカイブが担うその可能性について論じた。

三〇年代、ＳＦ作家のＨ・Ｇ・ウェルズ[4]（Herbert George Wells）は、「書物、絵画、博物館などによって、種は超人間の記憶の装置を確立する」として、世界の情報資源を集中化する「世界脳（World Brain）[5]」の理念を提唱した。こうした巨大アーカイブの誕生と、そこに万人がアクセスできるためには、九〇年代に爆発的な拡張を遂げたインターネットの出現に至る歴史的な景観があった。そして、ウェルズが構想したような世界脳を、現在我々はＧｏｏｇｌｅに代表されるグローバル・デジタル・アーカイブとして、ほぼ手中に収めようとしている。

さらに、これらの「記憶の倉庫」は、国家や公立による従来の記録保管庫ではなく、民間企業や個々人のレベルで生成され続けている。さらに人間の脳では、潜在意識にある記憶が何らかの理由で顕在意識と結びつくことで、新たな思考や論理が生まれると言

4　H・G・ウェルズ　イギリスの作家。〝SFの巨人〟として知られている。社会活動家、歴史家としての顔も持つ。代表作に『タイム・マシン』（一八九五年）、『モロー博士の島』（一八九六年）『透明人間』（一八九七年）、『宇宙戦争』（一八九八年）などの、古典的SF作品を数多く残した。

5　世界脳（World Brain）　H・G・ウェルズによって、一九三八年に出版された書籍、およびそこで提唱された理念。ウェルズは行き届いた教育と知識の共有によって世界平和が実現されると考え、世界中の人々がアクセスできる普遍的な情報資源としての百科辞典を構想した。無料、総合的、永続的、中立的、といった特徴を持ち、現代におけるGoogle、もしくはWikipediaに近いものと言われることもある。

われている。そういった意味生成のアクションを、我々は外部記憶たるアーカイブとの間で、どのように行なっていけばいいのか。本講演は、記憶外在化とその地球規模のネットワーク化が及ぼす記憶と記録の未来形に及んだ。

東大時代に出版した『記憶のゆくたて』(二〇〇三年)を延長した論文が、「創造するアーカイヴズ—なぜ我々は記憶を外在化するのか」(編集顧問による査読付論文、二〇〇七年七月『季刊大林』50号「特集・アーカイブズ」、大林組広報室)である。アーカイヴズ(archives)は、事実や思考といった人類の文化遺産の集積またはその保管場所を示し、「倉」を意味するラテン語に由来する。アーカイヴズが存在したこと、つまり私たちの祖先が、事実や思考を記録し、時間や空間を超えて伝達し参照できるようにしたことは、人類を発展させた大きな要因の一つになったと言われている。古代図書館から始まったアーカイヴズ空間は、ITの進展により大きく姿を変え、現代ではデジタル化され、史上類を見ない「知の集積場」を出現させようとしている。

本稿では、アーカイヴズの歴史をひもとくとともに、デジタル化されたアーカイヴズが創る情報化社会の未来を検討し、原点、現状、そして明日の姿への変容を考察した。思想を記録し保管・伝達するアーカイブの変化がもたらしたもの、これからもたらされるであろうものは私たちの未来にどのように関わってくるのかを論じた。これは、編集顧問(樺山紘一、月尾嘉男、藤森照信氏)による査読を経た巻頭論文として掲載され、あわせて「アーカイヴズ／メディア・テクノロジー関連年表」も作成した。

ユネスコ創造都市

さて、当初は大学の一期生が卒業するまでを見届けようと思っていたが、結局十年も札幌に留まることになった。大学の新設から研究教育、そして札幌市と協同で進めたさまざまなプロジェクトの中で、やはりユネスコの創造都市指名と札幌国際芸術祭の開催が記憶に残っている。

この時期は、デジタルアーカイブ政策から創造都市政策へと、講演の話題も変化を遂げていた。ここで言う創造都市とは、ユネスコ創造都市ネットワーク（UCCN）のことである。UCCNは、創造性を持続可能な都市開発の戦略的要素と位置づける都市間の協力を促進するため、二〇〇四年に発足した。UCCNの目的と目標は、持続可能な都市開発の推進力として、文化と創造性の役割を強化し、文化的商品やサービスの創造、生産、流通を促進し、文化的・創造的産業を地域の開発計画に組み込むことである。

私が札幌の上田文雄市長に当時提言した創造都市施策の目標は、持続可能な都市開発の推進力として、文化と創造性の役割を強化し、文化的商品やサービスの創造、文化的・創造的産業を地域の開発計画に組み込む観点だった。

都市は、豊かな創造的遺産、積極的な文化政策、創造的部門を発展させるための具体的な計画を実証しなければならない。また、他の加盟都市との国際協力や交流に取り組んでいることも必要で、創造都市ネットワークには七つのカテゴリーが指定されていた。文学、映画、音楽、工芸・民芸、デザイン、メディア芸術、ガストロノミーである。

経済発展として、クリエイティブ産業は、雇用を創出し、観光を誘致し、関連部門を活性化することで、経済成長を促進することができる。都市は新たな市場を開拓し、文化製品を世界に輸出することができるという理解である。

文化の振興と保護としては、地域の文化遺産や伝統の認知度向上と保存によって、文化の多様性と異文化間の対話を促進するという考えであり、社会的包摂として地域社会の文化活動への参加と参画を促し、コミュニティが創造経済に貢献し、そこから利益を得る機会を提供するという理念である。

都市の再生を見据え、文化イベント、フェスティバル、創造的な空間を通じて都市部を活性化することで、投資を呼び込み、住民の生活の質を向上させ、創造的なプロジェクトに関する都市間の知識交換や協力を促進することで、グローバルなネットワークとパートナーシップを強化する。これがのちに札幌国際芸術祭の開催計画へと昇華する観点だった。

ユネスコ創造都市に指定されると、観光客や投資家が集まり、地域経済が活性化し、クリエイティブ産業を促進し、雇用を創出し、経済活動を活性化するという甘い目標が語られる。だが、地域の文化遺産や伝統の認知度を高め、保存を促進し、文化コンテンツの制作と共有を奨励すること、また、社会的包摂として、地域社会の文化活動への関与と参加を促進し、社会から疎外された市民グループが創造性を表現するためのプラットフォームを提供するなど、創造都市というユネスコのブランドを手に入れたことよりも、そのブランド価値はあくまで地域の都市が創出する価値にもとづいているのだ。

創造的なプロジェクトやイニシアチブの長期的な持続可能性を維持することも重要である。クリエイティブな取り組みが、短期的な利益ではなく、継続的な文化的・経済的発展に確実に貢献すること。これらの課題に取り組み、その利点を活用することで、札幌市をはじめとするユネスコ創造都市は、持続可能な都市開発と文化的豊かさの原動力として創造性を効果的に活用することができるのだ。

一時期、華々しい活動で脚光を浴びたアメリカ生まれの都市社会学者リチャード・フロリダ（Richard L. Florida 一九五七―）の著書『クリエイティブ・クラスの台頭』（二〇〇二年、邦訳『クリエイティブ資本論――新たな経済階級の台頭』）は、特に欧州では大きな批判の対象だった。彼が提起した「クリエイティブ・クラス（創造的階層）」

という概念は、大きな議論と反響を呼んだ。フロリダによれば、クリエイティブ・クラスとは、科学者、エンジニア、芸術家、音楽家、デザイナー、知識労働者など、イノベーションと創造性によって経済発展を牽引する多様な専門家集団を指す。

クリエイティブ・クラスに関する批判的視点

フロリダのクリエイティブ・クラス理論に対する主な批判のひとつは、それがしばしば経済的不平等の拡大とジェントリフィケーション（高級住宅地化）につながるというものだ。クリエイティブな専門家が都市部に流入することで、不動産価値や生活費が上昇し、低所得層の住民が追い出され、社会経済的な格差が助長される可能性がある。

彼の理論は、創造性と経済成長の主な拠点として大都市中心部を優先する傾向があり、小都市や地方を軽視する可能性がある。このような都市中心の考え方は、すでに繁栄している都市に資源や機会が集中し、他の地域が取り残されることにつながる。

クリエイティブ・クラス・モデルは、ある種のクリエイティブ産業（ハイテクやメディアなど）を他よりも優先させ、均質化とグローバル化された文化を促進し、地域の文化や伝統を抑圧する可能性があるという意見もある。フロリダと彼の支持者たちは、クリエイティブ・クラスは多様な視点を導入し、文化交流を促進することで、地域の文化を豊かにすることができると主張しているが、この点については依然として論争が続いている。

クリエイティブ・クラスの定義と測定には問題がある。批評家は、フロリダのクリエイティブ・クラスの広範な分類は正確さに欠け、特定の職業の経済効果を誇張する一方で、他の職業を軽視している可能性があると主張している。

リチャード・フロリダのクリエイティブ・クラスの概念は、間違いなく世界の都市計画や経済開発戦略に影響を与えた。この理論には、経済成長における創造性とイノベーションの重要性を浮き彫りにするメリットがある一方で、経済的不平等、都市への集中、文化の均質化、定義の問題に関連する重大な批判にも直面している。こうした課題に対処するには、クリエイティブな専門家を惹きつけるメリットと、包括的で公平な発展の必要性とのバランスをとる、微妙なアプローチが必要である。

包括性という観点からは、社会経済的地位にかかわらず、すべての地域住民が創造的な取り組みに参加し、その恩恵を受けられるようにすることが求められる。創造的な機会へのアクセスにおける潜在的な不平等に対処する必要があるからである。つまり、既存の建築家や都市計画家、著名なアーティストなどに「クリエイティブ」が独占されてしまい、市民の日常的な創造性に光が当てられないことを避けるために、市民主導のプロジェクトやイニシアチブの長期的な持続可能性の維持も重要であり、短期的な文化イベントと継続的な文化発展のバランスをとることが求められている。

さらに、大きなリスクに文化の均質化という課題がある。それは、地域の伝統や独自性よりも、世界的に市場性のある文化的製品を優先させるリスクである。創造的産業が地域のアイデンティティと多様性を反映し、維持するようにすることが求められているのだ。

ボローニャ・ユネスコ創造都市国際会議

二〇一三年九月にイタリアのボローニャでユネスコ創造都市国際会議が開かれ、私は札幌市の職員と出席した。この会議では、さまざまなユネスコ創造都市の代表者が集まり、都市環境における創造性とイノベーションを促進するための戦略について議論した。

ボローニャは二〇〇六年にユネスコ音楽創造都市に指定された。この指定は、数多くの音楽祭、クラシック音楽のシーズン、盛んな現代音楽シーンなど、ボローニャが音楽に大きく貢献していることを強調するものである。また、この指定は、文化・クリエイティブ産業を地域発展の重要な原動力として発展させるというボローニャの戦略計画（ユネスコ音楽創造都市）を支援するものだった。

ボローニャは歴史と文化が豊かな都市で、イタリアの中心部、フィレンツェとヴェネツィアの間に位置する。エミリア＝ロマーニャ州の州都で、都市圏人口は約百万人。ボローニャの歴史地区は保存状態の良い中世建築で有名である。歴史的なアクルシオ宮殿の一部であるポリティカ回廊は、ボローニャの豊かな政治的・芸術的遺産を際立たせている。そしてボローニャを特徴づける文化的、政治的、知的活動の回廊ネットワークを指し、ボローニャ大学周辺のアパートに住む教授や学生が雨に濡れずに大学までたどり着ける回廊という役割だけでなく、数多くの文化協会、劇場、音楽祭などを彩る道でもあり、ボローニャの活気ある文化的生活に貢献している。一〇八八年に創立されたボローニャ大学は、欧州で最も古い大学である。現在八万四千人以上の学生を受け入れ、芸術、音楽、舞台芸術の学位を含む幅広いプログラムを提供し、ボローニャの文化的・知的景観の形成に重要な役割を果たしてきた。

ボローニャの経済は多様性に富んでおり、製造業、自動車産業（ランボルギーニの本社は近隣のサンタアガタ・ボロニェーゼにある）、食品加工業などが主要産業である。また、文化産業やクリエイティブ産業も盛んで、ユネスコ音楽創造都市としてのボローニャのアイデンティティを形成している。豊かな文化遺産、活気ある学術生活、芸術、音楽、料理への多大な貢献で知られている。パスタのボロネーゼは、ボローニャが発祥である。さらにクリエイティブ経済に貢献する数多くの文化イベント、フェスティバル、機関があり、有名なチネチッタ・スタジオ[6]はローマにあり、映画の修復を含む映画製作とポストプロダクション施設で知られているが、ボローニャは映画の修復と保存の分野で独自の重要な存在感を示している。

有名な映画撮影所チネチッタがローマにあるのに対し、ボローニャには重要な映画アーカイブと修復センターであるチネテカ・ディ・ボローニャ[7]がある。ボローニャ・チネテカは映画保存の分野で有名で、世界中の修復された映画を紹介する「イル・シネマ・リトロヴァート映画祭」を毎年開催している。

ボローニャ・チネテカは、クラシック映画の修復と保存を専門とする、ヨーロッパで最も重要な映画アーカイブのひとつである。ラボラトリオ・リマジネ・リトロヴァータ(L'Immagine Ritrovata)は、ボローニャ・チネテカ付属の映画修復ラボで、クラシック映画やサイレント映画の修復専門のラボとして国際的に有名である。このラボは、多くの重要な映画の修復に携わり、映画遺産の保存を確実なものにしている。

メディア芸術都市に指定

札幌市は二〇一三年十一月に、ユネスコ創造都市ネットワークのメンバーとして「メディア芸術都市」に指定された。

6　チネチッタ・スタジオ　イタリア、ローマ郊外のエウローパにある映画スタジオ。ウィリアム・ワイラー『ローマの休日』(一九五三年)、フェデリコ・フェリーニ『甘い生活』(一九六〇年)、『8 1/2』(一九六三年)、ルキーノ・ヴィスコンティ『山猫』(一九六三年)など、一九五〇年代から六〇年代にかけて数多くの名作映画が撮影されたことで知られる。八〇年代にイタリア映画の衰退を受けて経営危機に陥り、国営化された。

7　チネテカ・ディ・ボローニャ　ボローニャにある映画の保存及び修復を目的とした施設。映画フィルムやビデオ、DVDをはじめ、写真、グラフィック、ビデオゲームなどが保存されている。図書館、展示室、複数の映画館などを備えた複合施設となっており、子ども向けのワークショップや、希少な作品の映画上映会なども積極的に行われている。

メディア芸術都市ということもあり、ユネスコの他都市とのパートナーシップや交流を促進することも重要な課題である。ベルリンやウィーンなどのメディア芸術が盛んな都市との交流は重要となる。これにより知識の共有や共同プロジェクトを奨励し、クリエイティブ産業を都市計画に統合し、活気ある文化的空間を生み出すための都市の再生と活性化プロジェクトを刺激するのだ。

ユネスコへの申請書を起草した私は、これで札幌市に少しは貢献できたと思った。この指定は、メディア芸術を都市開発に統合し、都市の文化的・経済的景観における創造性の役割を強化するという札幌市のコミットメントを評価したものだった。申請書を受理し、ユネスコの審査結果を伝えるメールには、申請書を「パーフェクト」として評価してくれた。

札幌市の創造都市政策の重要なインセンティブが、ユネスコの創造都市ネットワークに「メディア芸術都市」として立候補したことだった。私はユネスコへの申請書の起草責任者として「札幌国際芸術祭」の開催を市に提言し、三年毎の開催が確定。二〇一三年四月、ユネスコから正式に開催の認可を受けた。

札幌国際芸術祭（SIAF）と坂本龍一

八〇年代の半ば、西麻布の「SHIRIN」というカフェバーで頻繁に坂本龍一氏と会っていた。彼のYMO解散後の初のソロアルバム『音楽図鑑』のB面の一曲目「旅の極北」にアレイスター・クロウリーの声を提供したことがあった。映画『ラストエンペラー』を境に、坂本氏はNYに拠点を移し、世界的な活躍を展開していった。NYの自宅兼スタジオには、二回ほど訪問したが、その後、彼と親密な交流は途絶えていた。ただ、東大時代に彼から「まだ東大にいるの？」というメールが届き、東大での居心地の悪さを先取りしているような、彼からの連絡を嬉しく思った。

そんな時代を経て、ユネスコの創造都市指名を目指す札幌市が世界に向けた創造的な取り組みとして表明したのが、坂本氏をゲストディクレターとして招いた「札幌国際芸術祭（SIAF）」の開催だった。

第一回札幌国際芸術祭は二〇一四年に開催され、札幌市にとって重要な文化イベントとなった。この芸術祭は、札幌を現代アートと文化の国際的な拠点として位置づけることを目的としていた。私はこの芸術祭のゼネラル・プロデューサーとして、坂本氏と札幌市との調整役を引き受け、ゲスト・ディレクターとして坂本氏を招いた。電子音楽、映画音楽への貢献、環境保護活動などで知られる坂本氏の音楽と芸術に対する豊富な経験と革新的なアプローチは、このフェスティバルにユニークな視点をもたらした。

第一回テーマは「都市と自然」で、都市環境と自然との関係や相互作用を探求した。環境テーマと持続可能性の重要性を強調し、坂本氏自身の環境保護への提唱を反映した。自然環境と特徴的な四季で知られる札幌にとってこのテーマはふさわしく、国内外のアーティストによる現代アートのインスタレーション、展示、パフォーマンスなどが幅広く行われ、これらの作品は、札幌の都市と自然の要素を融合させながら、市内のさまざまな場所に展示された。

学際的なアプローチを重視し、ビジュアル・アートと音楽、パフォーマンス、インタラクティブ・メディアを融合させて来場者にダイナミックで魅力的な体験を提供したこのフェスティバルでは、地域に根ざしたプロジェクトやワークショップが数多く行われ、地域住民のアートへの参加や交流を促した。これにより地域社会への参加意識と文化的な豊かさが育まれた。この第一回の成功は、国際的なアートシーンにおける重要なプレーヤーとしての札幌の地位を確立する一助となり、札幌が国際的なアート・シーンにおいて重要な役割を担う都市となったことを示した。

ウンベルト・エーコ

二〇一三年、記号学者で作家のウンベルト・エーコ[8]（Umberto Eco 一九三二―二〇一六）が、ボローニャ大学で開催されたユネスコ創造都市会議で特別講演を行った。このイベントでは、都市開発と文化経済における創造性の役割に焦点が当てられた。

エーコは、文化的アイデンティティの形成と保存における創造性の役割を強調し、グローバル化した世界において都市が独自性を保つためには、その都市独自の文化遺産を育成する必要があると主張した。そしてクリエイティブ産業が雇用創出、観光、都市再生にどのように貢献しているかを指摘した。さらに歴史的・文化的伝統の保存と、革新や近代化の必要性とのバランスをとるという課題についても言及し、都市は歴史的資産を活用し、現代的な創造的努力を促すべきだと提案した。エーコは、創造性の恩恵を広く分かち合えるよう、あらゆる層の人々を巻き込む包括的な文化政策の重要性を強調したのである。

そして創造性の育成における教育機関の役割を示し、創造的思考に不可欠な学際的研究やコラボレーションを大学がサポートする必要性を強調し、創造的なプロジェクトや文化的イニシアチブを支援するため、公的機関と民間企業とのパートナーシップの強化

8　ウンベルト・エーコ　イタリアの小説家、記号学者。記号とはなにか、その基本概念や理論を体系的に記した『記号論』（一九七五年）で世界的に記号学者として知られるようになる。代表作の推理小説『薔薇の名前』（一九八〇年）は三〇カ国語に翻訳され、全世界で五五〇〇万部を超える世界的なベストセラーとなった。

を呼びかけた。

ユネスコの創造都市ネットワークのようなグローバル・ネットワークが、文化交流や協力を促進する上で重要であることをエーコは認めた。また、こうしたネットワークに参加し、互いに学び、ベスト・プラクティスを共有することを奨励した。創造性を推進する上で、地元のイニシアチブや草の根運動が重要であることも強調した。地域のコミュニティは、自分たちの文化的資産や可能性を最も深く理解していると主張したのである。

この創造都市会議でのエーコのスピーチは、創造性と文化遺産の促進に対する彼の深いコミットメントを反映していた。ボローニャ大学における彼の学術的功績は、記号論とコミュニケーション研究の形成に貢献し、会議における彼の洞察は、都市開発と文化的アイデンティティにおける創造性の重要性を強調したのである。

長年、エーコから強い影響を受けていた私は、はじめてリアルなウンベルト・エーコに接することができた。講演が終わり、演壇に立つエーコに挨拶だけでもと近づいた。彼はすでに多くの聴衆に囲まれて退場する間際だった。この時、私はヨーロッパが遠く深い森の中にあることを認識した。まして札幌とボローニャでは真逆なくらいの文化的差異がある。毎年、ベルリンを中心に欧州各地を訪れていた私は、欧州に住んでいれば、エーコに会うことはそれほど難しいことではないと再認識していた。

そしてこの年の十一月、かつての教え子や友人が中心となって東京で「武邑塾」が創設された。東京にいる教え子や友人からみれば、私は札幌に引きこもっているように見えたのだろう。その私を東京に呼び、毎月、あるいは隔月で武邑塾を開催してくれた教え子たちに感謝した。武邑塾は、東京で開催されることで、札幌という居心地の良い場所での眠りから覚め、将来の思考を開く機会となったのである。

札幌での活動は他に多くあったが、長い冬と雪に囲まれた静寂の中で、音楽を聴く喜びや心身の爽快さをもたらしてくれる北海道の自然環境や食にも思い出が詰まっている。札幌市役所での一年間を含め、計十年間を札幌で過ごした私は、六十歳で大学教員を辞めると決めていた。

札幌を離れる直前、札幌でお世話になった市の職員や友人たちが盛大な送別会を開いてくれた。当時の上田文雄市長と副市長の秋元克広氏（現札幌市長）、そして東大を離れるきっかけとなり、札幌との縁を深めてくれた札幌市職員の酒井裕司氏とは、札幌での十年間、私のさまざまな市への提案を受け止めてくれたお礼として、札幌ホテルオークラの「桃花林」で夕食を共にした。

そして、八〇年代、NYでパイク氏のアシスタントを務め、札幌の実家にもどっていた林光路君と数人の友人たち、特に産学連携講座をともに走り抜けた北海道新聞の吉村匠氏と最後の飲み会に参加した。私が札幌をあとにする複数の夜会の中には、東大時代の教え子で、札幌市立大の助手として迎い入れた須之内元洋君もいた。札幌をあとにする感慨はとても穏やかなものだったし、札幌には感謝の気持ちが溢れていた。

二〇一五年三月末で札幌市立大学を早期退職した私は、二〇一五年四月、一九九〇年以降、毎年訪れていたベルリンへの移住を実行した。

ゾーン10　ベルリン―イカリア―トビリシ

クロイツベルク

二〇一五年三月下旬、私はベルリンのテーゲル国際空港に降り立った。ひとまず十日間、市内中心部の貸部屋を借り、アパート探しを開始した。ベルリン市内は公共交通網が隈なく整備されており、都市内の移動は極めてスムーズである。

一九八九年のベルリンの壁の崩壊直後から、ほぼ毎年ベルリンを短期で訪れていた私は、ベルリンの大まかな地理を把握していた。市内に友人もおり、はじめて降り立つ「異国の地」というわけではなかった。住む地区も、大まかに決めていた。しかし、ベルリンで部屋を借りるのは、Airbnb での部屋探しとは違い、昔ながらの賃貸住宅事情に従う必要があった。それは、大家が部屋の募集をかけて、それに応募する間借り人は、大家の審査をパスする必要があるのだ。

人気の物件ともなると、大家から指定された日時に、十人以上の希望者が現れる。一列になって部屋を案内され、気に入ったら指定の申込書を大家に渡して入居の可否を待つという仕組みである。大家の判断がすべてだった。そんな中、ヘルシンキで起業し、ベルリンの賃貸アパートの斡旋をウェブ上で難なく仲介してくれる「lifelife」というサービスが始まっていた。私はこのウェブから、めぼしい部屋を見つけ、早速部屋の内覧を申し込んだ。目当てのアパートはクロイツベルクの東、ライヒェンベルガー通りにあった。

クロイツベルクの歴史と概要

クロイツベルクはベルリンで最もダイナミックで文化的に豊かな地区の一つで、活気あるアートシーン、多様な人口構成、歴史的な重要性で知られている。クロイツベルクという名前は「十字架の山」を意味し、ベルリン中心部で最も高い自然地点であるヴィクトリア公園の小高い丘に由来している。当初は労働者階級が住む地域だったが、一九世紀後半、ベルリンの急速な工業拡張に伴い、街が形成され始めた。とりわけ多文化的な地区で、大規模なトルコ人コミュニティが繁栄し、世界各地からの移民を惹きつけ、その豊かな文化的タペストリーに貢献している。オルタナティブなアートスペースやDIY文化でも知られ、バーやクラブ、音楽ホールなどが数多くあり、活気あるナイトライフでも有名である。特にテクノシーンと多彩なエンターテイメントが混在していることで知られている。

第二次世界大戦後、クロイツベルクは西ベルリンに位置し、東ベルリンとの境界線上にあった。ベルリン最高峰のクラブとして有名な「ベルグハイン」[1]は、クロイツベルク（西ベルリン）とその隣のフリードリヒスハイン（東ベルリン）の境界線にあった旧発電所に因んで名付けられた。一九六一年にベルリンの壁が建設されたことで、クロイツベルクは孤立し、その独特な性格に一役買った。戦後ドイツの再建のために「ゲスト・ワーカー」として連れてこられたトルコ系移民が多く住むようになり、この移民がこの地区の文化的景観に大きな影響を与えた。そして七〇年代から八〇年代にかけて、クロイツベルクはカウンターカルチャーの中心地となり、アーティスト、パンク、政治活動家などが集まった。緑の党もこのクロイツベルクから誕生したと言われている。同時に、数多くのスクワット（建物の不法占拠）や活気あるストリートアートなど、オルタナティブなライフスタイルで知られるようになった。

しかし近年は著しい高級化が進んでいる。不動産価格の高騰や富裕層の流入により、クロイツベルク地区の性格が変化し、住み替えや手頃な価格の住宅の喪失をめぐる緊張

1　ベルグハイン　二〇〇四年にオープンしたドイツ・ベルリンにあるナイトクラブ。世界最高峰のクラブとして知られると同時に、世界一入場するのが難しいクラブとしても知られる。入口にはバウンサーのスヴェン・マルクヴァルトが立っており、彼に認められた者だけが入場できる。しかし明確な基準があるわけではない。二〇一六年にドイツ政府によって文化的に重要な施設であることが認められ話題となった。

が高まっている。このような課題にもかかわらず、独特のアイデンティティと伝統を守るための努力が続けられてきた。コミュニティのイニシアチブと活動は、クロイツベルク地区の将来を形成する上で重要な役割を果たし続けている。

ライヒェンベルガー通り

ベルリンで最初の住まいとなったアパートは、ライヒェンベルガー通りの東にあった。ウェブ上で、パスポートの画像を送るだけで、アパートを仲介してくれるスタートアップ、「lifelife」のCEOマーティ・メラと、目指すアパートの眼の前のカフェで待ち合わせをし、早速部屋の内覧に赴いた。

築百年超えのアパートは、いかにもヨーロッパの古い建築で、天井が高く、エレベーターのない六階建てだった。この五階の部屋を気に入り、即入居が決まった。翌日、敷金と家賃をドイツ銀行から「lifelife」の口座に振り込み、部屋の鍵をもらうという簡単な手続きで、ベルリンでの最初のアパートが決まった。マーティ・メラの「lifelife」にとって、私は最初の顧客でもあったのだ。

ライヒェンベルガー通りの歴史は一九世紀にまで遡る。ライヒェンベルク市（現在のチェコ共和国リベレッツ市）にちなんで名付けられたこの通りは、ベルリンの歴史的変遷を反映し、数十年の間に大きな変化を遂げてきた。この通りは、主に住宅地から、商業、文化スペースが混在する多様な地域へと発展してきた。多文化的な雰囲気で知られ、古くからの居住者、移民、若い居住者が混在していた。この多様性は、通り沿いのさまざまなショップ、レストラン、文化施設に反映されている。ライヒェンベルガー通りでは、地域のイベントやストリート・フェスティバル、文化活動が頻繁に開催され、地域の活気と包容力に貢献している。後で知ったのは、借りたアパートの眼の前は、ヴィム・ベンダース監督[2]の映画『ベルリン・天使の詩』[3]（一九八七年）で、天使ダミエルがはじめて人間として地上に降り立ち、インビス（屋台）でコーヒーを飲む場所だった。

　ベルリンの三月下旬はまだ冬で、札幌よりも寒く感じた。アパートに住み始めて感じたのは、日本という国を離れ、その重力の頸木から解放された自由な時間だった。大学に勤めていた約三十八年間に区切りをつけ、ベルリンに住むことを決めた理由は、はじめてNYに降り立った時のように、ヨーロッパという私にとっての最終段階のゾーンを探索することだった。その意味で、ライヒェンベルガーは、三十数年前のNYのイースト・ヴィレッジの雰囲気を彷彿させるエリアだった。アパートの近くのカフェに座っていると、ここはかつての八〇年代のNYではないかと錯覚するほどだった。ベルリンの壁が東西ベルリンを分断していた時間が、街の進化を停止していたように、この場所は

2　ヴィム・ベンダース　ドイツの映画監督。ロードムービーの名手として知られる。『ことの次第』（一九八二年）で、ベネチア国際映画祭の金獅子賞を受賞。カンヌ国際映画祭では、『パリ、テキサス』（一九八四年）がパルムドールを受賞。『ベルリン・天使の詩』（一九八七年）、『時の翼にのってファラウェイ・ソー・クロース！』（一九九三年）といった作品で数々の国際的な賞を受賞。二〇二三年には日本を舞台にした『PERFECT DAYS』で話題を集めた。

3　ベルリン・天使の詩　原題は『Der Himmel über Berlin』。ヴィム・ヴェンダースによるフランス、西ドイツ合作映画。主人公の天使ダミエルは、その永遠の命で長いあいだ人間の歴史を見守ってきた。だがある時、親友の天使カシエルに「人間になりたい」と打ち明け、東西を分断されたベルリンへ降り立つ。一九八七年のカンヌ国際映画祭で監督賞を受賞。世界中で大ヒットを記録した。

まさに時間が止まったままのように感じられたのである。

クロイツベルクの多くの地域と同様、ライヒェンベルガーも近年、高級化が進んでいる。不動産価格の高騰や新しいビジネスの流入により、この地域の特徴が変化し、長期的に居住している住民と、新しい住民との間に緊張関係が生じていた。この地域は、手頃な価格の住宅や地域文化の保護などの問題に取り組むために住民が頻繁に組織化し、その活動についても知られている。多くの地域団体や活動家たちは、ライヒェンベルガー通りを活動の場としていた。

この通りには、伝統的なドイツ料理から世界各国の料理まで、この地域の多様な人種を反映したさまざまな飲食店が軒を連ねている。そこには、国内外の才能を紹介するギャラリーや音楽施設、文化センターがいくつかある。これらの施設は、クロイツベルクにおける文化の中心地としてのこの通りの評判に貢献している。

ベルリナー・ガゼット

ベルリンに移住してきたことを主要な友人たちに伝え、彼らと会うことになった。まず、札幌でのカンファレンスにも来てくれたベルリナー・ガゼット（Berliner Gazette）のクリスチャン・ウォズニッキ（Krystian Woznicki）とマグダレーナ・タウベ（Magdalena

Taube）夫妻との再会だった。

ベルリナー・ガゼットは、一九九九年に設立されたベルリンを拠点とする市民ジャーナリズムのイニシアチブで、社会、政治、文化のさまざまな問題に焦点を当て、共同メディア・プロジェクトを重視している。グローバリゼーション、デジタル化、環境問題などのトピックに深く関わることで知られ、しばしばテキスト、ビデオトーク、アート作品などの革新的なマルチメディア・フォーマットを通してこれらの問題を探求している。

クリスチャン・ウォズニッキは日本に滞在経験があり、ベルリナー・ガゼットのオンラインマガジンの編集長兼共同発行人で、批評家、キュレーター、写真家でもある。クリスチャンと私の最初の出会いは、九〇年代の東京に遡る。恵比寿の小さなギャラリースペースで、「自由ラジオ」[4]をめぐるシンポジウムでの出会いが最初だった。その後、彼が九〇年代後半にベルリンに戻り、二〇一三年に北海道大学での講演で来日した時に、札幌で再会した。

クリスチャンの仕事は、グローバリゼーションとデジタル化の交差を掘り下げることが多く、特にこうした文脈におけるコモンズとコミュニティの探求に重点を置いている。『After the Planes』（二〇一七年）、『Fugitive Belonging』（二〇一八年）、『Undeclared Movements』（二〇二〇年）など、イメージとテキストを融合させた書籍を執筆し、ベ

4　自由ラジオ　市民が連帯の手段として、微弱なFM電波のラジオを使って行う放送やその運動。一九七〇年代後半、イタリアのアウトノミア運動の中で生まれ、フランス、アメリカ、ドイツなどに波及した。日本では思想家の粉川哲夫が『これが「自由ラジオ」だ』（一九八三年）にて紹介したことで知られる。

ルリナー・ガゼットでのリーダーシップは、批判的探求と革新的ジャーナリズムへのコミットメントを反映している。

ベルリナー・ガゼットのチームは多様な専門家で構成され、それぞれがユニークな専門知識を活かしている。共同発行人であり、デジタルメディアとジャーナリズムの学者でもあるマグダレーナ・タウベや、広報とメディア・プロジェクトを担当するアンディ・ヴァイランドなどである。チームは、「デジタルデータ抽出主義以後」や「ブラックボックス・イースト」など、さまざまなテーマのプロジェクトに協力し、批評的かつ創造的なレンズを通して現代社会の課題に取り組んでいる。

彼らが毎年十月に開催する国際会議には、札幌時代から参加していたし、札幌でもベルリナー・ガゼットと協同で会議を開催した。ベルリン移住後も毎年、斬新な観点とテーマを議論する会議に参加した。二〇一五年には、ルーマニアのブカレストの友人、ボグダン・ゴルガネアヌ（Bogdan Gorganeanu）が主催するオタク・フェスティバルにクリスチャンとともに招かれた。

ボグダン・ゴルガネアヌ

ボグダン・ゴルガネアヌは、ルーマニアのギーク・カルチャーシーンの著名人であり、メディアやカンファレンスのオーガナイズで知られる。技術業界と出版業界で長い経験を持ち、二〇〇六年にオタク（サブ）カルチャーに特化した雑誌『Otaku MAG』を、二〇〇九年にはコスプレ文化に特化した非営利雑誌『Cosplay GEN』を創刊した。

出版活動に加え、二〇一六年からはChannelSightでフロントエンド・デベロッパー、UI／UX、マーケティング・サポートとして働いている。彼の貢献はルーマニアのオタクとサブカルチャーのコミュニティに大きな影響を与えている。ボグダンは、頻繁にベルリンに来てくれ、私のアパートの部屋で深夜まで語り合い、いまでも交流を続けている。

ニーナ・フィッシャーとマロアン・エル・サニ

ニーナ・フィッシャーとマロアン・エル・サニは、ベルリンを拠点に活動するアーティスト・デュオである。一九九五年以来のコラボレーションである彼らの作品は、映画、ビデオ、インスタレーション、写真などさまざまなメディアを通して、一過性の空間、集合的な記憶、都市環境の移り変わる物語といったテーマを探求することが多い。彼らを札幌市立大学の准教授として招聘し、札幌で三年間、メディアデザインコースに関わってもらった。

彼らのアートは、モダニティの盛衰を批判的に考察し、歴史的進化に影響を与えたユートピア的プロジェクトと現代社会との関係を検証している。ニーナとマロアンは、歴史的な都市のランドマークや政治的・文化的に重要な場所を蘇らせることで、現代社会の盲点に注意を向けさせ、これらの空間を、完全にユートピア的でも完全に時代遅れでもない、変化した神秘的な状態で提示することを目指している。

長崎の沖合にある廃墟となった炭鉱施設である端島（軍艦島）を訪れた彼らは、端島を題材にしたビデオ・インスタレーション作品『Spelling Dystopia／サヨナラハシマ』を二〇〇八年に制作した。この作品は、彼らが札幌市立大学に着任早々に制作された。ビデオは、端島の朽ち果てた建造物の不気味な美しさを捉え、かつて繁栄していた産業社会の名残を浮き彫りにしていた。ニーナとマロアンは、廃墟がかつてそこに住んでいた人々の集合的な記憶や歴史をどのように保存しているかに焦点を当てた。荒涼としたビジュアルは、黙示録的な荒廃の感覚を呼び起こし、人間の功績のはかなさと産業活動が環境に与える影響を強調している。

『Spelling Dystopia／サヨナラハシマ』はさまざまな展覧会で紹介され、産業遺産や文化的記憶に関する議論に貢献してきた。この作品は、端島を思慮深く喚起的に描き、見る者に工業化と廃墟が持つ広範な意味合いについて考えるよう促している点が高く評価されている。その映像は、喪失感と時の流れを呼び起こし、産業繁栄のはかなさを浮き彫りにしていた。

この映像作品は、端島のような場所が、たとえ廃墟のような状態であっても、集合的な記憶や歴史をどのように保存しているかを掘り下げている。廃墟は、かつてそこに住んでいた人々の生活や、かつて繁栄していたコミュニティを痛切に思い出させる役割を果たす。じっくりとした撮影と内省的な語り口で、作家たちは島の廃墟に込められた物語に思いを馳せるよう観客を誘う。この作品は、視覚的な記録と感情的な共鳴を融合させ、人間の努力とその無常についての考察を促している。まさに彼らの作品の多くに共通しているのが、私が常に思い続けてきた「ゾーン」だった。

ニーナとマロアンは、シャルジャ・ビエンナーレ、マルセイユのマニフェスタ13、メディアシティ・ソウル・ビエンナーレ、あいちトリエンナーレ、イスタンブール・ビエンナーレ、光州ビエンナーレ、シドニー・ビエンナーレ、リバプール現代美術ビエンナーレなど、数多くの国際美術展に作品を出展している。彼らの個展には、ベルリンのハウス・アム・ヴァルトゼー、オルデンブルクのエディト・ルス・ハウス・フォー・メディア・アート、ローマのマキシ美術館、広島現代美術館といった施設での発表が含まれる。

彼らは、二〇〇七年から二〇一〇年まで、札幌市立大学で映画とメディアアートの准教授を務めてくれた。ニーナは、二〇一四年からはベルリン芸術大学で実験映画とメディアアートの教授を務めている。二〇一八年、ニーナの大学院クラスで、私は「なぜ我々はＡＩを愛するのか？」というアイロニーを込めた特別講義を行った。

彼らの受賞歴に、ドイツ・アカデミー・ヴィラ・マッシモのローマ賞、ベルリン芸術大学のカール・ホーファー賞などがある。また、パリのシテ・アンテルナショナル・デ・ザールやアムステルダムのステデライク美術館などのアーティスト・イン・レジデンス・プログラムにも参加している。

雑誌『032c』

私がベルリンで最初に会いたいと思った人物は、雑誌『032c』の編集発行人であるヨルグ・コッホだった。クリスチャンに案内されて、『032c』のスタジオで開催されたファッションデザイナー、ラフ・シモンズの写真展でコッホとはじめて出会うことができた。長身の鋭い眼光ながら、とても優しい紳士だった。

『032c』はドイツのベルリンを拠点とするコンテンポラリー・カルチャーマガジンで、二〇〇〇年にヨルグ・コッホによって創刊された。年二回発行の雑誌としてスタートし、綿密なインタビュー、批評的エッセイ、質の高いビジュアルコンテンツで瞬く間に評判を得た。誌名の『032c』は、パントン・カラーシステム、特に鮮やかな赤を表すパントン・カラーコードに由来し、この雑誌のエネルギッシュで反逆的な精神を象徴している。挑発的で先鋭的な内容で知られ、アート、ファッション、政治、デザインなど幅広いトピックを扱い、現代文化に対する深い洞察とユニークな視点を提供することを目指している。編集長で創刊者でもあるヨルグ・コッホは、知的な厳しさと大胆でアバンギャルドな出版アプローチを融合させ、編集のビジョンと美学を形成する上で極めて重要な人物である。

『032c』の編集部は、六〇年代半ばにヴェルナー・デュットマンが設計したブルータリズム建築の旧聖アグネス教会内にある。この場所はベルリンのクロイツベルク地区にあり、その芸術的・文化的な重要性で知られている。オフィスそのものが雑誌の美学を反映しており、機能性とユニークな芸術的環境がシームレスに融合した空間は、アート、ファッション、文化の融合という雑誌の理念を体現している。セント・アグネスはまた、ラフ・シモンズの写真展を含むさまざまな重要なイベントを開催し、現代アートシーンにおけるこのビルの継続的な関連性を紹介してきた。

このスペースは、メインオフィスとしてだけでなく、さまざまな展示やイベントの会場にもなっていて、ユニークで歴史的な環境の中で異なる芸術分野を融合させるという雑誌のコミットメントを強調している。教会を編集・展示スペースに改装したことは、多様な文化的要素を融合させるという『032c』の理念と一致している。この教会の再利用は、アートとファッションに対する同誌の革新的なアプローチを反映し、クリエイティブなプロジェクトやイベント「032c」に魅力的な背景を提供している。

長年にわたり『032c』はアートとファッションの世界で影響力をもっていた。ハイカルチャーとサブカルチャーを融合させ、有名アーティスト、デザイナー、思想家の作品と、新進気鋭の才能を特集する。アート、ファッション、カルチャーの交差点に位置する同誌の地位をさらに確立させるため、数多くの有名ブランドやクリエーターとコラボレーションを行っている。こうしたコラボレーションの結果、従来の雑誌出版の枠を超えたユニークな編集内容や特別企画が生まれることも多い。

『032c』は、長年にわたって多くの著名なストリート・ファッション・デザイナーを取り上げてきた。『032c』アパレルのクリエイティブ・ディレクターであるマリア・コッホもその一人だ。マリア・コッホは、ジル・サンダー（JIL SANDER）でレディースウェアのデザインに携わり、イージー（YEEZY）[5]のコンサルタントも務めた経歴を持つ。彼女の指揮のもと、『032c』はカルチャー誌から、革新的なストリートウェア・コレクションで知られるファッション・レーベルへと変貌を遂げた。『032c』のアプローチは、ハイファッションとストリートウェアの美学を融合させ、九〇年代のレイブカルチャーやワークウェアの要素をデザインに取り入れることが多い。彼らのコレクションは、アディダス、ステューシー、スワロフスキーといったブランドとのコラボレーションもあり、

5　イージー（YEEZY）　ラッパーのカニエ・ウエスト（現、ye）が二〇一五年に設立したストリートウェアブランド。二〇〇九年、カニエはナイキと契約し、スニーカー「NIKE AIR YEEZY」などの販売を開始。二〇一三年に契約解除となったのち、二〇一五年にアディダスとの契約を開始した際にブランドを立ち上げた。二〇二二年にカニエの反ユダヤ的な発言を理由に、アディダスはカニエとの契約解除を発表した。

その多才で最先端のスタイルを披露している。

『032c』は、アート、ファッション、デザインのトレンドに影響を与え、文化的に重要な存在であり続けている。文化的な会話を予測し、形成するその能力は、急速に変化するメディアの状況において、この雑誌の存在意義を保ち続けている。質の高いコンテンツと革新的なデザインへのコミットメントが、クリエーターや知識人など目の肥えた読者層に大きな影響を与えている。

ベルリンでの研究

ベルリンの魅力は、歴史的意義、文化的活気、経済的機会、生活の質の高さといった豊かなタペストリーに由来している。ベルリンで七年間、私はＥＵが採択しつつあったＧＤＰＲ[6]（一般データ保護規則）というプライバシー保護をめぐる大きな変革について、キャッチアップを続けた。これは後に世界中の市民が個人データを抽出されるデータ経済の課題や、近年のＥＵでのＡＩ規制法とも深く関わる重要な問題であった。

これらＥＵの動向を欧州で実感したことで、私はヨーロッパの個人主義と公益性との関わりを学んだ。米国のＧＡＦＡに代表される大手ＩＴ企業がインターネットを占有し、膨大な個人データを原資とするデータ抽出経済と技術全体主義を展開している背景など、

6　ＧＤＰＲ　General Data Protection Regulationの略。一般データ保護規則。ＥＵ域内の個人データ保護を規定する法律。二〇一六年四月に制定し、二〇一八年五月に施行された。厳格な個人データプライバシー保護に加え、「忘れられる権利」「データ・ポータビリティの権利」などを明示。GoogleやMetaなどのメガテック企業に多額の制裁金が課せられるなどで話題となった。

日本に居ては理解できなかった多くの課題と向き合うことができた。ベルリン滞在中、私は多くのデータアナリストやプライバシー保護政策担当者と出会い、二〇一七年、ハンブルクで開催されたデータ保護のためのワークショップにも参加した。

こうした経験を踏まえ、私はベルリン滞在中に三冊の著作を日本で出版した。一作目は、『さよなら、インターネット―GDPRはネットとデータをどう変えるのか』（二〇一八年六月）と題し、個人情報、とりわけデータプライバシーを大規模に収集・分析することで巨額の収益をあげているGAFAに対し、EUの最後通告となったGDPRの成立をめぐるさまざまな課題を検証した。二作目は、『ベルリン・都市・未来』（二〇一八年七月）で、シリコンバレーからベルリンへと急速にシフトしてきたスタートアップ文化を、ベルリンの壁崩壊後三十年の歴史をたどりながら描いたベルリン都市論である。三作目は、『プライバシー・パラドックス―データ監視社会と「わたし」の再発明』（二〇二〇年十一月）だった。本書は、データ化がますます進行していく世界のなかで、「わたし」が、もはや私たちが考えている「わたし」ではなくなっていく未来を描き出した。個人データが収集されていることを知りながら、嬉々としてデジタルツールを使い続ける。「プライバシー」をめぐって矛盾した行動を取り続ける私たちは、すでに「プライバシーの死」を受け入れているのか？「プライバシー・パラドックス」といういま最も困難な問題を、欧州の個人主義の歴史を縦横にたどりながら解き明かし、データ時代への警鐘を提起した。

この三冊を、私はベルリン三部作と呼んでいる。とりわけ、ベルリンが魅力的な都市である主な理由は、拙著『ベルリン・都市・未来』に詳しく書いたので、参照して欲しい。

武邑塾

二〇一三年にはじまった「武邑塾」は、ベルリン滞在時においても、年に二回、一時帰国した際に東京・恵比寿で開催された。水口哲也氏、高橋幸治氏[7]、明神光浩氏といった開設当時からの発起人に加え、フェローとして参加して会を盛り上げてくれるメンバーも増えた。武邑塾は、議論すべき課題などをそのつど私の講義とゲストとのディスカッションによって構成し、延べ三千人以上の受講者に支えられてきた。ベルリンに私が住んでいたことと、コロナ禍などが重なり、オンラインでの開催が多くなっていった。

二〇二二年、東京に帰国してからは、DOMMUNE[8]の宇川直宏氏[9]の誘いで、渋谷ＰＡＲＣＯの９ＦにあるDOMMUNEスタジオでのオンライン配信として年に一回（連続三夜）の開催に落ち着いている。宇川氏との対話はいつも刺激的で、彼は私のＧＯＬＤ時代からの活動を早くからキャッチアップしてくれた現代美術家である。

最新の「武邑塾２０２３」では、ゲストにハイパーメディアクリエイターの高城剛氏、

7　高橋幸治　編集者。一九九二年株式会社電通に入社しＣＭプランナー／コピーライターとして活躍。一九九五年に株式会社アスキーに入社し、二〇〇一年から二〇〇七年までＰＣ誌『MacPower』の編集長を務める。二〇〇八年に独立後企業のメディア戦略などを数多くてがける。著書に『ディア、編集、テクノロジー』（二〇一七年）がある。武邑塾２０１９の発起人。

8　DOMMUNE　宇川直宏が手掛ける日本初のライブストリーミングスタジオ。毎週月曜日から木曜日、一九時から二四時まで配信される。番

編集工学研究所所長の松岡正剛氏、そして初期の武邑塾にも参加してくれていたメディアアーティストの落合陽一氏と各回若手の編集者やクリエイターを交え、当初からの理念である「知の世代間リレー」を意識している。高城剛氏は、彼が日芸の学生時代からの関わりがあり、彼の新作映画『ガヨとカルマンテスの日々』の製作秘話などを織り交ぜた対話となった。

私の高校時代、雑誌『遊』から受けた影響から、松岡正剛氏はいまなお私の中で大きな存在であり、編集工学研究所でのイベントにも参加させてもらってきた。武邑塾で語り合ったさまざまな時代と文化的景観、そして日本の伝統的美学の博覧強記たる松岡氏からは多くを学んだ。

研究者、メディアアーティストである落合陽一氏は、初期の武邑塾の常連で、彼がまだメディアでブレイクする直前に、武邑塾に登壇してくれたこともある若き俊英である。「武邑塾２０２３」はちょうど武邑塾の十周年記念ということもあり、落合氏と宇川氏を交えた生成ＡＩをめぐる議論はとても興味深いものとなった。十周年でひとつの区切りを迎えた武邑塾だが、今後、私の体力が続く限り、緩やかに開催していくつもりである。

組の前半はトークプログラム、後半はＤＪやライブを行う構成となっている。二〇〇六年に前身となる「Mixrooffice」としてスタートし、二〇一〇年にライブストリーミングサービス「Ustream」を利用するかたちで運営開始。二〇一九年にスタジオを渋谷 PARCO へ移転するにあたり、「SUPER DOMMUNE」へ改称。commune（コミューン）の先を目指すという意味で DOMMUNE と名付けられた。

9　宇川直宏　うかわ・なおひろ。日本の映像作家、ＶＪ、グラフィックデザイナー、文筆家。あまりにも多岐にわたる活動で知られる全方位アーティスト。自らを〝現在美術家〟と称し、二〇一〇年からライブストリーミングスタジオ『DOMMUNE』を主宰。日本におけるＶＪの先駆者でもある。二〇二一年、第七一回芸術選奨文部科学大臣賞受賞。

c-base

さて、私がベルリンで最もゾーンを感じたのは、ベルリンのクラブカルチャーだけではなく、「c-base」と呼ぶ、寂れたラウンジだった。c-baseは、ベルリンのシュプレー川沿いにある有名なハッカー・スペースであり、コミュニティ・センターである。一九九五年に設立されたc-baseは、しばしば「墜落した宇宙ステーション」と形容され、SFをテーマにしたユニークな内装で、テック愛好家、ハッカー、アーティスト、クリエーターたちを魅了している。ベルリンで最初にフリーWiFiを導入した空間でもある。

このスペースは、テクノロジー、サイエンス、デジタル・アートのためのコラボレーション環境の育成に専念している。メンバーはしばしばプロジェクトに協力し、リソースを共有し、互いの努力をサポートする。技術面だけでなく、c-baseは文化的なハブでもあり、アートインスタレーションや音楽イベントなど、テクノロジーとアートを融合させたクリエイティブな活動も主催している。人々がプロジェクトに取り組んだり、知識を共有したり、さまざまな技術関連の活動に協力したりできる物理的なスペースを提供し、ワークショップとイベント、プログラミング、サイバーセキュリティ、エレクトロニクス、デジタルアートなど、さまざまなトピックに関するワークショップ、講演会、イベントを定期的に開催している。

そしてこのc－baseは、ヨーロッパで最大かつ最も影響力のあるハッカー組織のひとつであるカオス・コンピュータ・クラブ（CCC）と連携するコミュニティスペースである。常連のメンバーがいくつものサークルに分かれてこのラウンジを利用しており、彼らの何人かと交流を持つようになった。一度彼らに認知してもらうと、さまざまなテクノロジーの課題を話し合うようになり、彼らから多くを学んだ。

カオス・コンピュータ・クラブ

カオス・コンピュータ・クラブ（CCC）は、一九八一年に設立された世界で最初のハッカー組織である。CCCはハンブルクに本部を置くが、ベルリンでも活発に活動している。このクラブは、デジタルの権利、プライバシー、情報の自由を提唱していることで知られている。

CCCは倫理的ハッキングを推進し、プライバシーと倫理的ガイドラインを尊重しつつ、テクノロジーの探求と理解を奨励している。メディアへの出演、出版物、会議などを通した公共への関与で知られ、テクノロジー、監視、デジタル著作権に関連する問題について頻繁にコメントしている。

ＣＣＣの最も注目すべきイベントのひとつは、世界中から多くの参加者が集まる大規模なハッカー会議である。毎年末に、恒例のカオス・コミュニケーション会議（ＣＣＣ）がドイツ各地で開催される。この会議では、技術やハッキングに関する幅広いトピックについての講演、ワークショップ、ディスカッションが行われる。特にデジタルの権利、プライバシー、情報の自由に関連する分野で、アドボカシーとアクティヴィズムに深く関わっている。クラブは、これらの権利を守るためのさまざまなキャンペーンや法的措置に関与している。

もうひとつの恒例イベントがカオス・コミュニケーション・キャンプ（CCCamp）である。ＣＣＣのハッカーたちが主催し、四年ごとに行われる。これまでのところ、すべてのCCCampはドイツのベルリン近郊で開催されている。キャンプは、プライバシー、情報の自由、データセキュリティなどの技術的および社会的問題に関する最新の情報を提供するためのイベントである。主催者スピーチは大きなテントで、英語とドイツ語で行われ、各参加者はテントを張って、高速インターネットと電源に接続できる。

ｃ－ｂａｓｅとＣＣＣは別の組織であるが、両者のコミュニティや活動には大きな重複がある。c－baseのメンバーの多くはCCCでも活動しており、両団体はテクノロジー、ハッキング、デジタルの権利に関する共通の目標を有している。両団体はしばしばイベントやプロジェクトで協力し、ベルリンの活気あるハッカー文化に貢献している。c－baseとCCCはともに、ベルリンのテック・コミュニティとハッカー・コミュニティにおける革新性、創造性、アクティビズムの育成に重要な役割を果たしているのだ。

Center for the Study of Digital Life

二〇一七年四月、NYのマーク・スタールマンが所長を務める「Center for the Study of Digital Life（デジタルライフ研究センター：CSDL）」のフェローに就任した。CSDLは、デジタルな環境下での人々の生活のユニークな課題と機会を追求するために、二〇一五年に設立された。センターでは、人類がこれまで経験してきた環境とは根本的に異なる環境（単なるテクノロジーではない）であることを示すために、全体を通して「DIGITAL」を大文字で表記している。この新しい環境を理解し、責任を負い、積極的に行動しようとする人にとって、私たちの生活の中ですでに変化しているデジタル技術のパターンを認識することは、非常に重要な課題となっている。

過去二十年以上の間に大きく変化したように、情報通信技術が変化すると、私たち自身も変化する。デジタルへの移行は、これまで人類が経験してきた中で最も大規模で急速な変化であると言える。その結果、私たちは今、経済的、政治的、宗教的、そして個人的にも多大な影響を持つ、大規模な感性の変化を迎えている。印刷機の効果で始まった機械化への衝動、そして電気・電子化は、私たちの人生を容赦なく変えてきた。これまでの電気通信環境は、国連やWTOなどの制度に見られるように、グローバリズムへの偏向を生み出してきた。

デジタルの状況下では、新しい構造が開発されており、それをセンターでは「三つの球」と呼んでいる。東、西、そしてデジタル。これらの三体領域はすべて世界的な広がりを持っており、三つの異なる形式の文明化技術で構成されてきた。表意文字、アルファベット、バイナリーコード。これら三つの球では、基本的な対話もできない。

新しい価値観と新しいグローバルな組織原理の組み合わせは、多くの人にとって、大規模な混沌への降伏のように見える。「複雑性理論」が新たな道筋を描く助けになるのではないかと期待する人もいる。現在二十代の世代は、新しいテクノロジーによって形成された最初の世代であり、すべての課題をデジタルで解決しようとする彼らの意欲は、彼らの親にはほとんど理解されない探求心となっている。

各球体は、統一されたエレクトリック・グローバル・トラジェクトリーがもはや存在しないため、それぞれ異なる価値観を取り戻しつつある。東洋圏、西洋圏、デジタルスフィアのそれぞれの関係性を発見し、「三体問題」の危険性を回避するためには、これら三つの新しい価値観を理解する必要がある。

センターでは、こうした動きを理解するためのセミナーやワークショップを開催し、世界に偏在する優れた研究者たちとの素晴らしいチームを結成している。特にマクルーハンの長男でマクルーハン以後の新たな観点を提示してくれたエリック・マクルーハンからは多くのことを学んだ。CSDLのミッションは、新しい科学を発明する必要があり、そして、「知覚の扉」を開く必要があるのだ。この課題に関しては、終章で詳述したい。

ギリシャのイカリア島

さて、ベルリンを拠点にしていると、ヨーロッパ各地に行くことはとても容易い。LCCを使えば、大抵の都市であれば一万円ほどで往復することができた。私はベルリン滞在中にしばしば欧州各地に赴いた。ルーマニアのブカレスト、ポーランドのヴロツワフ、イタリアのボローニャ、プーリア、スペインのマヨルカ、ギリシャのイカリア島、ジョージアのトビリシなどなど、どれも思い出深い旅だった。これらの旅の中で、私自ビリシである。

身の「ゾーン」として紹介しておきたいのが、ギリシアのイカリア島とジョージアのト

イカリア島はエーゲ海に浮かぶ美しいギリシャの島で、ギリシャ神話のイカロスにちなんで名づけられた。険しい地形、美しいビーチ、伝統的な村で知られるイカリア島は、北エーゲ海地域に属し、人口は約八千四百人。自然の美しさ、史跡、ユニークなライフスタイルで有名で、住民の長寿が国際的に注目されている。

私は現代のヒッピー文化やデジタル・ノマドからの情報をもとに、二〇一八年の九月、待望のイカリア島を訪れた。ベルリンからアテネまでは三時間、アテネからイカリアまではエーゲ航空のプロペラ機に乗り換えて約一時間で着く。ただし、アテネでの乗り継ぎには注意が必要で、場合によっては大幅に時間がかかる場合がある。私の場合、アテネでの乗り換えは二時間程度だったので、断崖絶壁の中に設置されたイカリア空港へのアクセスに問題はなかった。空港で予約していたレンタカー（そのほとんどがスズキの軽自動車）に乗り、iPhoneのナビでめざす宿に向かった。

空港から約一時間かけて、断崖絶壁の螺旋状の細い道、海岸線に沿った道を進んだ。めざす宿は、イカリア空港から北西に五十五キロ、Toxotis Villasという七戸の独立したヴィラだった。イカリア島はエーゲ海東部最大の島の一つで、古代にはカリアと呼ば

れていた。二〇〇一年の国勢調査によると、面積は二百五十五平方キロメートル、海岸線の長さは百六十四キロメートルだった。

島には、最高峰が千四十メートルのアテーラ山脈が横切っている。村人は海岸近くの谷に定住しているが、山中にある村もある。島の首都アギオス・キュリコスから数マイル離れた東には、古典時代にはコルシアイとして知られていた小さな島々が集まったフルニ島が見える。

イカリア島の北東十九マイルの距離にサモス島のケルキス山があり、南にはパトモス島の小さな島がある。地質学的には、イカリア島は小アジアから始まり、サモス島を経由してキクラデス諸島に向かって広がる結晶堆積の一部である。この島で、なぜ軽自動車が便利なのかは、この道を運転すればすぐわかることだった。

アルテミス神殿とナスの古代遺跡――起源と歴史的意義

イカリア島のアルテミス神殿は、古代ギリシャの古典期、紀元前六世紀頃に遡る。アルテミスはギリシャ神話の主神の一人で、狩猟、荒野、出産の女神として知られている。神殿は、アルテミス・タウロポロス（海上活動と船員の保護に関連する女神）に捧げられた重要な宗教施設であった。現在、神殿の大部分は廃墟となっているが、もともとはアルテミス像が置かれていた円柱や中央聖域（セラ）など、ギリシャ神殿建築の典型的な要素を備えていた。

発掘調査により、神殿の基礎や断片が発見され、古代ギリシャの宗教的慣習や建築様式についての洞察が得られている。しかしこの遺跡群は、参入者にとって何の防壁もなく、今のような姿となったその場所には自由に足を踏み入れることができた。そのためか、基礎となった岩盤だけがあるだけで、遺跡の全容は想像に頼る以外になかった。だが、私にとってこの遺跡群は、圧倒的な歴史時間を含む究極の「ゾーン」でもあった。

遺跡群の前にはゆるやかに流れる川が美しい海岸につながり、川の中には古代の遺跡に使われていたであろう、巨岩の片鱗が隠れている。すぐとなりの海岸は、ヒッピーたちが訪れる有名なヌーディストビーチだった。

アルテミス神殿は、月、狩猟、出産に関連する女神アルテミスを地元に適応させたアルテミス・タウロポロスに捧げられていた。儀式には、古代ギリシャの宗教的慣習に典型的な、供え物、祈り、おそらく動物の生け贄が含まれていたと思われる。

アルテミス・タウロポロスが海とつながり、船乗りを守っていたことから、儀式には航海の安全と帰還の成功を祈る供物が含まれていたかもしれない。これらの儀式には、献杯、奉納物、海洋活動に対する女神の守護を呼びかける儀式が含まれていた可能性がある。また、宗教的な祭りの前後には、儀式的な祝宴や共同体の集まりもあったと思われる。

この遺跡が港としての役割を担っていたことから、安全な航海と貿易の繁栄に関連する儀式が広まっていただろう。これには、風や嵐からの守護を神に捧げる儀式や、物資や人々の安全な航行を確保するための儀式が含まれていたかもしれない。

イカリア島の北西海岸に位置するナスは、古代の重要な港であり聖域であった。この遺跡は紀元前八世紀からローマ時代にかけて活動していた。アルテミス神殿と同様、ナスの聖域はアルテミス・タウロポロスに捧げられていた。この地域一帯から参拝者を集める、主要な宗教的中心地であった。

ナスは、その戦略的な立地と天然の港湾により、重要な海上拠点として機能していた。居住区には、住宅地、作業場、公共建築物などがあった。ナスの神殿跡には、その基礎と祭壇の名残がある。考古学者たちは、陶器、碑文、奉納物などの遺物も発見している。

埠頭や防波堤を含む古代の港湾施設の証拠は、貿易港や漁港としてのナスの重要性を浮き彫りにしている。これらの遺跡は、イカリア島とエーゲ海地域の古代史を理解する上で極めて重要である。古代ギリシャの共同体の宗教的、経済的、社会的生活に関する貴重な洞察を提供している。

エレウシスの秘儀とのつながり――神秘の本質

エレウシスの秘儀とは、アテネ近郊のエレウシスで毎年行われていた、デメテルとペルセポネに捧げられた秘密の宗教儀式である。エレウシス（現代ギリシャ語：Elefsina）は、ギリシャの西アッティカにある町である。古代ギリシャで最も重要な宗教儀式のひとつであるエレウシスの秘儀の中心地であった。

エレウシスの秘儀は、デメテルとペルセポネの崇拝のために毎年行われた入信儀式である。これらの儀式は紀元前千五百年頃に始まり、四世紀後半に異教が衰退するまで続いた。秘儀はデメテルとその娘ペルセポネの神話に根ざしている。神話によると、ペルセポネは冥界の神ハデスによって誘拐された。農耕の女神デメテルは娘の身を案じ、飢饉を引き起こした。やがて妥協が成立し、ペルセポネは一年の一部を母親と過ごし、一部を冥界で過ごすようになり、成長と衰退の農業サイクルを象徴するようになった。

儀式の正確な詳細は極秘にされていたが、儀式にはさまざまなイニシエーションの段階、デメテルとペルセポネの神話の再現、イニシエートによって、より良い死後の世界が約束されていた。儀式は精神的な悟りと個人的な変容への道と考えられていた。

古代遺跡の中心エリアはデメテルとペルセポネの聖域で、テレステリオン（儀式に使われた大広間）や小プロピレア（記念碑的な門）など、いくつかの重要な建造物がある。テレステリオン以外にも、プルートニオン（黄泉に捧げられた洞窟）、祭壇、その他さまざまな聖域や公共の建物などの遺跡がある。奉納品、碑文、彫刻など、数多くの遺物が発掘され、古代エレウシスの宗教的慣習や日常生活について知ることができる。

現代のエレウシス

現代のエレウシス（エレフシナ）は工業地帯として発展し、特に石油精製と重工業で知られている。にもかかわらず、町は古代の遺産を保存する努力をしている。エレウシスは二〇二一年の欧州文化首都に指定された（COVID-19の流行により二〇二三年に延長）。この指定は、町の豊かな文化的歴史を強調し、現代の文化活動を促進することを目的としている。

エレウシスは、アテネから道路や公共交通機関でアクセスできるため、古代ギリシャの歴史や考古学に関心のある観光客に人気の日帰り旅行先となっている。エレウシス遺跡と博物館には、毎年多くの観光客が訪れる。

エレウシスは、古代の歴史と現代の開発が融合したユニークな場所である。エレウシスの秘儀の中心地としての意義は、古代ギリシャの宗教と神話への貴重な洞察を与えてくれる。今日、エレウシスは、現代の文化的・産業的役割に適応しながら、その遺産を尊重し続けている。これらの儀式には、入信、秘密の教え、入信者（ミスタイ）に霊的再生と来世への希望を約束する儀式が含まれていた。麦角に含まれる幻覚剤（ＬＳＤのルーツ）が使用されていたとの説もあり、事実、アルバート・ホフマンはこの麦角成分の変容がＬＳＤのルーツであると指摘していた。

アルテミス神殿とナス神殿の儀式をエレウシスの秘儀と結びつける直接的な証拠はないが、両者とも古代ギリシャの多くの宗教的慣習の中心である生、死、再生のテーマを共有している。アルテミスは出産の女神として、再生と生命のテーマも体現している。イカリア島では航海の安全を、エレウシスでは農業の繁栄を祈願する。ギリシアの宗教的慣習は広範囲に及んでいるため、エレウシスのような主要な教団の中心地からの影響は、他の宗教施設にも浸透した可能性がある。しかし、秘密主義で知られるエレウシスの特定の儀式は、あるいはエレウシスだけのものであったかもしれない。

アルテミス神殿とイカリア島ナスの聖域での儀式は、生、死、保護など、エレウシスの秘儀とテーマ的に重なる部分はあるが、関連性を示す直接的な証拠はない。エレウシスの秘儀は非常に秘密主義的で、エレウシスの文脈に特化していた。

ナス地方に位置するギリシャのイカリア島にあるアルテミス神殿は、主に保存上の懸念と現在進行中の考古学的調査のために現在閉鎖されている。紀元前六世紀に遡るこの神殿は、航海と狩人の保護に関連する女神アルテミス・タウロポロスに捧げられた重要な場所であった。

閉鎖の理由—保護活動

現在、アルテミス神殿は閉鎖されているが、このさらなる劣化から遺跡を守るための努力の一環である。神殿は何世紀にもわたって大きな損傷を受け、特に一九世紀には多くの石材が島の他の建造物の建設に再利用された。この遺跡は、その歴史的意義をより深く理解し、古代イカリア人の儀式や日常生活について解明するため、考古学的調査が行われている。このような調査では、現在進行中の作業の完全性を確保するため、一般公開を制限する必要がある場合が多い。

アルテミス神殿の閉鎖は、観光客にとっては残念なことかもしれないが、この重要な遺跡の保存と詳細な調査を確実にするためには必要な措置である。この努力は、イカリア島の文化遺産を後世まで守り、古代ギリシャ文明の理解に貢献するだろう。

現代のヒッピーがイカリア島を訪れる理由

ギリシャのイカリア島が現代のヒッピーやオルタナティブなライフスタイルを求める人々にとって特に魅力的なのは、いくつかの理由がある。イカリア島は、素晴らしいビーチ、緑豊かな森林、険しい山々など、手つかずの自然景観で知られている。セイシェル・ビーチやナス・ビーチなどの人気スポットは、リラクゼーションや自然とのつながりに理想的な、静かで絵のように美しい環境を提供している。

イカリア島は世界の「ブルーゾーン」のひとつで、人々が健康で長生きする地域である。健康的な食生活、活動的なライフスタイル、社会との強い結びつきが、島の住民の九十歳以上の長寿を支えている。ブルーゾーンとは、世界平均に比べて人々が健康で長生きしている地域のことである。これらの地域は、百寿者（百歳以上生きる人）の割合が高く、慢性疾患の割合が低く、平均寿命が長いという特徴がある。ブルーゾーンの概念は、ナショナル・ジオグラフィック・フェロー[10]作家のダン・ベトナー[11]によって広められた。

海と空との境界が喪失し、眼の前がブルー一色に見える山の上で、まさにブルーゾーンの別の意味を理解した。ここで体験したブルーこそ、イカリア島が描き出す境界融合

10　ナショナル・ジオグラフィック・フェロー　アメリカ、ワシントンD.C.に本部を置く世界最大級の非営利科学、教育団体「ナショナル ジオグラフィック協会」が選出するコラボレーター。科学、探検、教育、写真、執筆などの分野で目覚ましい業績を残すことで選ばれる。教会を代表する人物の一人として、資金提供を受けながら活動することができる。

11　ダン・ベトナー　作家、探検家、研究者。世界に存在する五つの長寿地域「ブルーゾーン」の研究者として知られる。ナショナルジオグラフィックのフェローとして、ブルーゾーンの取材を行い書籍を刊行（日本語へは未翻訳）。Netflixで二〇二三年に配信された『100まで生きる：ブルーゾーンと健康長寿の秘訣』でエミー賞を受賞した。長距離サイクリングに関する三つのギネス記録を持つ。

の自然美だった。ホリスティックな景観としてのイカリアは、質素、共同体、自然な暮らしを重視するイカリア人の生活様式を反映し、現代の多くのヒッピーの価値観と共鳴する。有機農業、伝統的な料理、自然療法などの実践が一般的である。

イカリア島では、年間を通して数多くの祭り（パニギリア）が開催され、地元の人々や観光客が集まり、音楽、ダンス、伝統料理で祝う。このような行事を通じて、強い共同体意識と帰属意識が育まれている。この島のオープンマインドとオルタナティブなライフスタイルの受容は、自由と自己表現を求める人々を惹きつけている。共同生活や共有体験の感覚が大きな魅力となっている。

島の住人は九十歳以上まで生きることが多く、健康で質の高い生活を享受している。新鮮な野菜、果物、豆類、全粒穀物、島特産の蜂蜜やワイン、オリーブオイルを重視するイカリアの食生活が、住民の長寿に貢献していると考えられている。さらに、ゆったりとした生活ペース、強い社会的つながり、ストレスレベルの低さも欠かせない要素となっている。

アルテミス遺跡のすぐそばに、イカリアで最も有名なレストランがある。ミシガン州デトロイトで生まれたテア・パリコス（Thea Parikos）の母方の家族は、アメリカへの移民第一世代としてイカリア島から移住した人々だった。テアは、一九九五年にデトロイトからイカリアに移住し、「Thea's Restaurant & Rooms」をオープンした。ここの料理は、イカリアの伝統料理を現代に再生し、街で最も評価の高いレストラン兼宿泊施設である。私はイカリア滞在中に何度もこのレストランを訪れたが、日没を見ながらの食事は、最高の料理と体験だった。

イカリア島は現代ヒッピー文化の避難所としての評判を高め、シンプルさ、コミュニティ、自然とのつながりを中心としたオルタナティブなライフスタイルを求める人々を惹きつけている。島は人里離れた場所にあり、自然が美しいため、現代生活の喧騒から逃れたい人々にとって魅力的な目的地となっている。

共同生活、持続可能性、ホリスティック・ヘルスを重視するイカリア島は、現代のヒッピー文化の価値観によく合致している。イカリア島を訪れる観光客や島民の多くは、共同生活を営み、資源や責任を分かち合うことで、協力的なコミュニティ環境を作り上げている。島では、音楽、ダンス、地元の伝統を祝うさまざまなフェスティバルやイベントが開催される。これらの集まりは、六〇年代のカウンターカルチャー運動の精神を体現していることが多く、平和、愛、共同体の調和を促進している。

イカリア島の住民は、持続可能な農業、有機農業、環境に優しい生活を実践している。持続可能性を重視する姿勢は、環境への配慮や自然な暮らしを優先する人々の共感を呼んでいる。地元産の伝統的な食事を重視する島のスローフード運動も、現代のヒッピー・

ムーブメントに携わる人を惹きつけるもうひとつの側面だ。イカリア島の食生活は、伝統的な地中海式食生活に似ているが、その土地独特のアレンジが加えられている。抗酸化物質が豊富な野生の植物から作られたハーブティーを定期的に飲み、社交の場ではワインを適度に飲む。

素晴らしい自然景観、豊かな文化遺産、長寿の評判を持つイカリア島は、理想的でホリスティックなライフスタイルの象徴となっている。現代のヒッピー文化におけるこの島の魅力は、コミュニティ、持続可能性、ゆったりとした生活ペースを重視することに根ざしている。これらの要素が、イカリア島をオルタナティブな生き方を求める人々にとってユニークで魅力的な目的地にしているのだ。

ジョージアの首都トビリシ

次に紹介したいのが、欧州の最東部、ジョージアの首都トビリシである。私は二〇一九年十一月、首都トビリシに滞在する機会を得た。ここで言うジョージアとは、米国のジョージア州ではない。二〇一五年までロシア語で「グルジア」と呼ばれていた国のことである。トビリシは、近年、世界中のトレンドセッターやノマド・ワーカーが最も注目している街である。

ベルリンの壁の崩壊から三十五年、ソビエト連邦の崩壊から三十三年が経った。長らくソビエト連邦の構成国であったグルジアは、一九九一年に独立した。二〇一四年十月、日本政府にロシア語の「グルジア」の使用をやめ「ジョージア」へ変更するよう要請が行われ、二〇一五年四月よりジョージアと呼ばれている。黒海とカスピ海に挟まれたコーカサス地方の小さな国といえば、民族衣装を着て高原を馬で駆けめぐるシルクロードの人々が思い浮かぶかもしれない。

しかし、そのような想像力は現在のトビリシには通用しない。この街はかつてシルクロードの要衝として東西文明の交差点に位置し、歴史あるヨーロッパの街並みと斬新な現代建築の共存が現在の街の姿である。ジョージアの総人口は三百七十万人、首都トビリシには百十万人が暮らす。そこは、世界中のビジネス・トラベラーや現代のボヘミアンたちを魅了する楽園であり、好奇心の強い旅行者だけでなく、あらゆる種類の人々を引きつける強い磁力を放っている。

ニューイーストの台頭

移民の受け入れ政策に反対する極右勢力の台頭やウクライナ戦争など、欧州連合（EU）の未来は不透明で閉塞感が漂っている。そんな西ヨーロッパを横目に、「ニューイースト」と呼ばれる都市の台頭に熱い視線が寄せられてきたのは最近のことである。「ニューイースト」とは、いわゆる東欧諸国よりもさらに東に位置し、地政学としてはヨーロッパの東限を意味している。

一九九一年のソビエト連邦崩壊後に徐々に発展を遂げたニューイーストの都市群は、現ロシアや旧ソビエト連邦圏の都市を指す。リガ、ミンスク、ソチ、キエフ、カザン、サンクト・ペテルブルクなどがその構成都市である。しかし、その中で最も注目される都市が、ジョージアの首都トビリシである。この数年、世界一スタートアップが生まれる都市はベルリンだったが、次はトビリシから多彩なイノベーションが起こるという予測は単なる空想ではない。

トビリシが一躍世界に注目されたのは、街に現れた斬新でスタイリッシュなホテルや、若き起業家たちの個々の経済活動を支援するイノベーション・エコシステムの成功、ベルリンの最高峰クラブ「ベルグハイン」を超えたと評されるトビリシのクラブ・シーンの動向かもしれない。

あるいは、ジョージアの親ＥＵの考え方（ジョージアは国連と欧州評議会のメンバーである）や、大胆な経済政策の舵取りを行う国の姿勢にあるのかもしれない。そして、八千年前に遡る歴史を有する世界最古のワイン文化や、日本ではあまり知られていないジョージア料理の素晴らしさ、自然に恵まれたリゾートや温泉の文化なのかもしれない。

世界がトビリシに注目する観点が何であれ、トビリシは訪問する価値のある刺激的な都市であることは間違いない。日本からトビリシにはさまざまな行き方がある。西ヨーロッパの主要な空港を経由すると十九時間は覚悟する必要がある。時短にこだわれば、ドーハやワルシャワ、タイなどを経由する方法もある。ベルリンからは、トビリシへ週二本の直行便があり、三時間半で到着する。

スタンバ・ホテルの衝撃

ソビエト時代の巨大な出版社を改修し、世界最高のデザインホテルとして生まれ変わったStamba Hotel（スタンバ・ホテル）に足を踏み入れると、世界のトレンドセッターたちが、なぜオープンしたばかりのこの四十二室のホテルを絶賛しているのか。その理由はすぐに明らかとなる。しかも、このホテルはまだ進化の途上である。ガラス底の屋上プールがロビーの真上に誕生し、トビリシで最初の都市型垂直農場や建物の三階には写真ミュージアムがオープンした。ホテルは最終的に百五十室となる計画だ。トビリシにはシェラトン、ラディソン、マリオットなど、国際的なブランド・ホテルが独自のコンセプトを競っているが、スタンバと比較すればそのどれもが色あせたレガシーに見えてしまう。

いま、スタンバが注目を集めているが、先行して開業した隣接の姉妹ホテルであるRooms Hotel（ルームズ・ホテル）も人気である。スタンバより低価格というだけでなく、その雰囲気はボヘミアン・シックの快適さを満たしている。自由な雰囲気と趣のあるカフェが点在する旧市街のヴェラ地区に位置するスタンバとルームズホテルは、現在のトビリシを完璧に体現する場所のように感じられる。トビリシという街自体が、優雅さと伝統、最上のホスピタリティを反映した街だからだ。

産業遺産のジャングルと夢のような図書館が融合する広大なロビーラウンジは、二〇世紀の産業遺産がいかに現代的なニーズに応えるかの最良の事例を示してくれる。しかし、スタンバとルームズホテルの客室とアメニティ、正確に言えばそのホスピタリティこそ、トビリシに来る本当の意味を教えてくれる。二〇一九年十月にオープンした地上階のロビーラウンジは、奥まで多彩な空間が緩やかに連続している。

図書館とクラブが一体化しているような、数百人を収容できる地上階の巨大ラウンジでは、McIntosh（マッキントッシュ）のハイエンド・オーディオ・システムから大音量のラウンジ・ミュージックが鳴り響いている。ホテル内のコンセプト・ショップでは、ファッションや書籍、多彩なアメニティ、伝統図案を再生したテーブル・クロスやスカーフ、ビニール・レコード、雑貨など、地元の優れた商品を取り揃えている。

アジャーラ・グループの成功

若いジョージア人たちのクリエイティブによって生まれたスタンバ・ホテルは、すぐに国際的な評価を得た。ＡＨＥＡＤ（Awards for Hospitality Experience and Design）は、ホスピタリティ・エクスペリエンスと優れたデザインを表彰する世界的な祝典である。世界中の主要なホテル所有者、開発者、オペレーター、建築家、デザイナーが応募、審査、出席する。

スタンバは、「AHEAD Europe 2018」で「New Concept of the Year賞」を、「AHEAD Global 2019」で「People's Choice賞」を受賞した。さらに世界のホスピタリティ業界を牽引するスタンバの運営会社であるAdjara Group（アジャーラ・グループ）の革新的な役割を認め、世界情勢を独自に切り取るライフスタイル・マガジンである『Monocle（モノクル）』は、アジャーラ・グループのＣＥＯであるValeri Chekheria（ヴァレリ・チェケリア）を、二〇一九年で最も優れた「ホテル経営者（Hotelier on the up）」に選出した。

スタンバとルームズ・ホテルは、旅行者だけでなく地元の人々にとっても最先端の社交空間である。それはスタンバのレストランや巨大なロビーラウンジが、市民の公共スペースとして機能しているからだ。ここでは英語よりもジョージア語が話されていて、それだけ地域との良好な接続があることを表している。このホテルを運営するアジャーラ・グループは、数年前、数名の都市開発チームから始まり、いまでは三千人を雇用するトビリシ最大級の企業に成長した。トビリシの一企業が、世界のホテル事業やリゾート開発を牽引するトップ企業となったのである。

二〇一〇年、アジャーラ・グループはトビリシに最初のホリデー・インのフランチャイズを導入・運営することでジョージアのホスピタリティ・セクターに参入した。二〇一二年、アジャーラは、カズベギ山岳地帯にあるソビエト時代の放棄されたサナトリウムを、ジョージア最初のライフスタイル・ブランドであるルームズ・ホテルに転換した。以来、比類のない立地、建築、デザインにより、世界的なホスピタリティ企業として賞賛されている。

二〇一四年、ソビエト時代の歴史的な出版社が二番目のルームズ・ホテルとなった。アジャーラ・グループは、ジョージアのアートシーンにも重要な貢献をしている。彼らの最優先事項の一つは、地元の人々が新しい専門的な道を見つけ、未開発の地域を持続可能な目的地に変える地域プロジェクトの開発である。平等、オープンマインド、成長の機会、安全で公正な環境、そしてAgripreneurship（アグリプレナーシップ：革新的な農業起業）への支援など、すべてのチームメンバーが国の発展に貢献することを企業文化の中心に置いている。

ジョージアの先見性

ジョージアは、市民の権利を重視し、市民も国を前進させることに大きな情熱を傾けている。街で最も人気のあるクラブに警察による武装介入があった時、大規模な抗議運動が起こり、クラブ文化の民主化と安全性への対応が行政と市民との連携で展開された。市民は、ジョージアがより良く変わるための積極的な行動をいとわない。そして事実、この国の民主化や経済的な成長努力の主役は市民の真摯な情熱なのだ。

コーカサス山脈の南、黒海の東に位置するジョージアは、北側にロシア、南側にトルコ、アルメニア、アゼルバイジャンと隣接している。古代から数多くの民族が行き交うシルクロードの要衝であり、何度も他民族支配にさらされる土地でありながら、キリスト教信仰をはじめとする伝統文化を守り通してきた。また、温暖な気候を利用したワイン生産発祥の国としても知られる。

ジョージア中央部のゴリは、旧ソビエト連邦の最高指導者であったヨシフ・スターリンの出身地である。ロシア帝国とその後に成立したソビエト連邦の支配が長く続いたことから、ジョージアは独立後、ロシアとの対立路線を取ることが多い。

ジョージア政府は外国からの観光客誘致に力を入れている。二〇一七年に同国を訪れた旅行者は約六百万人で、十年間で六倍に増えた。日本を含む九十四カ国を対象とした査証および在留許可の取得免除などが功を奏した形だ。日本のパスポートをもっていれば、入国と同時に自動的に一年間の滞在が許可される。その間に一度出国し再入国すれば滞在期間がリセットされるので、さらに一年間の滞在が可能だ。事実上、ビザなしで長期滞在が可能である。

国外での収入には課税されず、ジョージア滞在時に義務づけられているのは、保険への加入だけである。起業による会社の設立も簡易であり、賃貸住居などもさまざまな選択肢がある。月額五万円で1ＬＤＫ、五十平米のアパートを借りることができ、新築高級アパートも西ヨーロッパの主要都市に比べれば家賃が三分の一以下で選択肢は広い。

物価や生活コストはとても安く、ジョージアの通貨であるラリは、一ラリが日本円で約五十五円。タクシーにはメーターがなく、空港の到着ホールの横にはタクシーサービスのカウンターがあり、市内中心部まで時間にして三十分ほどかかるが値段は四十ラリ（約二千二百円）である。街中のタクシーの九割がトヨタのプリウスで、五ラリから十ラリ（約五百五十円）程度でほとんどの市内移動が可能である。あらかじめ行き先をドライバーに告げて値段の交渉をするのが、トビリシでのタクシーの乗り方である。地下鉄やバスなどの公共交通に関しては、一乗車〇・五ラリ（約二十八円）で、空港からのバスも市内とつながっている。

ＢｏＨｏ：ボヘミアン・ホスピタリティとノマド文化

二〇一五年、バレンシアガ[12]（BALENCIAGA）のクリエイティブ・ディレクターに就任したのが、ジョージア出身のデザイナー、デムナ・ヴァザリア[13]（Demna Gvasalia）である。彼の活躍に続くかのように、トビリシでは若手のファッション・デザイナーが多数成功を収めており、トビリシは先進のファッション都市でもある。

かつてのヒッピーやボヘミアンのライフスタイルを現代社会でいかに無理なく実現できるか？　かつての「ウッドストック」は、今や砂漠の大規模な社交イベント「バーニングマン」に姿を変えている。もともと、窮屈な実社会を少しだけ逸脱するというのが、ボヘミアン×ＳＯＨＯ（ＢｏＨｏ）というファッション・トレンドである。このＢｏＨｏが、エレガントで高貴なBoHo chic（ＢｏＨｏシック）へと向かう牽引役となったのが、英国の女優シエナ・ミラーとモデルのケイト・モスたちのライフスタイル提案だった。この流れが、ミレニアム世代からZ世代の女性たちに支持されてきた。このトレンドの本質を理解するには、少し想像力が必要となる。

12　バレンシアガ　スペイン人のクリストバル・バレンシアガによって一九一七年に設立されたフランスを代表するラグジュアリーファッションブランド。本店はフランス、パリ八区のジョルジュ・サンク通りにある。「サックドレス」をはじめとする歴史的なアイテムを生み出してきた。長い歴史を持つブランドながら、近年はセレブやインフルエンサーが愛用し、若者からも高い人気を誇る。

13　デムナ・ヴァザリア　ジョージア出身のファッションデザイナー。「メゾン・マルジェラ」のデザイナーとしてキャリアを開始し、二〇一四年に自身のブランド「ヴェトモン」を立ち上げる。二〇一五年から「バレンシアガ」のアーティスティック・ディレクターを務める。同ブランドのイメージをストリートスタイルへと刷新し、若い世代から強い支持を受けることに成功。二〇一〇年代を代表するファッションデザイナーとして知られる。

ほとんど不自由を感じない都市生活を生きる、ミレニアム世代のビジネス・ウーマンを例に説明しよう。彼女たちにとって、声高に叫ばれる「自由」は、責任や義務とともに重荷とさえなっている。与えられた「自由」ではなく、本当に自由奔放を実現できるのは慣習的な生活を脱して、自身のライフスタイルを極めることである。フェイク（嘘）もファクト（事実）もすべてはフィクション（虚構）となる複雑な時代の中、広大な世界を実際に旅し、自分にとっての「真実」を発見することが、現代のボヘミアンやノマド（遊牧民）である。

ＢｏＨｏの解説本としてお勧めなのは、『ＢｏＨｏ宣言：脱慣習的生活へのインサイダーガイド』（Julia Chaplin, The Boho Manifesto: An Insider's Guide to Post-Conventional Living、二〇一九年六月）である。ヒッピーの両親の下に生まれたジュリア・チャプリンの著書で、ミレニアム世代を中心にボヘミアン・シックやノマドワークの実践方法を詳細に記述している。

六〇年代のヒッピーのように、都会を離れ遠い山に向かうのではなく、マンハッタンやブルックリンのロフトで、ボヘミアン・ライフスタイルを実践することや、世界の辺境や「バーニングマン」へと旅することなど、さまざまな文脈が交差するのがＢｏＨｏシックである。これは、東西文化の交差点であるトビリシの重要なホスピタリティ・コンセプトでもある。シルクロードの地に根づいたトビリシの「ボヘミアン・ホスピタリティ」は、時代とともにアップデートされている。

産業遺産とファブリカ

中央トビリシのマルジャニシュヴィリ駅から数ブロック行くと巨大な工場ビルがある。エグネイトニノシュヴィリ通り八番地は、ソビエト時代の婦人服工場だった。ソビエト連邦が一九九一年に崩壊した時、工場は閉鎖され、建物は放棄されていた。数十年後、トビリシ最高のホスピタリティを表現する「ホステル」としてだけでなく、内外の人々のためのクリエイティブ・ハブとして、Fabrika（ファブリカ）が二〇一六年七月にオープンした。

市内で最も古い地区のひとつにあるソビエト時代の産業遺産は、地元の建築家集団が、トビリシを代表するデザイン・ホテルであるスタンバの運営会社アジャーラ・グループの支援により、工場に新しい命を吹き込み、それを多目的で創造的なスペースとホステルに変えた。

崩壊しつつある建物を機能的な空間として、地域コミュニティに還元するファブリカのコンセプトは、現在トビリシで起こっている幅広いトレンドの一部である。この街の流行に敏感な人の多くは、トビリシに残るソ連時代の古い工場や倉庫を手に入れて、社会に貢献できる仕事をやり遂げたいと夢見ている。これはベルリンの三十数年前、荒廃した東ドイツの発電所や遊休施設をクラブやアートセンターに変えたいと夢を抱いた人々と同じである。しかしトビリシのこの夢の中には、常に都市の若者たちの雇用や経済的自立を促進する現実的な方策が含まれている。

ファブリカの地上階にあるコワーキング・ラウンジは、コンクリートの床、屋内植物、多彩なヴィンテージ家具やデザイナー家具に囲まれた代表的なスペースだ。そこには、床から天井まで届く大きな窓から自然光が差し込み、高い天井と人間工学に基づいた作業スペースは、ラップトップで作業する人にとって快適な一時的なオフィスになる。会合やコラボレーション、創造活動など、平均年齢三十代前半のアーティストやノマドワーカーの息づかいが、毎日ラウンジから聞こえてくる。私はここに、クリエイティブという名の「ゾーン」を感じた。

ファブリカのイノベーション・エコシステム

ファブリカで夜を過ごすことを望むなら、古い縫製機械を利用したレセプション・デスクでチェックインするだけだ。二階から上の宿泊エリアには、ホステル／スイートを合わせて計九十八の客室がある。六人用の共有ドミトリーと、プライベート・ルーフトップテラスがあるスイートもある。部屋は中間色で彩色され、高い天井と自然光は、部屋を実際よりも大きく感じさせている。ホステルにはソ連時代のミッドセンチュリー家具が設えられている。ファブリカの中庭はホステルのゲストや起業家、地元の若者たちの社交空間である。

ファブリカの特別なハイライトは中庭である。ここには現在、アーティスト・スタジオ、コワーキング・スペース、起業家の学校ともいえるインパクト・ハブ、カフェ・バー、レストラン、ＢｏＨｏを意識したファッション・ブティック、多数のクリエイティブな店舗があり、ジョージア人が経営する「塩ラーメン」の店もある。そのすべてが、ファブリカを活気づけるエコシステムとなっている。このクールな「ホット」スポットでは、常に進化を続けるイノベーション・コミュニティを意識したイベントが定期的に開催されている。

トビリシを訪れる世界の人々にとって、ファブリカはトビリシの先進的な文化を集約して体験できる場である。「創造し共有するための空間」として生まれ変わったソビエト時代の縫製工場は、トビリシの歴史や文化、経済と接続する多機能な空間に変身した。ここに店を構える起業家は、ファブリカの永住者だ。彼らはこの中庭に生命と魂を与え、そのさまざまなプロジェクトはファブリカの創造的な精神を体現している。

トビリシのグラフィティ

ＬＡＭＢシリーズとして知られるトビリシで有名なストリート・アーティストの作品は、ファブリカの内部を含め、街中でも見ることができる。それらは、二〇一八年六月に開催されたジョージア初のストリートアート・フェスティバルである「Fabrikaffiti（ファブリカフィティ）」の期間中、地元および国際的なアーティストによって描かれたものである。旧ソ連や共産主義国の多くと同様に、ジョージアのストリート・アートシーンは比較的最近の現象である。

ストリート・アートは、ソビエト連邦では反体制の嫌疑をかけられ、処罰されることもあった。今日では状況が異なり、トビリシのいたるところにストリート・アートを見つけることができる。フェスティバルの成功に続いて、一部の参加者がファブリカにショップを立ち上げ、現在はアート用品を販売し、ステンシル・ワークショップを開催している。

ファブリカのグラフィティ・フェスティバルは毎年開催され、主催者はキャンバスをファブリカ周辺の街路に広げることを計画している。ファブリカ周辺の建物がグラフィティで覆い尽くされている様は、非常に興味深く、それはベルリンのクロイツベルクで起こっている都市の高級化を阻止する反ジェントリフィケーションのシンボルとしてのグラフィティとも異なる。トビリシでは、街中を埋め尽くすグラフィティを、ファブリカ美学の浸透として称賛しているのだ。

ファブリカ・ホステルのコンセプト

流行に敏感なファブリカは、荒れ果てた古い地区を蘇らせている。古いものと新しいものが混ざり合うが、工場の外観はグラフィティで覆われている以外、ほとんど昔のままである。古い縫製工場の内側には、スタイリッシュなソビエト時代のミッド・センチュリーの家具がモダンな雰囲気を醸し出している。ファブリカ・ホステルは、最大三百五十四人のゲストを収容し、シェアルーム、シングルルーム、アパートメントの部屋を選択できる。

地元の人々や旅行者にとっても、ファブリカはトビリシに集う人々のためのホットスポットであり、産業遺産の雰囲気と広大なスペースで共同作業、学習、社交、宿泊することができる。ファブリカは、「旧式と新式」、ファンキーなボヘミアン・ライフスタル、インダストリアル美学と社会主義美学がブレンドされたクールな雰囲気を漂わせている。これは、都市の再創造のシンボルとして十分な説得力を表現していて、トビリシを代表するクリエイティブ・センターであり、見逃せないユニークな空間である。

ジョージアの食

ファブリカの近くにあるボヘミアン・レストラン「Shavi Lomi（シャヴィ・ロミ）」は、ジョージアの伝統料理と現代の革新が見事に融合している。街中にはジョージア料理店が多い。どの店に入っても、沢山のメニューはほぼ同じで、味も間違いがない。ジョージア料理は、その新鮮な食材と繊細な味覚のバランスのため、東ヨーロッパ全体で長い間称賛されてきた。トビリシは過去数年の間で伝統料理の復興を成し遂げ、その名声はますます高まっている。

ジョージア料理は、日本人の味覚に合い、和食以外で毎日食べることのできる外国料理は、ジョージア料理だとさえ感じた。地元のレストランでは、大きな「小籠包」であるヒンカリが有名だし、プラムソースのグリル肉、チーズと卵を包み込んだピザのようなハチャプリ、あっさりとしたビーフシチューであるオーストリーなど、ジョージア王朝時代の古典料理の数々も復興されている。ジョージア産の優しいワインとともに夜が更けたら、トビリシのクラブシーンへの参入である。

トビリシのクラブシーン

トビリシ最高峰のクラブであるBassiani（バシアーニ）やKHIDI、Mtkvarzeなどは、金曜日の深夜から鉄の扉が開く。特に国立競技場の地下プールを改装したバシアーニは、ベルリンのベルグハインのようなバウンサーによる入場「審査」はない。事前にウェブサイトから名前、パスポート番号、生年月日、フェイスブック・アカウントを入力し、チケットを購入する仕組みである。

バウンサーの「秘密の判断」によって入場の可否が決められるベルグハインの通過儀礼をめぐっては、これまでも批判が絶えなかった。どんな基準で入場者が選ばれているのかという疑問は解消されないままである。今、世界では民主的なクラブ文化が徐々に世界のトレンドになっているが、ジョージアにはベルリンのようなバウンサーの独断やプライバシーの過剰な保護信仰も反グーグル運動も存在しない。クラブ文化の中にも、トビリシの先進性が感じられるのだ。

ホスピタリティの再創造

「未来は今、この瞬間にある」という考えに従えば、トビリシが十年後のヨーロッパに与える影響を垣間見ることができる。トビリシは二〇世紀後半に発展した都市以上に、いま、最も可能性に満ちた都市だからである。

一九九一年、エストニア、ラトビア、リトアニアのバルト三国のソビエト連邦からの分離独立以降、同年十二月のソビエト連邦の崩壊を受けて全ての連邦構成共和国が主権国家として独立した。ソ連崩壊後に独立した連邦構成共和国は、アルメニア、ジョージア（当時はグルジア）、ウズベキスタンなど十五カ国に及んだ。

ジョージアは一貫して隣国ロシアと距離を置き、欧米との関係強化を打ち出してきた。この路線は二〇〇四年に成立したサアカシュヴィリ政権下で一層高まり、二〇〇八年からはじまる北大西洋条約機構（NATO）と欧州連合（EU）への加盟推進、ロシア語からジョージア語への移行が強化され、英語教育の義務化が徹底された。トビリシの大半の若者は美しい英語を話し、それだけでも世界との連携や協調を望む国の姿勢が現れている。

ウクライナ、ポーランド、バルト三国なども、ジョージアと同じ反ロシア路線を歩んでいる。一方、ロシアにとってジョージアはカスピ海産原油パイプラインの存在や、中央アジアの原油を確保する上で密接な関わりがあり、南の玄関口である黒海へ連なる要衝であり、古来よりシルクロードの東西の交差点に位置する重要な国家と位置づけている。後述するが、ロシアにとってジョージアは特別な国なのだ。

ホスピタリティと「もてなし」

ジョージアはホスピタリティの国だと言われる。ホスピタリティとは、ゲストとホストの関係であり、ホストは、訪問者、または見知らぬ人への接待や親善でゲストを迎える。フランスの啓蒙思想家ディドロとダランベールらによって一八世紀に編纂された『百科全書』に、「ホスピタリティ」という項目を執筆したルイ・ド・ジョクールは、ホスピタリティ（日本で言う「もてなし」）を、「人類の絆を通して宇宙全体を気づかう偉大な魂の美徳」と説明した。

同時に、商業精神の発達と為替手形によって、古代に存在した無償の美しいホスピタリティの絆は失われ、個人間の慈悲の絆を壊したと指摘されている。それは計り知れない商品や贅沢を生み、旅行という商業に変化した。裕福な個人は、訪問する国のすべてを享受し、彼らが支払う費用に比例して、提供される丁寧な歓迎を自然だと感じるようになったと、ド・ジョクールは悲哀を込めて結んでいる。

現代のホスピタリティは、観光やビジネスを支える重要な経済活動であり、私たちが人々に接する無償の慈善や方法までも表現する。それは、ホテルやレストラン、店舗でゲストを迎えるサービスの本質であり、商品やサービスの販売量を増加させる（または減少させてしまう）重要な役割を意味しているため、すべてのビジネスがホスピタリティを習得する必要があるというのが前提となる。

さらに踏み込んでみれば、「もてなし」自体には「〇〇を以て（もって）為す（成す）」の意味があり、「茶の湯を以て、自らを成す」という場合、ゲストを「茶」によって歓待することは、ホストの茶時全般への成熟が必須であり、ホストには自らの不断の成長が求められたのである。ジョージアのホスピタリティの主役は、時代が変わってもシルクロードの旅人を「もてなし」で迎えた市民であり、その伝統である。

『エデンの東』や『怒りの葡萄』で知られる米国の作家ジョン・スタインベック[14]（John Ernst Steinbeck 一九〇二―一九六八）が「ジョージアをひとことで語るとすれば、それはホスピタリティである」と記したのは非常に興味深い。スタインベックにとって、ジョージアのホスピタリティとは何を意味していたのか？　推測でしかないが、これこそジョージアの伝統文化や食の世界にも通じ、現在のジョージアとその首都トビリシの

14　ジョン・スタインベック　小説家、劇作家。アメリカ文学の巨人として知られる。代表作に、『二十日鼠と人間』（一九三七年）、『怒りの葡萄』（一九三九年）、『エデンの東』（一九五二年）など。一九六二年にノーベル文学賞を受賞している。

さまざまな外交政策や人的・経済的な自由往来政策にも反映されている。

ホスピタリティは、ラテン語から派生し「ホスト」、「ゲスト」、または「見知らぬ人」を意味する。これは、異邦人も意味しており、ラテン語で「Hospitale」は、ゲスト・ルーム、ゲストの宿泊、宿を意味していた。英語の単語「host」は、ホスピタリティ、ホスピス、ホステル、ホテルの語源である。

「もてなし」には見知らぬ人を歓迎し、食べ物、避難所、安全を無償で提供することが含まれていた。古代から西と東が交差するシルクロードの要所であったジョージアには、多くの交易商人や長旅で傷ついた旅行者が往来していた。一般的に、ホスピタリティの意味は、旅行中に見知らぬ人を助け、癒やし、保護する義務があるという信念に基づいてきた。

トビリシの旧市街地に、レンガ作りのドーム型硫黄温泉公衆浴場「アバノトゥバニ」(Abanotubani) がある。ローマ風呂からトルコの蒸し風呂「ハマム」を経て、グルジアには一七世紀ごろから浴場文化が栄えた。温泉の湯加減は絶妙で、垢すりとマッサージを受ければ、トビリシのホスピタリティを実感できる。ここは、疲れ、傷ついた旅人を癒やしてくれる場所だった。

グローバリズムへの疑念

ホスピタリティという概念は思いもよらぬ逆効果も生み出した。カリフォルニア大学ロサンゼルス校の政治学と歴史の教授であるアンソニー・パグデン（Anthony Pagden）は、近代の国民国家の形成やグローバリゼーションに大きな影響を与えた「自由通過権」に着目した。彼はこの政策の背景となったホスピタリティの概念が、実は米国による他国の征服と支配を正当化するための道具であったと指摘した。

これは、ホスピタリティがイデオロギー的に変形され、他者を抑圧、支配するための政治的道具だったことを示唆していた。ゲスト国をもてなし、自由な交易を促進することでゲストの資産に侵入し、それを収奪、支配する。これは、現代のグローバリズムや新自由主義に通じる問題なのである。もちろん、ジョージアのホスピタリティはそうした征服者の「もてなし」ではない。

一九八九年十一月九日のベルリンの壁が崩壊から三十五年目を迎えた。一九八九年は、グローバリゼーションの切り札としてインターネット上の「ワールド・ワイド・ウェブ」が開発された年でもあった。当時、旧ソビエトの支配下にあった東ベルリン市民は、東西統合という「楽園」を求めた。しかし、西側世界が「楽園」だとする一般的な通念は、西側の資本主義社会が作り上げた「フィクション」でもあった。現在でも、東ドイツ時代を回顧して、あの時代に戻りたいと願う人々は多く存在する。実は西側世界以外にソビエト圏の人々にとって真に「楽園」だった場所は、黒海とカスピ海に挟まれた小国ジョージア（旧グルジア）だったのである。

米国の作家ジョン・スタインベックとハンガリーの報道写真家ロバート・キャパ[15]は、第二次世界大戦終結から二年後の一九四七年に、ソビエト連邦のモスクワからトビリシへと旅行し、彼らが「見たもの」を西側世界に自由に伝えるという特別な機会を与えられた。スタインベックは一九四八年の『A Russian Journal』（邦訳：スタインベック全集一四「ロシア紀行」）に寄稿し、次のように書き記している。

「ロシア、モスクワでも、ウクライナやスターリングラードでさえ、ジョージアという魔法の名前が頻繁に登場した。おそらくそこに一度も行くことができなかった人々が、ジョージアについてある種の憧れと感嘆をもって語ったのだ。……ロシア人はコーカサスと黒海周辺の国を第二の天国だと語る。実際、ほとんどのロシア人は、もし彼らが善良で高潔な人生を歩んでいれば、死んだら天国ではなく、ジョージアに行けると願っていた。その国は気候に恵まれ、土壌も豊かで、独自な小さな海がある。

15　ロバート・キャパ　二〇世紀を代表するハンガリー生まれの戦争カメラマン、報道写真家。スペイン内戦、日中戦争、第二次世界大戦、第一次中東戦争、第一次インドシナ戦争の五つの戦争を取材。スペイン内戦のコルドバ戦線で撮影されたとされる「崩れ落ちる兵士」（一九三六年）。ノルマンディー上陸作戦を写した「Dデイ」（一九四四年）などが有名。

ソ連の人々の国への大いなる奉仕は、ジョージアへの旅行によって報われるのだ」

スタインベックは次のように結ぶ。

「ジョージアは魔法のような場所だ。あなたはそこを離れた瞬間に、夢の中に漂うことになる。そして、その国の人々は魔法の人々だ。彼らは世界で最も豊かで最も美しい国のひとつに暮らしていて、彼らは日々それに応えている。そして、ロシア人がいつも言っていた『あなたはジョージアを見るまで、何も見ていないのと同じだ』という言葉の意味を、私は完全に理解できたのだ」

最後が最初になる

ドイツには「最後が最初になる」(die Letzten werden die Ersten sein) ということわざがある。壁のせいで世界の発展から三十年遅れていたベルリンには、近年、最初の未来が現れてきた。さらに先進する都市の未来は、ベルリンよりさらに「最後の都市」であるトビリシやニューイーストから生まれてくる。いずれにせよ、このことわざには、最後が最初になれば「最初が最後になる」という意味が込められている。二〇世紀後半に最初に成長した大都市は、明らかに後退していくのは避けられない。しかし、そうした遅れが必要な時もある。遅れに遅れて、また「最初」になれば良い。

東京や日本はどうなっていくのだろうか。日本の暮らしや仕事に閉塞感を感じる人々が、タイや東南アジアの寛容な移住政策に呼応して、現地に楽園を求めた時代も過去のものとなった。単にビザが取りやすく、物価が安いという理由だけで他国に移住するなら、人生の意味を見失うことになるかもしれない。

ジョージアのトビリシは、ホスピタリティという伝統と、その不断の創造によって、ホストとゲスト双方の成長を促す場所である。そこには一方通行のホスピタリティはない。もてなしを受ける側ももてなす側も、互いの創発やそれぞれの成長が求められる。スタインベックは、「ジョージアを離れた瞬間に、夢の中に漂うことになる」と言った。トビリシから得たホスピタリティの意味は、私の夢の中のゾーンを漂っている。

あと数年から十数年で、トビリシがヨーロッパの地政学を大きく変化させるかもしれない。デジタル社会を内省し、そこにデトックスやミニマリズムを求める人々も急増している。今求められているのは、デジタル社会の絶え間ない進化に追随することではなく、そのスピードから一旦「退却」し、日々の暮らしの中で「ボヘミアン」を意識することかもしれない。

世界のどこよりも優れたホスピタリティ・デザインと産業が、西と東をつなぐシルクロードの要衝から生まれている。

終章　新しい科学へ

われわれはその原因を把握するまでは、物事についての知識を持たない。
——アリストテレス

ベルリンでの数年間、私は科学と哲学の課題と向き合うことに集中した。幸い、自由な時間だけは豊富だった。八〇年代初頭のＮＹで、カウンター・カルチャーやクラブ・カルチャー、そして魔術と出会い、その後、サイケデリックな旅を続け、インターネットとデジタル革命によって一変する世界を経験した。長いこと、大学という硬直した場所にも居た。自身の足跡を辿る過程で、求心的な概念となったのが「ゾーン」との遭遇だった。私はそこに、ある種の因果関係を見出そうとしていた。

それは、七十年余りの人生を探索し、思うがまま生きてきたその足跡に、一片の根拠を見出したいという欲求だったかもしれない。本書の最終章は、私がフェローとして参加しているデジタルライフ研究センター（CSDL）の所長、マーク・スタールマンの言説やセンターのメンバーとの対話の影響をもとに、生命や魂、宇宙といった神秘の原因や因果論が消えゆく世界を前にして、私の人生の歩みを俯瞰することで見えてきた現在の思索のゆくたてである。

ゾーンとの関わり

私は自身の人生でさまざまな「ゾーン」と出会ってきた。それは、映画や小説だったり、実際の場所や風景だったりした。本書のタイトルとなっている「Outlying（アウトライング）」は、地理的または概念的に中心点から離れた場所にあるものを表し、しばしば標準からの逸脱や僻遠、辺縁を強調する。同時に、異端や主流科学や文化の遥か遠くにある「不可知ゾーン（agnostic zone）」とも通じ、特に神や究極の真理の存在に関する確信が停止している概念的空間を表す。

バロウズの『裸のランチ』（一九五九年）もタルコフスキーの『ストーカー』（一九七九年）も、「ゾーン」という概念を用いて、人間の本質、社会、心理の複雑さを掘り下げていた。アプローチや媒体は異なるが、両作品に登場する「ゾーン」は、私たちの内なるものと周囲にある未知の領域の強力なシンボルとして機能し、私たちの最も深い恐怖、欲望、そして私たちの存在を形作る構造について考えるよう私たちに挑んでいた。

「ゾーン」はしばしば限界空間を表す。限界空間とは、異なる状態の現実、意識の境界が曖昧になる閾値や過渡的な領域のことである。「ゾーン」に入ることは、それが精神的なものであれ、心理的なものであれ、実存的なものであれ、旅や変容を意味し、境界を越え、新たな可能性を探ることを象徴している。

「ゾーン」の魅力は、探求、理解、超越を求める人間の深い欲求と共鳴し、外的な未知と内的な風景の両方に直面するよう個人を引き寄せる。西洋秘教の文脈では、「ゾーン」は精神的な旅と高次の叡智を求める神秘的な探求の結界であり象徴でもある。これがクロウリーの魔術（Magick）における秘儀参入とつながる観点である。

魔術はアートの先鋭的な表現でもある。ここにはArtの源流であったArs（アルス：技芸）やTechne（テクネ：技術）も含まれている。魔術は、一般のステージ・マジックと区別するために「Magick」と表記されることが多いが、芸術の過激な表現とみなすことができる。この視点は、いくつかの重要な側面から生まれる。

魔術──規範の破壊

魔術は、従来の規範や社会の期待に挑戦し、それを覆すものである。その意味で、イノヴェーションの概念でもある。その性質上、魔術には神秘的、象徴的、儀式的なものが混在しており、主流の宗教的・文化的慣習とは対照的であることが多い。この転覆がラディカル・アートの特徴である。

抽象芸術と同じように、魔術も象徴と比喩を用いて深い意味を伝える。儀式、呪文、魔術的実践は、個人的で普遍的な経験のメタファーとして機能する象徴的要素に富んでいる。この象徴的な言語は、文字通りのレベルを超えて作用するため、芸術表現の急進的な形式と見なすことができる。魔術はしばしば個人の変容とエンパワーメントに焦点を当て、修行者の人生と意識に変化をもたらすことを目指す。

この変容の側面は、個人と社会に変化を促そうとする多くの急進的な芸術運動の目標と一致している。魔術は本質的に学際的であり、演劇、詩、視覚芸術、音楽、ダンスの要素を取り入れている。このような分野の融合は、異なる芸術表現の垣根を頻繁に取り払うラディカル・アートの特徴である。

カウンター・カルチャーとの関連

歴史的に、魔術は現状に挑戦する対抗文化運動やアレイスター・クロウリーのような人物と結びついてきた。黄金の夜明け：ヘルメス教団から現代のネオ・ペイガン（新異教主義）やオカルト集団に至るまで、魔術の実践者はしばしば、ラディカル・アーティストと同じように、主流文化の外側に自らを位置づけている。

魔術はシュルレアリスム芸術と同様、無意識を掘り下げ、夢、原型、集合的無意識を探求する。この精神の隠された側面の探求は、しばしば無視されたり抑圧されたりする自己や宇宙の内実を明らかにし、それに関与しようとするものであり、過激な行為を伴う。

魔術をアートの急進的表現とみなすことができるのは、その規範の破壊、象徴主義の使用、個人的変容への焦点、学際的性質、対抗文化的連想、無意識の探求のためである。これらの要素は、魔術を単に精神的な修行としてだけでなく、深遠で変容的な芸術的試みとしても位置づけている。

エンターテイメントとアートの違いを端的に言えば、エンターテイメントは人々のニーズに対応し、アートは人々に課題を投げかけ、理解を「要請する」ことである。ゾーンや魔術への私の関心は、何らかの因果関係による要求なのかもしれない。アートの力というものは、その表現を受け取る側に生じさせる発火だからである。

科学の困惑

本題に入ろう。現在、科学は大きな問題を抱えている。科学者はそれを知っている。生物進化論、超弦理論、ダークマター理論、ビッグバン理論など、「定説」とされている理論や結論が、新たな証拠によって次々と覆されている。全体として、科学的な「自信」は失われつつある。

これは、アメリカの哲学者・科学者であるトーマス・サミュエル・クーン（Thomas Samuel Kuhn 一九二二―一九九六）が、一九六二年に「科学革命」と呼んだ構造を辿っている。クーンの「科学革命」の概念は、彼の影響力のある一九六二年の著書『科学革命の構造』で概説されたもので、従来の直線的な見方から逸脱した循環的な科学進歩のプロセスを説明している。クーンによれば、科学革命の構造はいくつかの重要な段階からなる。

パラダイム前段階：この初期段階では、統一された枠組みやコンセンサスがない。
支配的なパラダイムが存在しないまま、さまざまな学派や方法論が競合する。この段階の研究は、やや無秩序で断片的である。

通常の科学：支配的なパラダイムが出現すると、それが科学コミュニティの研究と問題解決活動の指針となる。通常の科学では、確立された枠組みの中でのパズル解きを通じて、優勢なパラダイムの明確化、拡張、洗練が行われる。この段階は、基本的な理論や方法論について高いレベルのコンセンサスが得られていることが特徴である。

危機：時間の経過とともに、既存のパラダイムでは説明できない異常現象が蓄積される。最初のうちは、こうした異常現象は無視されるか棄却されることが多い。しかし、その数と重要性が増すにつれて、現在のパラダイムに対する信頼が損なわれ、危機的状況に陥る。科学界はパラダイムの限界をますます認識するようになる。

革命的科学：危機的状況の中、一部の科学者は、異常をより適切に説明できるかもしれない代替理論や枠組みを探求し始める。この段階では、新たなパラダイムが提案され、検証されるため、重要な議論、実験、知的混乱が伴う。

パラダイムシフト：代替パラダイムが異常をうまく説明し、科学界に受け入れられた場合、パラダイムシフトが起こる。このシフトは、その分野の根本的な前提、理論、方法論の根本的な転換を意味する。新しいパラダイムは、正当な科学とみなされ、どのような問題が調査する価値があるかを再定義する。

革命後の段階：パラダイムシフト後、科学界は新しいパラダイムの下で、通常の科学の新たな段階に入る。新しいパラダイムは将来の研究の基礎となり、科学的パズルを解決し、新しい枠組みをさらに明確にし、拡張するためのコミュニティの努力を導く。

クーンのモデルは、科学の進歩は知識の単純な蓄積ではなく、むしろ科学の基礎となる概念や方法論が、周期的で根本的な変化を伴うことを強調している。クーンに従えば、現在の状況は、「危機」と「革命的科学」を経て、パラダイムシフトに向かう時代である。このような革命は、科学的探求の風景を再形成し、世界を理解し、世界と相互作用する新しい方法へと導くのだ。

一方、クーンの科学革命を現代に引き寄せれば、私たちはどのようにして自分たちをこれほど多くの「危機」に追いやったのだろうかという疑問が、手に取るようにわかる。私たちはどこで間違ったのだろうか？　物理科学、自然科学、社会科学、経験科学、道徳科学など、これらを統一することはできるのだろうか？　同じ「カテゴリー」に属するのだろうか？

ルドルフ・カルナップ

ルドルフ・カルナップ（Rudolf Carnap 一八九一－一九七〇）は、著名な哲学者であり、論理実証主義（論理的経験主義としても知られる）の発展に尽力した知識人グループ、ウィーン学派の中心人物であった。論理実証主義は、論理的分析と経験的検証の役割を強調することで、科学的知識の確固たる基盤を確立しようとした。カルナップはこの運動において、特に科学的言説から形而上学を排除（克服）しようとする努力において、重要な役割を果たした。

カルナップの代表的著作である『言語の論理分析による形而上学の排除』（一九三二年）は、形而上学的言明の多くは、経験的に検証することも論理的に分析することもできないため無意味であると主張した。カルナップによれば、形而上学的命題は科学的言語の基準に適合しないため、しばしば認知的意味を欠いている。彼は、言説の記述は分析的に真であるか（定義によって真であるか）、経験的に検証可能であるか（観察や実験によって検証可能であるか）のどちらかであるべきだと考えた。

カルナップは論理構文と意味論の重要性を強調した。形而上学的な主張の多くは、意味のある言説の論理構文に反するような言葉の組み合わせによる、言葉の誤用の結果であると彼は考えた。例えば、「存在」「無」「絶対」といった用語は、観察可能な現象や論理構成要素に対応しない形で使用され、論理分析の枠組みでは無意味なものになるとした。カルナップに従えば、冒頭で述べた「ゾーン」や「魔術」の概念なども、無意味なものとなり、新たな心理学の台頭を待つ以外、説明不可能となる。

検証原理

論理実証主義の中心的な信条は検証原理であり、ある概念は経験的に検証できる場合にのみ意味があるとした。カルナップはこの原則を採用し、さらに洗練させ、科学的知識は観察可能な現象に基づかなければならないと強調した。この原則は、形而上学的な言明を無意味なものとして効果的に排除した。

論理的構文

カルナップは著書『言語の論理統語論』（一九三四年）において、言語の論理構造を通して科学理論を理解するための形式的アプローチを提案した。彼は、哲学的な問題はしばしば言語に関する誤解から生じると主張した。言語の構文規則を分析することで、カルナップはこのような混同を明らかにし、排除することを目的とした。

形而上学は岸も灯台もない暗い海であり、多くの哲学的難破船が散乱している。
――イマヌエル・カント

経験主義と科学哲学

カルナップは経験主義（知識は感覚的経験から生じるという考え方）を強く支持した。用語や命題が明確に定義され、経験的に検証できるような形式的な言語で科学理論を再構築しようとした。このアプローチは、理論的構成と経験的観察との間のギャップを埋めることを意図したものであり、科学的声明が有意義で検証可能であることを保証しようとするものだった。

形而上学を科学から排除しようとするカルナップの努力は、論理と経験的証拠に基づいた統一的な科学を創造しようとする、より広範な試みの一部であった。彼の研究は、哲学、言語学、科学哲学など幅広い分野に影響を与えた。カルナップの考え、特に検証原理は後に批判にさらされ、後世の哲学者たちによって修正されたが、カルナップの貢献は未だに分析学の伝統の基礎となっている。

批判者たちは、カルナップの厳格な意味基準は過度に制限的であり、経験的手段によって容易に解決できない重要な哲学的問題を軽視していると主張した。アメリカの哲学者・論理学者であるウィラード・ヴァン・オーマン・クワイン（Willard van Orman Quine 一九〇八―二〇〇〇）や後の分析哲学者たちは、カルナップの検証主義に異議を唱え、哲学における形而上学の役割を理解するための代替的なアプローチを提案した。

マックス・ヴェーバーの「世界の幻滅」

カルナップの『言語の論理分析による形而上学の排除』の十五年前、ドイツの社会学者マックス・ヴェーバー[1]（Max Weber 一八六四―一九二〇）は、一九一八年のミュンヘンでの講演『職業としての学問』の中で、「世界の幻滅」（Entzauberung der Welt）に焦点を当てた。

二〇世紀の大半は、この究極的には解決不可能な疑問に関する渦巻く議論に没頭していく。物理学を「超える」ものは存在するのか、それとも物理学は科学が行き着く限界なのか。実際、すべての科学は数理物理学を模倣すべきなのだろうか？　ヴェーバーの「世界の幻滅」という概念は、呪術的・宗教的な意義に満ちた世界から、合理性と科学的理解に支配された世界への転換を捉えていた。

1　マックス・ヴェーバー　ドイツの社会学者、経済学者。マックス・ウェーバーとも表記される。近代社会学の礎を築いた一人とされる。代表的な著書である『プロテスタント倫理と資本主義の精神』（一九〇四年）では、プロテスタントの倫理が近代西欧資本主義の成立と発展にどのように影響を与えたかを論じた。官僚制の分析的研究や「カリスマ的支配」の概念などを提唱したことでも知られる。

合理化と世俗化

合理化：ヴェーバーは、近代社会は合理化のプロセスによって特徴づけられると主張した。そこでは、世界を理解する伝統的で感情的な方法が、論理的で計算されたアプローチに取って代わられる。合理化には、社会生活の理路整然とした組織化、経験的証拠への依存、知識の体系的追求が含まれた。

世俗化：幻滅は世俗化と密接に結びついている。日常生活における宗教的権威や聖なるものの衰退である。合理的思考と科学的説明が優勢になるにつれ、世界の神秘的・超自然的要素はますます疑問視され、疎外されていった。二〇世紀初頭、欧州で吹き荒れた神秘主義やオカルティズムの潮流も、科学的合理主義への対抗と見ることができるが、それらも科学の前で沈下していった。

ヴェーバーは講演の中で、科学は自然界を理解しコントロールするための強力なツールを提供する一方で、世界から神秘性や固有の意味を取り除くことで幻滅を助長していると指摘した。科学は自然法則によって現象を説明し、超自然的なものや奇跡的なものが入り込む余地はほとんどなくなったのである。

意味の喪失

ヴェーバーは、幻滅が「意味の喪失」、すなわち実存的空虚につながることを示唆した。合理性に支配され、固有の目的がない世界では、個人は自分の人生に意味や意義を見出すのに苦労する。「私たちは何をすべきか」という実存的な問いは、幻滅した世界ではますます切迫したものとなった。

官僚化

幻滅は、合理化された近代社会の特徴であるとヴェーバーが見なした官僚主義的構造の台頭とも関連している。形式的な規則や手続きを特徴とする官僚機構は、合理化の効率性と予測可能性を象徴していたが、同時に個人の疎外感や脱人格化を招いていた。

倫理的課題

伝統的権威から合理的権威への移行は、倫理的課題をもたらした。幻滅した世界では、倫理的な決定や価値観はもはや宗教的・伝統的な規範に基づくものではなく、理性や議論を通じて正当化されなければならない。これは、複数の倫理体系が共存し対立する、道徳的不確実性と多元主義につながる可能性だった。

ヴェーバーの影響と現代的妥当性

ヴェーバーの「幻滅」に関する考え方は、社会学や哲学の思想に大きな影響を与えた。彼の研究は、近代性、世俗化、社会における科学と合理性の役割に関する後の議論の基礎を築いた。ドイツの哲学者・社会哲学者のユルゲン・ハーバーマス[2]（Jürgen Habermas 一九二九―）やカナダの政治哲学者チャールズ・マーグレイヴ・テイラー（Charles Margrave Taylor 一九三一―）といった思想家たちは、ヴェーバーの洞察に基づき、近代化と世俗化の帰結を探求してきた。

2　ユルゲン・ハーバーマス　ドイツの哲学者。フランクフルト学派の第二世代を代表する思想家の一人。近代の合理化を受けて衰退していった理想的な公共圏を取り戻すために、言語を介して他者との相互了解や合意形成を目指すことが必要だと論じた『コミュニケーション的行為の理論』（一九八一年）や、二〇〇一年に起きた9・11同時多発テロを受け、フランスの思想家、ジャック・デリダとともに記した『テロルの時代と哲学の氏名』（二〇〇三年）などで知られる。

システムによる生活世界の植民地化

マックス・ヴェーバーの「世界の幻滅」という概念と、ユルゲン・ハーバーマスの「システムによる生活世界の植民地化」という考え方には、異なる哲学的文脈から生まれたにもかかわらず、いくつかのテーマ的な共通点がある。どちらの概念も、人間の生活や社会に対する近代の影響を批判的に検証しており、特に、意味の喪失と伝統的生活領域への道具的合理性の侵食に焦点を当てている。

ヴェーバーの「幻滅」のプロセスは、あらゆるものが合理的な計算によって説明され、管理される世界につながり、神秘主義や超越論の余地はほとんどなくなる。合理化と官僚主義的構造の台頭は、より予測可能だが、より機械的で非人間的な世界をもたらした。ハーバーマスの思想は、経済的合理性や官僚的合理性といったシステム的メカニズムが、「生活世界」、つまり個人的・文化的経験、対人関係、社会規範の領域に侵入することを指していた。

この「システムによる生活世界の植民地化」は、生活世界を特徴づけるコミュニケーション的進化を損ない、社会的相互作用の質の低下と伝統的で有意義な生活形態への浸食をもたらした。生活世界は有意義なコミュニケーションと社会的統合に不可欠だが、システムの非人間的で道具的な論理に支配されていった。これは、近年の技術加速主義や技術全体主義を主導する大手技術企業による生活世界の植民地化につながっていったのである。

合理化と道具的理性

ヴェーバーもハーバーマスも、現代社会における道具的合理性の広汎な影響を強調していた。ヴェーバーにとっては、この合理化は幻滅をもたらし、ハーバーマスにとっては、それは生活世界の植民地化をもたらす。ヴェーバーとハーバーマスはともに、近代の合理的構造による意味と人間的つながりの喪失を嘆いていた。ヴェーバーは精神的・呪術的次元の喪失を、ハーバーマスはコミュニケーション的相互作用と社会規範の劣化に焦点を当てていた。

どちらの概念も近代性への批判を提示し、効率と統制の追求がいかに人間の経験や社会組織の他の形態を覆い隠してきたかを強調する。ヴェーバーは合理性という鉄の檻を批判し、ハーバーマスは生活世界の文脈に対するシステム的な体制力の支配を批判していたのである。

ヴェーバーの「世界の幻滅」とハーバーマスの「システムによる生活世界の植民地化」

はともに、近代合理性の帰結と、その結果として生じる人間生活の意味の浸食を取り上げていた。両者は、道具的合理性と官僚的システムが、人間の相互作用の理解と、他の価値ある形態をいかに覆い隠しているかを批判し、その結果、現代の社会生活の複雑性に対する深い洞察を提供していた。

進行中の議論

幻滅の概念は、社会における宗教、科学、技術の役割に関する現代的な議論に依然として関連している。科学的理解の限界に関する疑問、宗教的・精神的運動の復活、世俗的な時代における意味の探求はすべて、「幻滅」に関するヴェーバーの懸念と呼応している。

ヴェーバーの「世界の幻滅」は、合理化と世俗化によって社会が大きく変容し、呪術的・宗教的な解釈が科学的・論理的な説明に取って代わられる世界に至ったことを捉えている。この転換は前例のない進歩と効率化をもたらしたが、同時に実存的・倫理的な重大な課題も突きつけており、ヴェーバーの洞察は複雑な現代社会を理解する上で極めて重要である。

検証主義の限界

さて、ルドルフ・カルナップに戻ろう。カルナップは、『確率の論理的基礎』（一九五〇年）の中で、帰納的推論（前提からの演繹ではなく、経験からの推論）が、「仮説（結論）と前提（証拠）という二種類の記述の間に論理的関係がある確率」にどのように「還元」できるかを論じようとした。カルナップは『科学の統一』（一九三四年）を出版し、私たちを正しい道に導くために哲学的／科学的運動を開始した。しかし、彼は失敗した。形而上学を排除しても、究極の答えは得られなかった。

社会学、人類学、心理学などの分野で重要な質的研究手法は、主観的な解釈を含むことが多く、伝統的な意味での実証的検証を常に行うことはできない。検証可能な研究のみを重視することは、こうした貴重なアプローチを疎外する危険性がある。例えば、エスノグラフィ研究は、経験的検証モデルには当てはまらないかもしれない質的データを通じて、人間の文化や行動に対する深い洞察を提供する。

検証の原則は、科学研究における経験的厳密性を促進する上で大きな影響力を持っているが、特定の文脈においては、それのみを強調することは制限的であり、逆効果になる可能性がある。経験則に基づく検証と並行して、理論的研究、探索的研究、質的研究を受け入れる、より包括的なアプローチは、自然界と社会のより包括的で微妙な理解を促進することができるのだ。

複雑系

社会科学は、その現代的な形は二〇世紀の発明である。形而上学を排除しようとしたのは、カルナップとは異なる方法であった。しばしばカルナップの「実証主義」の断固とした反対者として自らを示しながら、「システム」アプローチを受け入れるようになったウィーンの生物学者、ルートヴィヒ・フォン・ベルタランフィ（Ludwig von Bertalanffy 一九〇一—一九七二）の「一般システム理論」に始まり、「複雑（適応）システム」という概念に行き着いた。

広く引用されているテキストは、アメリカの人類学者・歴史家のジョセフ・アンソニー・テインター（Joseph Anthony Tainter 一九四九年—）による著書『複雑系社会の崩壊』（The Collapse of Complex Societies 一九八八年、未邦訳）である。テインターは、複雑すぎることが原因で社会は崩壊すると提唱していたが、過去千五百年以上の西洋の歴史は彼の結論を支持しているようには見えない。残念なことに、この「反還元主義的」努力もまた、その目的を果たすことができなかった。

認知心理学

複雑性科学の不運な産物のひとつが認知心理学である。五〇年代、当初は「数理心理学」という名で開発されたこの学問は、当時広く普及していたサイバネティクス（一九四八年にアメリカ合衆国の数学者ノーバート・ウィーナー（Norbert Wiener 一八九四－一九六四）が発表した『サイバネティクス―動物と機械における制御と通信』を通じて紹介された用語）に便乗したものであった。認知心理学はウィーナーのアナロジーを真に受け、人間そのものがコンピュータのような「情報処理装置」であると提唱した。そこから「特異点（シンギュラリティ）」のような概念が生まれ、コンピュータが人間よりも「知的」になる時点と説明され、汎用人工知能（ＡＧＩ）などに関する大規模な憶測を生んだ。

だが、これも失敗に終わっている。社会科学の文献は、再現できない実験の例で埋め尽くされており、多くの場合、疑わしい統計的正当性に基づいている。実際、人間という生物（とその発明）について「物理学」を適用することができないため、これまでの因果関係の探求は全面的に後退を余儀なくされ、統計的操作に取って代わられた。

喫煙はガンの「原因」か？　統計的には、多くの人が「イエス」と答える。実験的にはそうとは限らない。しかし、ウィーナーの言う「コントロール」を適用するには、統計学で十分なのだ。しかし、本当の理解にはそれで十分なのだろうか？

アリストテレスの四つの原因

われわれはその原因を把握するまでは、物事についての知識を持たない。

――アリストテレス

アリストテレスが「原因」について考えた最初の人物でないことは確かだが、彼が私たちに基礎となる「因果の理論」を与えたことは多くの人が認めるところだろう。彼は「因果の多元論者」であり、『物理学』（Ⅱ3）と『形而上学』（Ⅴ2）の両方で、有名な「四つの原因」とその関係を詳述している。その四つとは、物質的原因、形式的原因、効率的原因、そして最終的原因である。すべてが同時に働き、しばしば重なり合う。そのうちのいくつかは、原因そのものに「先行」しているとも言える。

アリストテレスの四大原因説は彼の哲学の礎であり、存在と変化の原理を理解するための枠組みを提供している。これらの原因はそれぞれ、物事がなぜそのような状態にあるのかという異なる疑問に答えるものである。ここでは、四つの原因それぞれについて説明する。

一：物質的原因

定義：物質的な原因とは、何かが作られている物質や材料のことである。これは「何からできているのか」という問いに答えるものである。

例：彫像を考えてみよう。像の物質的原因は、像が彫刻された大理石やブロンズなどである。

説明：アリストテレスの見解では、物質的原因とは、物理的対象物を構成する根底にある物質のことである。この原因は物体の物理的性質と構成に焦点を当てる。

二：形式的原因

定義：形式的原因とは、事物の形態やパターン、その定義、その部分の配置のことである。「その形は何か」という問いに答えるものである。

例：彫像の場合、形式的原因は、彫刻家が作ろうとする形やデザインである。

説明：形式的原因とは、ものの本質を定義する本質的な特徴や特性のことである。物質の構造と組織を決定する設計図やデザインである。

三：効率的原因
定義：効率的原因とは、何かを存在させる代理人または力のことである。それは、「誰が、何が、それを存在させたのか？」という問いに答えるものである。
例：彫像の場合、効率的原因は大理石やブロンズから像を彫り出した彫刻家である。
説明：効率的原因は本質的に、変化の源である。物体が存在するようになる、あるいは、ある状態から別の状態へと変化する原因である。この原因は、何かが作られる過程と手段を扱う。

四：最終原因
定義：最終原因とは、あるものが存在する目的または終局のことである。「その目的は何か」という問いに答えるものである。
例：彫像の場合、最終的な原因は、彫像が作られた目的である。例えば、神を称えるため、ある出来事を記念するため、あるいは単に芸術的表現のためなど。
説明：最終的な原因とは、何かが存在する理由や目的である。それは、対象物が達成すべき機能や目標に関連する。物体の存在の究極的な理由を扱うため、アリストテレス哲学において最も重要な原因と見なされることが多い。

原因間の関係

アリストテレスの四つの原因は相互に関連しており、共に物体の存在と特性の包括的な説明を提供する。

物質的原因は、物理的物質を与える。
形式的原因は、物質に形と形態を与える。
効率的原因は、物質をその形にするプロセスを開始する。
最終的原因は、形成された物質の目的と最終目標を説明する。

これらの原因を理解することで、物や現象の本質を全体的に見ることができ、物理的な構成だけでなく、変化や存在の根本的な目的や原理も強調される。

デイヴィッド・ヒューム

一八世紀を代表する、英国の経験主義を発展させた哲学者デイヴィッド・ヒューム(David Hume 一七一一―一七七六)は、西洋における数千年にわたるアリストテレスの因果関係への依存に終止符を打ったとみなされた。ヒュームの見解は「規則性」と呼ばれ、「因果関係とは、ある種の事象が、規則的な連関を引き起こす根本的な力なしに、絶えず連関することにほかならない」と指摘した。

哲学界では、ヒューム以降において、「究極的な」現実についての問いは「原因」から遠ざかり、結果、特に技術的なものに重点が置かれるようになった。その過程で、形式的原因や最終的原因はほとんど削除され、心身二元論的感情の高まりの中で非物質的な側に隔離された。ヒュームの哲学は、何世紀にもわたって西洋思想を支配してきたアリストテレス的な因果関係の枠組みから大きく離反していた。アリストテレスもヒュームも、因果性の概念を広く扱ってはいたが、そのアプローチと結論は根本的に異なっていた。

アリストテレスの因果論

アリストテレスの因果論は、先に述べたように、四種類の原因を含んでいる。アリストテレスの因果関係は、これらの原因が物や現象の本質に内在しているという形而上学的理解に深く根ざしている。それは、世界の営みの根底にある現実と目的を暗示していた。

ヒュームの規則性理論

ヒュームは、次のように要約できる彼の規則性理論によって、伝統的な因果性の概念に異議を唱えた。

経験的観察：ヒュームは、因果関係の理解は、ある出来事（A）に別の出来事（B）が規則的に続くという、出来事の絶え間ない結びつきを観察することから生まれると主張した。

必要なつながりなし：ヒュームは、私たちは原因と結果の間に必要なつながりを観察していないと主張した。その代わり、因果関係に対する私たちの信念は、出来事が一緒に起こるのを繰り返し見ることによって形成される思考の習慣であるとした。

形而上学的原因に対する懐疑：ヒュームは因果関係の形而上学的な基盤に懐疑的であった。彼は、私たちが「因果関係」と呼ぶものは、単に私たちが認識するパターンであり、根底にある力や必要なつながりではないと主張した。

比較と分析──認識論的転換

アリストテレスの因果性へのアプローチは、原因が世界の現実的な側面であり、物体の本質に統合されているという形而上学的な枠組みに根ざしている。ヒュームの理論は経験的で懐疑的である。彼の言う因果性は観察に基づいており、事象の規則的な関連性を超えた必然的なつながりや本質的な因果性を知覚することを否定している。

因果性の本質

アリストテレスは、物事の本質の一部である本質的な原因（例えば、最終的な原因や目的）を信じた。ヒュームは因果性を、必要なつながりのない、習慣と絶え間ない結びつきに基づく精神的構成物と考えた。

哲学への影響

因果関係についてのアリストテレスの考えは、何世紀にもわたる科学的・哲学的思想に影響を与え、人々が自然界をどのように理解するかに枠組みを与えた。ヒュームの批判は哲学思想に大きな変化をもたらし、近代経験主義と懐疑主義への道を開いた。観察された規則性を超えた因果関係について、確かな知識を得ることができるという仮定に異議を唱えたのだ。

ヒュームはアリストテレスを超えたか？

ヒュームは因果関係の概念を根本的に再定義したという意味で、アリストテレスを超えたと評価された。アリストテレスの因果性が、現実のつながりと目的を前提とする形而上学的体系に根ざしているのに対し、ヒュームのアプローチは経験的で懐疑的であり、規則的なパターンの観察を超えた必要なつながりの存在を否定している。この転換は、形而上学的な説明から、因果関係のより科学的で経験的な理解への移行を意味したのである。

現代世界はそれよりもさらに進んでいる。カール・ピアソン（Karl Pearson 一八五七—一九三六）はしばしば「近代統計学の父」と呼ばれ、大学初の統計学科を創設（一九一一年ロンドン大学カレッジ）した。彼は優生学と社会ダーウィニズムの提唱を裏付けるために統計学を利用した。彼は「劣等人種に対する戦争は進化論の論理的含意である」と考えた。バイオメトリー（生物学的形質の測定）は彼の専門であった。

ピアソンの見解は、チャールズ・ダーウィン[3]（Charles Robert Darwin 一八〇九年—一八八二年）の自然淘汰理論を人間社会に誤って適用した社会ダーウィニズムの影響を受けていた。社会ダーウィン主義者は、人間社会や人種は動植物と同じ自然淘汰の法則

3　チャールズ・ダーウィン　イギリスの自然科学者、地質学者、生物学者。『種の起源』（一八五九年）において、すべての生物は共通の祖先から長い時間をかけて進化したとする進化論を提唱したことで有名。一方、二〇〇〇年代以降、ダーウィンの地質学者としての側面が注目され、『Charles Darwin, Geologist（チャールズ・ダーウィン、地質学者）』（二〇〇五年）といった書籍なども刊行され話題となった。

に従うと考えた。彼らは、個人、集団、国家間の競争が社会の進化と進歩を促すと主張した。ピアソンは優生学運動の中心的人物であり、管理された交配によって人間の集団を改善することを提唱した。

優生学者は、知能や道徳心など特定の形質は遺伝するものであり、望ましい形質を持つ人々の繁殖を奨励し、望ましくない形質を持つ人々の繁殖を抑制または防止することによって、人類を改善できると信じていた。彼は、人種間の対立や戦争は、人類の種の進歩のために自然で必要な過程とみなすことができると示唆した。この考え方では、「劣った」人種は自然に淘汰され、「優れた」人種が有利になる。

倫理的・道徳的問題

ピアソンの見解は、倫理的な意味合いから広く批判されてきた。特定の人種を「劣っている」とする考え方は基本的に人種差別的であり、植民地主義、奴隷制度、大量虐殺を正当化するために使われてきた。現代の遺伝学や進化生物学は、優秀な人種と劣っている人種という概念を支持していない。ピアソンの進化論の解釈は、ダーウィンの原理の誤用である。ダーウィンの自然淘汰理論は、道徳的あるいは社会的な指示を内在しない自然過程を記述したものである。

戦争や差別などの社会政策を正当化するためにこの原理を適用することは、科学的な考えを大きく歪めることになる。ピアソンらによって支持された優生学運動は、強制不妊手術、入国制限法、人種隔離の推進など、有害な政策や慣行につながった。最も極端な結果を招いたのはナチス・ドイツであり、優生学の原理がホロコースト[4]の正当化に用いられた。今日、ピアソンの見解は、有害な社会的イデオロギーを支持するために科学的理論がいかに誤って適用されうるかを示す訓話とみなされている。科学界は現在、科学的知識の倫理的利用を強調し、人種的優越性の疑似科学的根拠を否定している。

科学の統一は可能か？

こうした道を通って、効率的因果性は最終的な運命をたどり、統計学がそれを引き継いだ。アリストテレスが元々持っていた四つのうち、「物質的因果性」だけが残されたのである。

複雑系科学への注目と、その主要な説明原理としての「創発」への依存は、アリストテレスの「物質」という因果活動に取って代わるものと考えられた。複雑性の本拠地であるロスアラモスの兵器設計から発展したサンタフェ研究所（ＳＦＩ）は、一九八四年の設立以来、米国エネルギー省の資金援助を受けている。ＳＦＩは理論物理学者マレー・

4　ホロコースト　Holocaust。第二次世界大戦中のアドルフ・ヒトラー指揮するナチス・ドイツによって国内や占領地のユダヤ人に対して行われた絶滅政策、大量虐殺。一九三三年から一九四五年にかけて、ヨーロッパにいたユダヤ人のおよそ三分の二にあたる六〇〇万人が虐殺された。

ゲルマン（Murray Gell-Mann 一九二九―二〇一九）によって共同設立され、彼の科学的「統一」テーマのバージョンは、主著『クォークとジャガー』（一九九四年）で表現されている。今、アリストテレスは、彼らが言うように、本当に「去った」のだろうか？マレー・ゲルマンは『クォークとジャガー』の中で、物理学の基本粒子（クォーク）と自然界の生物多様性（ジャガー）を結びつけることで、科学における統一というテーマを探求した。ゲルマンの著作には、単純な基本原理で、自然界で観察される複雑な構造や現象をどのように生み出すのかを理解しようとする幅広い視点が反映されていた。この考え方は、宇宙の多様な側面を説明できる統一理論を追求する科学と一致している。

現代科学におけるアリストテレスの遺産

ゲルマンをはじめとする現代の物理学者たちは、アリストテレスの物理論とはかけ離れた概念を使って宇宙についての理解を進めてきたが、アリストテレスが「去った」と言うのは完全には正確ではない。アリストテレスの影響はいくつかの点で残っている。現代科学は一般的に目的論的な説明（目的）を避け、機械論的な説明を好むが、目的と機能に関する哲学的考察は、生物学や倫理学などの分野では依然として重要である。アリストテレスの形而上学的概念である実体、形式、因果性は、現代の哲学的議論に影的原因）に関する彼の考え方は、科学的説明の構造に影響を与えている。

響を与え続けている。異なる種類の原因（物質的原因、形式的原因、効率的原因、最終

アリストテレスの知識の分類の研究は、科学的分類学と体系的生物学の基礎を築いた。アリストテレスの自然哲学の具体的な内容（物理学や宇宙論など）は、より厳密な科学理論に取って代わられたが、彼の方法論的・哲学的な貢献は、科学的探究を形成し続けている。例えば複雑性と創発現象に関するゲルマンの研究は、複雑なシステムや行動がより単純な構成要素からどのように生じるかというアリストテレスの関心と呼応している。「全体は部分の総和以上である」というアリストテレスの考え方は、複雑な適応システムの研究に見ることができる。

「全体は部分の総和以上である」というアリストテレスの考え方は、ウィーン生まれの経済学者・哲学者のフリードリヒ・ハイエク（Friedrich August von Hayek 一八九九―一九九二）に引き継がれ、特に複雑系と社会秩序に関する彼の研究に影響を与えた。アリストテレスの『形而上学』に見られるこの考え方は、システムや構造は個々の構成要素を分析するだけでは完全に理解することはできず、全体として見た時に初めてその本質に気づくということを示唆している。

複雑性と自発的秩序

ハイエクは、複雑な社会秩序や経済が、中央の計画なしにどのように自然発生的に生まれるかに強い関心を抱いていた。彼は、それぞれが独自の目標と知識を持つ多数の個人の相互作用が、一個人や集団では設計することも、完全に理解することもできない秩序を生み出すと考えた。これは、集合的な全体は、個々の部分だけを見ていては明らかにならない性質や行動を示すという、アリストテレスの見解と一致していた。

還元主義批判

社会科学における還元主義に対するハイエクの批判は、アリストテレスの哲学と呼応している。ハイエクは、経済・社会現象を理解するには、複雑系の創発的特性を説明できない還元主義的アプローチの限界を認識する必要があると主張した。アリストテレスの考え方は、純粋に分析的な視点よりも全体論的な視点の重要性を強調することで、これを裏付けている。

ハイエクの認識論的見解、特に『感覚秩序：理論心理学の基礎への探究』（一九五二年、邦訳：『ハイエク全集Ⅰ－4「感覚秩序」）は、人間の理解には限界があり、知識は社会全体に分散しているという考えに基づいている。これは、部分だけで全体を理解することの限界についてのアリストテレスの主張を反映している。ハイエクの研究は、個々の主体は断片的な知識を持っており、首尾一貫した秩序を生み出すのは、これらの断片の相互作用であることを示唆している。

　同時に、複雑系と還元主義的アプローチの限界に関するハイエクの考えを掘り下げており、アリストテレスの全体論的見解と彼の哲学的整合性をより深く理解することができ、心理学の重要性を説いていた。アリストテレスの考え方は、ハイエクの思想、特に社会や経済における複雑系や自然発生的秩序の分析に大きな影響を与えた。この哲学的な一致は、純粋に還元主義的な方法ではなく、全体論的なレンズを通して社会現象を理解することの重要性を強調していたのである。

　アリストテレスが提唱した全体論的アプローチ（自然の全体像を理解するために異なる研究分野を統合すること）は、現代の学際的な科学研究とも共鳴する。マレー・ゲルマンが科学における統一を強調するのは、アリストテレスの思想にそのルーツを遡ることができ、より広範な知的伝統を反映している。このように、アリストテレスの遺産は、現代科学の哲学的基礎と広範な探究の枠組みを作る上で、依然として重要なのである。

しかし、統一理論を目指しても、生物学は物理学ではないし、人間はコンピュータではない。テクノロジーの加速は、その影響の多くを理解する私たちの能力を上回っている。テレビの特質を受け継いだソーシャルメディア、人工知能（ＡＩ）、ロボット工学にまつわる新たな倫理的・政治的問題が浮上するにつれ、新たなデジタル環境の心理的影響を理解しようとする動きも加速している。

デジタル時代における人間の知識のために、私たちは「因果性」を取り戻さなければならない。それなしでは、私たちは意図的に自分自身を盲目にすることになる。科学は因果性の探求を要求する。ＡＩ研究で遭遇する問題によって示される困難は、現在の仮定／方法からすれば、汎用人工知能（ＡＧＩ）は達成できないことをますます示唆している。今日の複雑系科学と認知科学では、この問いに答えることはできない。私たちの「意識」は物質の「創発的性質」ではないし、生命もそうである。

むしろ生命は、魂（ギリシャ語ではプシュケ）の形式的因果性の結果なのだ。これはまた、アリストテレスだけでなく、彼の一番弟子である聖トマス・アクィナス（一二二五頃—一二七四）の仕事を取り戻すことを意味する。これらの先駆者たちが提示した（しばしば非常に洗練された）考えや議論を知らなければ、私たちは「中世のパドルを持たないデジタルな小川」に取り残されることになる。今こそ、アリストテレスの「形式」を取り戻す時なのである。それこそが、私たちを人間として成立させているわけだから。

テクノロジーと形式的原因

認知心理学が教えてくれるのとは違って、人間は「パターンを検出」しない。機械がそうするのだ。人間が「検出」するのは「形式」であり、アリストテレスが「ハイロモーフィック（hylomorphic）」な物質／形式の存在論的枠組みで説明したとおりである。ハイロモーフィックという用語は、物理的なものはすべて物質（hyle）と形態（morphe）の両方から構成されるというアリストテレスの実体論を指す。

ハイロモーフィズムは、アリストテレスによって開発された哲学的教義であり、すべての物理的実体または存在を、物質と非物質的な形態の複合体と見なし、一般的な形態を個人の内部に内在する実体として考えた。この言葉は、ギリシャ語の ὕλη と μορφή から形成された一九世紀の用語である。この概念は、アリストテレスの形而上学と現実の本質に関する彼の見解を理解する上で中心的なものである。

ハイロモーフィズムが重要なのは、物理的世界を理解するための包括的な枠組みを提供するからである。形が物質を異なる構成に変えることができるため、物質が一定の同一性を保ちながら変化することができることを説明している。ある物体において、それを構成するパーツが全て置き換えられた時、過去のそれと現在のそれは「同じ」だと言えるのか否か、という「テセウスの船」の思考実験が示すように、存在とは、形式と物質の両方の統合された表現である物体の配列からなる。あるいは、潜在性と現実性の統合なのだ。

理解とは何か？

テクノロジーは私たちを取り巻く環境の「形」を変え、その結果、「形」は私たちの実際の姿を変える。私たちは自分の魂を形づくる「形」に「適合」し、その「形」はすべての生き物の「形」となる。フォームは新たなフォームを生み出す。かつてカナダ出身の英文学者、文明批評家のマーシャル・マクルーハンが表明した「われわれは道具を形作り、それ以後、道具はわれわれを形作る」という表現を想起してみよう。形（潜在能力）は物質（現実）と統合され、私たちが生きている膨大で複雑な現実を生み出すのだ。

複雑性、認知主義、構成主義、すべて原因なし。すべてが私たちを出口のない同じコーナーに追いやる。すべて、「人間であるとはどういうことか？」という差し迫った問いに答えることができない。すべてが入れ替わる必要がある。すべてが今、デジタル・パラダイムによって引き起こされた深い科学革命に直面しているのだ。

多くの人が示唆しているように、私たちは、典型的な因果関係の試みのない「意味の危機」に陥っている。マクルーハンが一九六四年に発表した『メディアを理解する』のタイトルに反映されているように、第一章のタイトルは「メディアがメッセージ」である。メディアの本質を「理解」するまで、私たちはメディアが運ぶコンテンツに留意していた。しかしマクルーハンは、電気メディア（例えばテレビ）そのものが、人間とその環境を変容させる鍵だと指摘した。

これが理解という事象なのだ。つまり理解とは、アンダー・スタンディング。アンダーとは、見えないところに立っていることである。これは、めったに議論されないし、認識すらされない。目に見えない、基礎、根拠なのだ。その基礎と根拠、つまり「因果性」から「理解」への努力がはじまるのだ。

テレビはメディア／環境として、「想像力」という心理的能力を高めた。極端に言えば、これはファンタジーに変わる。周りを見てみよう。ビジネスとしてのテレビに続く典型的な展開は、バーチャル・リアリティ（VR）だ。もっとファンタジーに聞こえるだろう。フェイスブックは、VRへの競争をリードするために研究開発をシフトし、社名を「メタ」に変更した。そのために数十億ドルが費やされている。

ＶＲを試したことがある人なら、ＶＲが未だに「キラーアプリ」を探していることを知っている。アップルは高価格の「Vision Pro」[5]ヘッドセットを発表し、多くの人がいち早く試そうと殺到した。現在、ｅＢａｙの中古価格は（わずか三ヶ月で）一千ドルも値下がりしている。おそらく、ファンタジーは、もう人々が熱狂的に求めるものではないのだ。

テレビ環境というエデンの園に欠けている最後のピースは、ＶＲヘッドセットである。その時点で、私たちの存在はユートピアの受動的消費へと移行する。その結果、どのような事態が起こるのか？　疑似テレビのソーシャルメディアやＶＲの中の人々は、すでにお互いを襲い、レイプしている。ヘッドセットをつけただけで被害者になるとは信じがたいが、バーチャル世界では絶え間なく暴行、グルーミング、恐喝、窃盗、なりすまし、ハッキング、個人情報窃盗、金融詐欺、サイバーストーキング……などの犯罪が起きている。

アノミー

メタバース[6]は完璧に管理された環境となり、レジャーを最大化し、あらゆる「義務」や「制約」を取り除くように設計されていくだろう。百年以上前、フランスの社会学者

5　Vision Pro　Apple Vision Pro。アメリカの Apple 社が二〇二四年二月二日から販売を開始した、ヘッドセット型コンピューター。「空間コンピューティング」という概念を提唱し、従来のノートパソコン、スマートフォン、そしてヘッドマウントディスプレイとも一線を画するデバイスとして話題となった。一方でその重量や価格の高さが欠点として指摘されている。ＭＩＴによる「二〇二四年のブレークスルー技術トップ10」の第三位にランクされた。

6　メタバース　コンピューターに構築された仮想空間やそれを利用したサービスの総称。利用者はアバターを介して、コミュニケーション、ゲーム、買い物など現実と同様か、それ以上の体験を提供するとされる。アメリカのＳＦ作家、ニール・スティーブンスの『スノウ・クラッシュ』（一九九二年）に初めて登場したことで知られる。

のエミール・デュルケム（Émile Durkheim 一八五八―一九一七）は、社会秩序が乱れ、混乱した状態を表す用語として、ギリシャ語の「アノモス（anomos）」に起源をもつ「アノミー（anomie）」というテーマを研究した。アノミーとは、人生に目的も意味もないという感覚である。

アノミーに苦しむ人々は、無気力で、断絶していて、さまざまな精神疾患にかかりやすい。デュルケムは、自殺はアノミーが原因であることが多いと考えた。しかし、デュルケムの分析で最も衝撃的だったのは、社会の規範や規制が弛緩すると、かえって、個人は不自由になり、不安定な状況に陥るという近代の病理を鋭く批判したことだった。今ではあまり耳にしない言葉だが、私たちはアノミーというこの言葉を取り戻す必要がある。

古い構造がなくなると、人々は人生の意味の危機に遭遇する。極端な場合、彼らは自殺する。デュルケムはこう書いている。

「人間は、自分より上位に自分の属するものがないと思えば、より高い目標に執着し、規則に服従することはできない。すべての社会的圧力から彼を解放することは、彼を自分自身から見放し、士気を低下させることになる」

私たちはウェブ・プラットフォームがどれだけ「捕虜」を失うことを嫌っているかを知っている。だからこそ、彼らは囚人たちの中毒を奨励するのだ。彼らはメタバース内部でも同じことを行い、あなたが永遠にそこに留まることを望むだろう。

認知的記憶

未だに私たちを取り巻くテレビ環境は、理解を深めたのではなく、むしろ損なった。この点で、デジタル技術はどうだろうか？「イマジネーション」と対照的な精神の最も重要な能力は「記憶」である。実際、「想像力」と「記憶力」は、アリストテレスやそれ以降数千年にわたって理解されてきた「古典的な」内的感覚のうちの二つにすぎない。残りの内的感覚は、長い間「共通感覚」と「認知的感覚」(「特定の理性」などとも呼ばれている）として知られてきた。

私たちの「外的な」知覚（通常の「五感」）は、コモン・センスによって収集／照合され、イマジネーション（「イメージ」の集合体であるため、そう呼ばれる）に「保存」される。しかし、世界を理解するために必要な「形式」は、「認知的感覚」によって形を与えられ、「記憶」に「保存」される。そこで私たちは（無意識のうちに）形式を認識し、それが知性に「伝達」され、（意識的に）「抽象化」される。記憶とは、認知的な意味でも技術的な意味でも、デジタル時代の人々にとって重要な役割を果たしている。情記憶は、学習と知的発達の基礎となる情報と知識を保持するために不可欠である。情報があふれ、絶えず変化するデジタル時代において、新しい情報を記憶し、統合する能力は、個人的成長にとって不可欠である。記憶は、新しい状況に直面した時に活用する過去の経験や知識の貯蔵庫となり、私たちの意思決定に影響を与える。これは、迅速な意思決定が求められることが多いデジタル時代には特に重要である。

記憶は、個人や集団のアイデンティティの形成に役立つ。記憶によって個人と過去がつながり、自己意識と継続性が形成される。デジタルな交流が時に一過性のものに感じられる世界では、記憶は個人の歴史やアイデンティティの感覚を維持するのに役に立つのだ。

認知的記憶と技術的記憶の相互作用

デジタル記憶（データ記憶）は、現代技術の基盤である。テクノロジーは、デジタルカレンダー、メモアプリ、情報管理システムなどのツールを通じて、人間の記憶を補強することができる。これらのツールは、個人がより効果的に情報を記憶し、整理するのに役立つ。膨大な量の情報があるため、認知的な記憶だけでは圧倒されてしまうことがある。技術的記憶は、情報を保存・整理することでこの過負荷を管理し、単にデータを保持するのではなく、処理や分析に集中できるようにする。

デジタル・アーカイブやデータベースは、将来の世代のために知識を保存し、貴重な情報や文化遺産が時間の経過とともに失われないようにする。デジタル時代には、情報を管理し、情報に基づいた意思決定を行い、アイデンティティを維持し、認知能力を高め、知識を保存するためにテクノロジーを活用する。そのために、記憶が極めて重要である。認知的記憶と技術的記憶の相互作用は、複雑な現代生活を乗り切り、個人と社会の継続的な発展を保証するために不可欠なのである。

ロボットに知性はあるのか？

ロボットに知性はあるのか。いや、ない。そして、これからも決してそうなることはないだろう。もちろん、人間の知性を必要としないように知性を定義するなら、もちろんロボットは知性を持つことができる。しかし、「人工知能」（ＡＩ）という言葉が暗示するように、それはいわば知能、一種の機械知能である。この「知能（intelligence）」は、人間の「知性（intellect）」（ラテン語ではintellectus、ギリシャ語ではdianoia）とは違う。「知性」は、「知能」や「知識」とは異なる言葉である。「知能」とは、答えのある問いに対して正しいとされる答えを導き出す能力を指す。それに対して「知性」とは、答えの見つからない問いに、答えを探し続ける能力なのだ。実際、知性は人間の精神に備わる能力であり、自然界の他のどこにも現れない。人間の「形式」である魂がなければ、知性は存在しない。人間でない者は知性にエントリーすらできないのだ。

一般的に「機械学習」と呼ばれる現在のAI研究は、壁にぶつかっている。研究者たちはそれを知っている。GPTアルゴリズムは、しばしば「人間のようなテキスト」を生成することに成功しているが、AI研究者が「常識」と呼ぶものを明らかに欠いている。これは、「AIの暗黒物質」と呼ばれている。マイクロソフトの共同創業者である故ポール・ガードナー・アレン（Paul Gardner Allen 一九五三―二〇一八）氏が立ち上げた「アレン人工知能研究所」は、この難問に対処しようと「モザイク」と呼ぶシステムを開発した。

「モザイク」はアレン人工知能研究所のプロジェクトで、常識的な知能を持つマシンの構築に焦点を当てている。その目的は、人間の常識に近いレベルの理解力を持つAIシステムを開発することである。常識とは、世界がどのように動いているか、人間がどのように世界と相互に作用しているかについての直感的な知識を含んでいる。彼らはまだ、「象はドアの隙間から入れるか？」といった問題と格闘しており、彼らはいまだに機械にとっての「常識」とは何かを解明しようとしている。

幼い子どもたちは、毎回彼らに打ち勝つ。子どもには知性があるからだ。実際、複数ある。受動的知性、能動的知性、潜在的知性。それらの知性は、「能力」の配列の上に乗っている。そのうちのひとつが「共通感覚」(または sensus communis)と呼ばれるものだ。この共通感覚は、典型的な五つの「外的感覚」に「共通」であり、「知覚」を生成するプロセスを開始することによって、それらすべてを一つにまとめる。近代心理学の多くは、一六世紀から本格的にこのすべてを抉り出してきた。まだ多くの異論があるとはいえ、人間には「クオリア(感覚質)」の「直接知覚」があるというのが、現在のコンセンサス・ビューである。

ポスト・ヒューマニズム vs トランス・ヒューマニズム

現在、汎用人工知能(AGI)[7]の開発に何十億ドルもの資金が費やされている。これはすでに世界的な軍拡競争であり、アメリカと中国が「AI超大国」となっている。世界各国は「AI戦略」を発表しており、多くの場合、軍事用途の方が商業用途よりも多くの資金を集めている。多くの哲学科は、「人間的転回」をする代わりに、「ポスト・ヒューマニズム」を主要研究分野としている。大統領選挙では、トランス・ヒューマニズム運動が繰り広げられる。今日、人間がポスト・ヒューマンの成果を生み出すために多大な努力を払っているという事実は、AIの研究がその成果を達成するか否かよりも懸念すべきことである。

7 汎用人工知能(AGI) Artificial general intelligenceの略。汎用AIがとも呼ばれる。人間のように汎用的かつ広範に利用可能な知的能力を持つ人口知能のこと。二〇一〇年代以降、深層学習技術の進展などにより、その実現性への期待が高まっているとされている。アメリカの未来学者レイ・カーツワイルは二〇二九年に誕生すると予測している。

ここでポスト・ヒューマニズムとトランス・ヒューマニズムについて説明しておこう。これらは、人類の未来とテクノロジーとの関係を扱う二つの異なる哲学的枠組みであるが、その視点と目標は大きく異なっている。

トランス・ヒューマニズム（Transhumanism）とは、人間の身体的・認知的能力を向上させるための先端技術の利用を提唱する運動であり哲学である。その目標は、現在の人間の限界を超えて、長寿、知性、全体的な幸福などの側面を向上させることである。その主要概念は、人間の強化である。トランス・ヒューマニストは、遺伝子工学、人工知能、サイバネティクスなど、人間の能力を向上させる技術の開発と利用を支持する。医学の進歩やその他の技術によって人間の寿命を延ばし、不老不死を実現することを主な目的のひとつとする。

トランス・ヒューマニズムは、認知機能の強化、記憶力、学習能力、知能などの精神能力を向上させる技術の利用を推進する。倫理的配慮は、機能強化が安全で、利用しやすく、社会的不平等を悪化させないと保証することに重点を置く。

一方、ポスト・ヒューマニズムは、人間とは何かという従来の境界線に疑問を投げかける、より広範な哲学的視点である。人間中心主義的（人間中心の）世界観を批判し、人間の条件を超えて出現するかもしれない先端技術や新しい存在の形態の意味を探求する。その主要概念は、ヒューマニズム批判である。ポスト・ヒューマニズムは、人間の優越性と合理性を強調する啓蒙主義的なヒューマニズムの理想に挑戦する。それは、人間の脱中心化であり、動物、生態系、人工知能など、人間以外の存在の主体性や価値を考慮する視点を推進する。ポスト・ヒューマニズムは人間と機械の融合を探求し、そのようなハイブリッドな存在の倫理的・哲学的意味を考察するのだ。

ポスト・ヒューマニズムをめぐる主要な論客は、ロージ・ブレイドッティ（Rosi Braidotti 一九五四―）とフランチェスカ・フェランド（Francesca Ferrando 生年非公開）であり、彼女たちはそれぞれポスト・ヒューマニズムに関する言説に独自の貢献をしている。両者は基本的な考え方は共通しているが、アプローチや強調点には顕著な違いがある。

ブレイドッティもフェランドも、知識や価値の主体として人間を中心とする伝統的なヒューマニズムを批判している。人間中心主義的な枠組みを超え、人間以外の存在やより広範な生態系への配慮を含めるよう主張している。両哲学者は、あらゆる生命体の相互接続性と、人間、動物、機械の境界の曖昧さを強調している。バイオテクノロジー、AI、環境の変化が、生命とアイデンティティの理解に与える影響を探る。

倫理的配慮は彼女たちの仕事の中心である。二人とも、人間と人間以外のすべての存在、そして環境の幸福を考慮した包摂と責任の倫理を提唱している。ブレイドッティの仕事は、大陸哲学、特にフランスのポスト構造主義の伝統に深く根ざしている。ジル・ドゥルーズ[8]とフェリックス・ガタリ[9]の思想を基盤に、「Becoming：なりゆき」や「遊牧的主観性」といった概念に焦点を当てている。

Becomingとは、継続的な変化と変容のプロセスを指す。静的な存在とは対照的に、存在の流動的で動的な性質を強調するドゥルーズとガタリの哲学における重要な概念である。ノマド的主観性とは、流動的で柔軟性があり、常に動き続けるアイデンティティの形態を指す。固定的で安定したアイデンティティを否定し、ダイナミックで適応可能なアイデンティティを支持するものである。ノマド的主観性は、安定した不変の自己という概念に挑戦する。動き、変化、新しい状況に適応する能力を強調する。これがブレイドッティの言う「放浪する主体」となる人間である。

フェランドは、分析哲学により深く関与し、量子物理学、情報理論、トランス・ヒューマニズムの議論など、より幅広い学際的視点も取り入れている。ブレイドッティは、ポスト・ヒューマニズムの文脈におけるフェミニズム理論とジェンダー・アイデンティティの再構成に重きを置いており、彼女は、ポスト・ヒューマニズムがジェンダー、人種、権力関係の問題にどのように取り組むことができるかを探求している。

フェランドもジェンダーを取り上げているが、彼女のアプローチはより広い範囲に及び、より広範なアイデンティティの問題を包含し、ポスト・ヒューマンのアイデンティ

8　ジル・ドゥルーズ　フランスの哲学者。二〇世紀を代表する哲学者として知られる。フェリックス・ガタリともに、『アンチ・オイディプス』(一九七二年)、『千のプラトー』(一九八〇年)といった数多くの著作を残す。「差異」「リゾーム」「欲望する機械」といった概念を提唱し、全体主義的な思想の克服を目指した。

9　フェリックス・ガタリ　フランスの哲学者、精神分析医。哲学者のジル・ドゥルーズと数多くの共著を残したことで知られる。また精神科医のジャン・ウリらとともに、「制度論的精神療法」と呼ばれる実験的な精神療法を行った。

ティをより多元的かつ包括的に捉えることを強調している。ブレイドッティの仕事の特徴は、人間中心主義に対するよりラディカルな批判と、既存のパラダイムを単に脱構築するのではなく、肯定的な代替案を生み出そうとする肯定的倫理を重視する点にある。

フェランドのアプローチはより探求的で総合的であり、ポスト・ヒューマニズムの包括的な枠組みを開発するために、異なる哲学的伝統と科学的洞察を橋渡しすることを目指している。ロージ・ブレイドッティとフランチェスカ・フェランドは、伝統的なヒューマニズムの枠組みを超えて、より包括的で相互に結びついた生命理解へと移行するというコミットメントを共有している。しかし、両者のアプローチは、理論的基盤、ジェンダーとアイデンティティの強調、哲学的方法論において異なっている。ブレイドッティの研究は、大陸哲学とフェミニズム理論により根ざしているのに対し、フェランドはより広範で学際的なアプローチをとっている。

それは、ポスト人間中心主義であり、人間中心の視点を超えて考えることを奨励し、知性、意識、生命をより包括的に理解することを提唱する運動である。トランス・ヒューマニズムは、テクノロジーによって人間の能力を高め、寿命を延ばすテクノロジーに焦点を当てる。ポスト・ヒューマニズムは、人間という概念を問い直し、解体し、より広範な生態学的・技術的文脈の中で人間の将来を考えることを示唆している。

トランス・ヒューマニズム：強化技術の安全かつ公平な導入に関心を持つ。
ポスト・ヒューマニズム：人間以外の存在の権利や主体性を含め、もはや人間が中心ではない世界の倫理的意味を探る。

まとめると、トランス・ヒューマニズムが人間の生活を向上させるテクノロジーの可能性について楽観的であるのに対し、ポスト・ヒューマニズムは人間のアイデンティティの変容と新たなテクノロジーの倫理的意味合いについてやや批判的な視点を提供している。

このように見ていくと、ポスト・ヒューマニズムには、多くの点で合意しやすいように見えるが、この脱人間中心主義は、自然（河川、山、森、湖など）への法的人格権付与のみならず、ＡＩに人格権を与えようとするイデオロギー的飛躍を展開する。人間中心主義批判は説得力のある考えではあるが、私たちは「人間」それ自体を深く認識していないことに留意すべきであり、自然界全域を人間化するパラドックスを抱え持つことにも成りかねない。

シンギュラリティをめぐる数々の言説は、トランス・ヒューマニズムのわかりやすさや滑稽さとは異なり、実はポスト・ヒューマンという人間中心主義の脱構築と深く関わるのだ。その意味で、人間を解体するポスト・ヒューマニズムの思想的な飛躍には十分な注意が必要なのである。

テレビの終焉

テレビが育んだ幻想のひとつは、静止衛星を基盤にした「グローバリズム」である。しかし、その枠組みはもはや過去のものとなった。中国はそれを確信させた。中国が経済成長を遂げ、WTOやその他の組織に参加すれば、必然的に「われわれのようになる」という考え方は根本的に間違っていたからだ。もっと広く言えば、東洋と西洋の間の地上の隔たりは、無視できないほど鮮明になっている。疫病を防ぐための「グローバル・ガバナンス」を求める声は、今や耳に入らない。

こうした「大衆信仰」はマスメディアによって引き起こされる。イギリスの進化生物学者・動物行動学者であるリチャード・ドーキンス[10]（Clinton Richard Dawkins 一九四一―）が、『利己的な遺伝子』（一九七六年）の中で「ミーム[11]」という概念を提唱し、ついに大当たりを引くまで、このプロセスに名前をつけるさまざまな試みがなされた。ミームとは、遺伝子の「コード」になぞらえたものもあるが、「文化的なアイデア、シンボル、慣習を伝達する単位」とされてきた。テレビがなければ、ミームは存在しない。フェイスブックにもない。どこにもない。そして、想像の通り、私たちの心理技術的環境とし

10　リチャード・ドーキンス　Clinton Richard Dawkins。イギリスの進化生物学者。専門知識を持たない一般読者に向けた多くの著書を残している。特に、遺伝子を中心とした生物の行動や進化について論じた『利己的な遺伝子』（一九七六年）は世界的なベストセラーに。それ以降の進化生物学にも大きな影響を与えた。

11　ミーム　進化生物学者のリチャード・ドーキンスが著作『利己的な遺伝子』の中で、遺伝子（gene）の対概念として生み出した言葉。集団内で個体から個体へと文化や情報を伝える際に神経回路が生み出す「型」のこと。ドーキンスによれば、衣服、壺、宗教的行為、教育、論文などはすべて「ミーム」に当たる。現代ではSNS上で拡散され流行するジョークや動画を指す「インターネット・ミーム」の意味で使われることが多い。

てのテレビの終焉とともに、ミームは今や絶滅種になりつつあり、広告の世界もそれに連れて行かれつつある。

ミームの次に来るものは何か？

ミームの次に来るもの。記憶。しかし、これは何から何への移行なのだろうか？　私たちは今、社会、ひいては人間の感性を支えるテクノロジーの急激な変化を経験している。これはいたるところで、一斉に起こっている。私たちは今、テレビからデジタルへのパラダイム・シフトの中に生きている。つまり、私たちは内なる感覚のバランスを取り戻し、想像力から記憶力へとシフトしているのだ。これは大きな心理的変化である。私たちの「形」に対する理解は、根本的に新しい形で形成されつつある。

テレビという電気環境は、デジタル技術に取って代わられようとしている。デジタルは、通信技術としてだけでなく、技術環境としてもテレビに取って代わり、私たちの心理に根本的な変化をもたらしている。結局のところ、テレビは想像力という内的感覚に深刻な影響を与えた。一般的に「常識」によって生み出されたイメージの「貯蔵庫」と表現される想像力は、私たちが最初に世界を知る方法である。しかし、もしその感覚が、点滅する光を無限に浴びせられたら、私たちの知覚は混乱し、知性を働かせる能力は破壊されてしまう。このプロセスに対する唯一の解毒剤は、イマジネーションと、それに付随する内的感覚である「記憶」のバランスを取り戻すことである。

デジタルのおかげで、まさにそれが起こりつつある。私たちは想像力を支持するように訓練されてきた。確かに、バランスの取れた感覚として、想像力は私たちの知覚にとって極めて重要である。しかし、それをナンセンスな人形劇で満たすと、「意味を理解する」ことが非常に難しくなる。行き過ぎると、「狂気」と「創造性」が混同されてしまう。

デジタル・シフト

今日の社会科学には「社会構成主義」が浸透しており、社会は人間によって「構築」され、私たちが望むどんな形にもなると考えられている。しかし、そのようなことは明らかに不可能である。私たちは、幼い頃から習慣的に使っているテクノロジーによって「構築」されているのだ。環境を変えれば、神経回路網も変わる。

マーシャル・マクルーハンは彼の長男であるエリックとの共著で遺著となった『メディアの法則：新しい科学』（一九八八年、邦訳『メディアの法則』）を私たちに届けた。この著作の副題が「新しい科学」と題されたことに注目しよう。マーシャルとエリックは、フランスのカトリック教会の枢機卿であり神学者アンリ・ドゥ・リュバック（Henri de

Lubac 一八九六―一九九一）の『中世の釈義（Medieval Exegesis）』に詳述されている聖典の四つの感覚に部分的に基づいて、「テトラッド」という発見を提示した。

アンリ・ド・リュバックによる『中世の釈義』は、元々フランス語で「Exégèse médiévale: les quatre sens de l'Écriture（中世の釈義：聖書の四つの意味）」として一九五九年から一九六四年にわたり複数巻にわたって出版された。マーク・セバンク訳による英語版の第一巻は一九九八年に出版され、後年、続巻が出版された。

マクルーハンは、リュバックからの影響とともに、アリストテレスの「四つの原因」（物質的、効率的、形式的、最終的）を補完する方法として、いわゆる「四つの効果（メディアの法則）」を規定した。四つの効果とは、次のように名付けられた。「回収・回復（Retrieves）」「反転（Reverses）」「衰退・陳腐化（Obsolesces）」「増幅または強化（Enhances）」である。

マクルーハンはこの「法則」の中で、テレビとコンピュータの両方について四分位点を提示している。技術の最終段階を詳述する「反転」の象限では、テレビは本来の性質から反転し、「内なる旅」と表現されている。

重要な「回収・回復」の象限では、あらゆる人間的人工物の心理的地上効果を反映し、コンピュータの項目は「完璧な記憶：統合的かつ正確」とされた。

これらは、世界が今経験している変遷である。自己陶酔的な空想（裏返ったテレビ＝YouTubeなど）から、私たちが今いる場所にどのようにしてたどり着いたのかを思い起こす意味深いものへと向かう。

デジタル技術は私たちにロボットを与え、新しい生命体を遺伝子編集／スプライスする能力を与えた。また、機械とは根本的に異なる、人間であることの意味を「取り戻す」能力も手に入れた。この人間特有の能力は、「人権」（現在では「ロボットの権利」へと変容している）と表現する人もいるかもしれないが、むしろ「人間の尊厳」を促進するために私たち全員が負っている責任を支えるものなのだ。

私たちには知性という力がある。今、私たちはこれらのプロセスを理解するために必要な責任を負わなければならない。補完性と連帯性の原則と組み合わせて、人類がデジタル・パラダイムの新たな課題に対処するためには、人間の精神に対する新たな理解が必要となる。トーマス・クーンが示唆したように、新しいパラダイムには「新しい科学」が必要である。つまり、新しい心理学（古い心理学からのアップデート）である。マクルーハンは私たちを正しい方向に導いてくれた。今、私たちの驚くべき、そして実を言うと不安定な状況を理解できるかどうかは、私たち次第なのだ。

今、表舞台で起きている騒動の多くは、これらのシフトによって引き起こされたものだ。その結果、私たちの魂は記憶に有利なように「改革」されつつある。私たちは今、「原因」（そしてそれ以上のもの）を取り戻そうとしているのである。

あとがき

クリストファー・ノーラン[1]監督の映画『インターステラー』[2]（二〇一四年）の中で、マイケル・ケイン演じるブランド教授は、ディラン・トーマス（Dylan Marlais Thomas 一九一四―一九五三）の詩、「Do not go gentle into that good night」の一節を繰り返し暗唱する。そのセリフはこうだ。

穏やかな夜に身を任せるな。
老いたとしても、一日の終わりに燃え上がり、喚くべきだ。
怒れ、滅びゆく光に怒れ。

ウェールズの著名な詩人、ディラン・トーマスの“Do not go gentle into that good night”

1　クリストファー・ノーラン　脚本家・映画監督・映画プロデューサー。七歳から父親のスーパー９カメラを使って短編映画を作り始める。『インセプション』（二〇一〇年）、『ダークナイト ライジング』（二〇一二年）、『インターステラー』（二〇一四年）、『ダンケルク』（二〇一七年）、『TENET』（二〇二〇年）、『オッペンハイマー』（二〇二四年）など。

2　インターステラー　二〇一四年公開のクリストファー・ノーラン監督作品。世界的な飢饉や地球環境の変化によって人類の滅亡が迫る近未来を舞台に、家族や人類の未来を守るため、未知の宇宙へと旅立っていく元エンジニアの男の姿を描く。宇宙船が地球から離れてゆき、乗組員たちが船内で旅の準備を進める映像にディラン・トマスの詩「穏やかな夜に身を任せるな（Do not go gentle into that good night）」が読まれる。

は、一九五一年に発表された。ローマを拠点とする多言語文芸誌『Botteghe Oscure』に掲載され、この詩はその後、一九五三年にトーマスが亡くなる直前の一九五二年に出版された詩集『In Country Sleep, And Other Poems』に収録された。

札幌を離れる前年、札幌市立大学武邑ゼミの卒業生たちと、札幌のＩＭＡＸ上映館で『インターステラー』を観たことを思い出す。ベルリンに旅立つ直前、教え子たちとの夕食会の後、有志を誘ってレイトショーの映画館へと向かった。映画『インターステラー』は、大宇宙の星間移動と地球上の旅との大きな違いはあるが、札幌からベルリンへと向かう私の心に深く刺さる作品だった。

本書は、私の自叙伝という形式に準拠して、自らの記憶を呼び覚ました書き下ろしである。自叙伝といえばおこがましいが、本書に登場する多彩な人物や、彼らの活動を描写するだけでも後世に伝える意味があると考えた。ここに書ききれなかった大切な人々との出会いもあった。長い人生の中には、自らの傍若無人さが招いた、書くことを躊躇した痛い出来事も多々あった。ほぼ七十年に及ぶ記憶のすべては私の魂の中にある。

なぜ私は多くの旅を続けてきたのか？　その旅の過程にはどのような連続性やつながりがあったのか？　本書を書き進めてきたことで、その一端を理解できたように思う。もちろん、読者が本書をどう感じるかは不明だが、人生の終盤を迎えたボヘミアンの独白には、二〇世紀後半から現在にいたる僻遠（アウトライング）の文化史が描出されている筈である。本書の目的が、そうであってほしいと願っている。

あとがきの冒頭の詩は、ディラン・トーマスの代表作で、彼の型破りなライフスタイルと芸術家としての人物像から、しばしばトーマスは、ボヘミアンとして語られてきた。トーマスは社会規範や慣習に反抗する生き方をした。反骨精神、物質主義への軽蔑、経済的安定よりも芸術と詩に捧げる生活の追求で知られた。彼はロンドンとニューヨークの文学・芸術界に深く入り込んでいた。これらのサークルは知的で芸術的、そしてしばしば享楽的なライフスタイルで知られていた。

トーマスの作品は、叙情的な激しさと感情的な深さが特徴だった。彼の詩はしばしば、伝統的な詩の形式を打ち破る方法で、生、死、そして人間の条件に関するテーマを探求した。この創造的な自由と独創性は、ボヘミアン芸術精神の特徴である。多くのボヘミアンがそうであるように、トーマスはウェールズ、ロンドン、アメリカのさまざまな場所を頻繁に移動しながら、やや遍歴的な生活を送っていた。新しい経験や環境を求め続けた彼の姿勢は、創作のプロセスにも反映されたが、定住するのではなく、旅を続けるというボヘミアンの理想を反映するものだった。

トーマスのライフスタイルと作品は、私を含め、その後の世代の詩人や作家に永続的な影響を与えた。彼の人生と芸術は、激動的ではあったが情熱的な生き方と表裏一体だった。自由奔放で型破り、そして最終的には悲劇的な人物として、詩人というロマン主義的なビジョンを体現していた。

トーマスの詩「Do not go gentle into that good night」は、しばしば英詩におけるヴィラネル形式の代表作として挙げられる。ヴィラネルは、ルネサンス期のフランスで生まれ、一九世紀から二〇世紀にかけて、イギリスで人気を博した高度に構成された詩形である。韻と繰り返しの厳格なパターンで知られ、力強いリズムとテーマ効果を生み出す。トーマスのこの詩は、ヴィラネル形式が持つ感情的な深みと叙情的な美しさを示している。一編の詩が、ベルリン以降の私の人生をあと押ししてくれた。

二〇二二年三月、七年住んだベルリンから日本に帰国した。コロナ禍での決断だった。ベルリンで体験したCovid-19の嵐は、世界で戦争が起きたかのような恐怖でもあったし、死というものを身近に感じた体験だった。東京に戻り、何とかコロナ禍を乗り切ることができた。優しく自分を迎えてくれる母国と生地に感謝した。帰還できる場所があるからこそ、流浪の旅ができたことを改めて感じた。

二〇二三年十月、人生最大の間違いを清算することができた。三十数年間、別れてくれなかった妻との離婚がやっと成立した。離婚の条件においては、多くの犠牲を強いられたが、このまま離婚できずにいるより、一刻も早く妻の呪縛から解放されたいという気持ちの方が勝っていた。これは、自分に課した「けじめ」だった。

本書を書こうと思ったきっかけは、二〇二三年の暮れ、『プライバシー・パラドックス』（二〇二〇年）の出版でお世話になった黒鳥社の若林恵氏と、『ベルリン・都市・未来』（二〇一八年）の担当編集者だった野口理恵さんが、私の自伝に関心を示してくれたご縁からだった。同時に、六十歳を過ぎてベルリンに住んだ時から、トーマスの詩の一節に、何度も心を揺り動かされてきたからである。「穏やかな夜に身を任せるな」と命じるその一言は、次の世代のために記憶を整理し、自身を鼓舞する力を与えてくれた。

本書の最終章は、この本の「種明かし」のように仕組まれている。因果性や形而上学が排除され、検証主義が科学全般に及ぶ世界が、いかに大きな課題を内包しているかを紐解いてみた。世界を覆う検証やエビデンスという魔物が、大学や研究者を狭い視野に追い込んでいる。そして今、科学そのものが大きな壁にぶつかっている。因果性や形而上学を排除する学問や研究に未来はあるのか？

『ワシントン・ポスト』（二〇二四年四月二十六日）によれば、米国では一週間に一校のペースで大学が閉鎖されている。昨年は月に二校程度だったが、確実に大学の危機は進行している。しかも、米国の大学を中退し、学士号を取得できなかった人は、現在四千万人に上っている。大学に長く身を置いてきた私にとって、今のまま続く大学に未来はないと思っている。今、大学にいる研究者も学生も、大学という幻想からいち早く脱出すべきである。それはあくまで幻想からの脱出であり、単純に大学を辞めるということを意味していない。

では、その先をどうすべきなのか？　大学にいる人は、既存の大学や偏狭な学問の終焉を意識し、大学の外の世界を見通す必要がある。そこから、次に来る旅を続ける新たな発想や観点、そして基盤と根拠が生まれる。その一番の近道こそ、自身にとってのゾーンを探索することだと思う。

二〇二四年十月で七十歳となる私は、長らくゾーンの探索に明け暮れてきた。その人生は、まさに贈り物のような出会いの連続だった。六十歳を過ぎてベルリンに移住した私を、周囲の人たちはいささか驚きの表情で見ていたと思う。一九七八年のＮＹから三十七年後、ベルリンで七年間を過ごし、ほぼ四十四年間、多くの場所に赴いてきた。人生は記憶であり、旅の目的、その原因と結果を綴った本書は、消えゆく光への最後の喚叫でもある。

いくつもの大学で、私と関わってくれた多くの教え子たちや武邑塾の塾生諸氏、そして私を助け、導いてくれた世界中の先達や友人たちに感謝したい。中でも、私の流浪の旅を陰ながら支えてくれた内縁の妻と息子と娘には、最大の感謝を捧げたい。私がこれまで自由に生きてこれたのは、彼らのおかげである。

このあとがきを書いている最中、松岡正剛氏の訃報に接した。私は一九七一年、高校二年の時に雑誌『遊』と出合って以来、「松岡正剛」という存在を知り、のっぴきならない衝撃を受けた。退くことも引くこともできない状況は、『遊』が号を重ねる度に大きくなっていった。『遊』からの一撃で、松岡氏の知性の一片に触れたい、そう願いながら、それを追尾していく旅が始まったのである。

それから八〇年代、九〇年代と、松岡氏とは何度かシンポジウムなどでご一緒する機会があった。移住先のベルリンから一時帰国していた二〇一七年、編集工学研究所で特別な対話の機会を設けていただいた時に、松岡氏が、本書で綴った私の活動の大半を認知してくれていたことをとても嬉しく思った。この時の対話は三時間以上続き、互いの影響を語り合うことができた。この対話の後、松岡氏との関わりも深くなり、二〇二三年末、私が主宰する武邑塾の特別ゲストとして、松岡氏の登壇が叶ったことは大変光栄なことだった。松岡氏はいつもの鋭い返しで、周囲への気遣いを忘れない配慮の人だった。

松岡氏にとって、編集とは壮大な哲学だった。彼は文化そのものを「編集」として捉え、新たな方法でキュレーションし、形を与え、表現した。彼の仕事は、伝統的な日本のテキスト、芸術形態、慣習を参照し続けた。それはノスタルジックな視点ではなく、それらの因果論を再解釈し、活性化させるという意図に基づいたものだった。松岡氏は、過去とは琥珀の中に保存されるものではなく、積極的に関わり、再考し、現代の生活に再び導入すべきものがあると確信していたと思う。その意味で、彼は古代から現代、未来の叡智を見つめた魂の召喚者だった。本書の最終章で指摘した因果関係論と形而上学の始祖であるアリストテレスが、松岡氏と重なっていく。合掌。

最後に、自身のプライバシーにも踏み込んだ本書の成立を丁寧に支援してくれ、ようやく上梓できたのは、本書の編集・発行人である野口理恵さんの編集力によるものである。あわせて、素晴らしい装丁を担当してくれた藤田裕美氏、小冊子の刺激的な対談で、本書を支援してくれた宇川直宏氏と若林恵氏に感謝したい。

二〇二四年九月　東京にて

コンテンツ・ビジネスと知的財産権～」で基調講演を行った。今後日本のITコンテンツ産業の重要な分野となる期待も高まる一方で、文化財のデジタル化においては、デジタル化されたコンテンツにかかる各種の権利の所在が複雑であること等の問題から、産業活用などの推進に問題がある。立命館大学が特許庁より委託を受け各界の有識者を招きシンポジウムを開催した。

「Case Studies: Digital Archive Projects in Japan – Digital Culture Assets in Regional Management」
2004年3月16日
APEC 2004 Workshop on Resource Sharing in Digital Libraries.（台北）で招待講演者として講演。台北では五ヵ年計画の国家デジタル・アーカイブ計画が進行しており、本会議は世界のデジタル・アーカイブの潮流を把握し、アジア・パシフィック各国との協調の中、国の文化遺産のデジタル化資産の推進を円滑に行うために位置づけられた。

「メディア環境の未来」
2004年11月5日
第十九回国民文化祭福岡県実行委員会事務局主催「ニューメディア産業フェスタ」で基調講演を行った。最先端の情報通信技術やデジタル映像技術を紹介しながら、「聞く・観る・触れる」をテーマに、子どもから大人まで誰もがマルチメディア文化を実感出来るシンポジウムやイベントを展開している。二一世紀を見通すメディア環境の未来について、コンテンツ産業や創造産業の振興を軸に、次世代のメディアと人間社会との関わりについて言及した。

「地域ターゲット・ブランディングと観光コンテンツ―ユビキタス社会と集客交流」
2005年2月28日
財団法人データベース振興センター主催のシンポジウムで基調講演を行った。精彩でオリジナリティあふれる日本の「文化力」が、世界をどれだけひきつけ、日本の多様な地域文化の魅力ある情報発信が将来の集客交流事業のあり方をどう変化させていくか、観光情報の新たな基盤整備とはいかなるものなのかなどを軸に、今後の地域経営における多様な観光コンテンツ及びGコンテンツの可能性について講演した。

「地域の創造性向上のあり方」
2007年6月11日
地域再生講演会＆ＮＩＲＡ政策フォーラム主催のシンポジウム「地域の創造性向上と都市再生」で、創造都市さっぽろの試みとデザイン教育の未来について講演した。

「Creative Economy（価値創造経済）による地域再生」
2008年2月29日
福岡県ＳＯＨＯ-地域創造フォーラム「Creative Economy（価値創造経済）による地域再生」にて基調講演を行った。これは、創造的階層の世界的な台頭を検証し、我が国における地域社会におけるテレワークや創造的自由業、中でもクリエイティブな仕事の場となるＳＯＨＯが、地域に根付き地域で活路を見出すことが、地域再生に繋がるという可能性を提起した。

「創造都市と地域コンテンツの可能性」
2008年3月28日
四国総合通信局と四国コンテンツ連携推進会議主催の記念講演会で基調講演を行った。地域におけるコンテンツ産業振興とその観光、地域文化振興と創造都市との連動を探る催しだった。地域社会における映像コンテンツの新たな流通展開は、ＣＧＭやＵＧＣの隆盛とともにその役割も変化している。従来の地域観光映像や伝統文化コンテンツのみならず、市民生成型のメディア・コンテンツと創造都市・地域行政施策との連携可能性について提起した。

〈地域文化デジタル・アーカイブ事業で行った講演〉

「全国地域デジタル・アーカイブ全国大会 in ISHIKAWA」
2002年10月30日
デジタル・アーカイブ推進協議会が主催、石川県が共催。私は長らく石川県の「新情報書府」事業に関わってきたこともあり、石川県立音楽堂 で基調講演を行った。全国各地域において地域ブランドを確立していく可能性へのチャレンジが活性化しつつあり、国レベルではデジタル・アーカイブ推進協議会が各地域への支援を開始。こうした動きの中、「石川新情報書府」アーカイブ事業を推進している石川県が全国各地域のデジタル・アーカイブ推進団体の協力を得てデジタル・アーカイブ推進協議会とともに開催したイベントだった。

「デジタル・アーカイブの今　地域ブランドへ」
2002年11月19日
あいちデジタル・アーカイブ活用推進協議会（ＡＤＡＡ）設立一周年フォーラムにてと題した基調講演を行った。フォーラム全体の焦点は、「デジタル・アーカイブの活用と産業観光の振興」で、2005年の万博は中部地域におけるデジタル・アーカイブ活用のチャンスであり、当地域の優れた観光資源の発掘とともに、それを世界に向けて発信していくことが望まれていた。本講演会は、中部地区における産業創生プロジェクトの推進により、より広域のネットワーク活動を通じて、地域産業の経営資源を重視する新しいアプローチの重要性を啓蒙する機会となった。

「ＩＴの進展と次世代観光情報－地域ブランドと文化情報経済」
2003年2月6日
第五回 観光ＧＩＳ利用促進セミナー（東京・虎ノ門パストラル）にて、基調講演を行った。日本の文化と観光政策は、当時の「国際競争力年鑑(2002年)」の評価では世界最下位であり、世界の人たちに日本の文化、観光の魅力を理解してもらっていないことを指摘、国や地域におけるブランド構築の必要性を説き、「文化が経済を牽引する時代になってきており、文化、観光情報の基盤を緊急に整備する必要がある」と話し、地域の情報を保存、発信していくデジタル・アーカイブの取り組み事例を紹介した。

「デジタル・アーカイブと地域ブランディング」
2003年10月15日～ 16日
四国デジタル・アーカイブ推進協議会とデジタル・アーカイブ推進協議会の主催。全国デジタル・アーカイブ大会 2003 in HIROSHIMAが開催され調講演を行った。文化芸術振興基本法の成立やｅ－Ｊａｐａｎ構想の下、地域におけるデジタル・アーカイブへの取り組みは全国的な拡がりをみせており、各地域それぞれ個性のある活動が展開されていた。

〈ミュージアムなどの文化についての講演〉

「地域文化のブランド創出―文化経済としてのミュージアム」
2004年2月26日
岡山市コンベンションセンターで、主催の地域文化デジタル化推進協議会、共催の岡山市、全国美術館会議、協力の横浜美術館、後援の総務省、ＮＨＫ岡山放送局、アート・ドキュメンテーション研究会、デジタル・アーカイブ推進協議会、中四国デジタル・アーカイブ推進協議会が一堂に会するフォーラムで、と題した基調講演を行った。

「デジタル・アーカイブの創造性　知的財産と公共圏」
2004年2月26日
立命館大学主催公開シンポジウム「デジタル時代における映像コンテンツの活用と保存～文化財

の環境
第13回　コンテンツの創造と流通
第14回　メディアとプラットフォーム
第15回　デザインの未来へ—文化をデザインする

「デザイン史」
デザインの理解を深めるため、社会、産業、生活、文化が変化する中で、どのようにデザインが変遷してきたのか、デザインの時系列的な変遷を背景となる環境と対比しながら概説するオムニバス授業。デザインの歴史的変遷について、代表的なデザイン思想とその歴史的意味について概観し、あわせて現代デザインの問題点とその展開について理解することを目的とする。
第11回　情報技術とインタラクティブ・デザインの歴史的変遷
第12回　情報デザインの発生と進化
第13回　デジタル・コンテンツ・デザインの変遷
第14回　メディア・デザインの歴史と変遷
第15回　まとめ、経験とライフスタイル・デザインへの展望

「創造産業論」
英国の創造産業振興政策に始まり、世界的な潮流となった「創造産業」を概観し、創造性(Creativity)を原資とする新たなデザイン産業のあり方とは何かを理解させる。インクルーシブデザイン、ブランド認知、コミュニケーションデザイン、経験デザインといったデザインの新潮流と、芸術文化産業に求められる「創造性」と「コンテクスト」の意味を解説する。
第1回　創造産業概論—創造性・スキル・才能と知的資産
第2回　芸術とデザイン産業—文化産業とソフトパワー
第3回　建築・インテリア—英国「Wallpaper」と空間・建築の新たな産業可能性
第4回　工芸—家具からジュエリーデザインまで
第5回　レジャー・ソフトウェア、ゲーム—エンターテイメントという産業世界
第6回　コンピュータ、IT—ITCと国際競争力
第7回　音楽—テクノ音楽とデジタル流通環境iPodと世界戦略
第8回　ファッション—トム・フォード、マーク・ジェイコブズにみるファッション・プロデューサーの役割
第9回　映画—世界市場における「映画」のコンテクスト開発へ
第10回　演劇—ライブパフォーマンスという現実感
第11回　テレビ、ラジオ—グローバルコンテンツ、流通時代のコンテクスト
第12回　広告—デジタル広告とCGM
第13回　出版—デジタル出版の将来像
第14回　日本における創造産業の展開—創造都市サッポロにおける可能性
第15回　クールジャパンと世界戦略—日本文化は編集可能なグローバルコンテンツへ

「メディア・デザイン論」
マスメディアからマルチメディアまで、多様なメディア形式の中で流通するコンテンツをプロデュースし、具体的なメディアの選択から流通形態にまで及ぶ新たなデザイン領域の可能性を概観した。クリエイティブな発想、構想力によるメディアの創造とその展開過程など、放送、映画、音楽、出版、インターネットなど、主要メディアを通した「文化の産業化」過程について学ぶことを主眼とした。
第1回　メディア・デザインにおける国際戦略とは何か
第2回　インターネット時代の文化経済
第3回　国際マーケティングとコンテクスト
第4回　コンテンツ制作、メディア展開における国際共同製作の実際
第5回　各国の創造的産業政策とメディア・デザイン
第6回　知的財産、著作権制度と商慣習
第7回　メディアデザイン・クラスター—プロジェクト生成におけるワークフロー
第8回　事例検証・世界の中のJ-pop、クールジャパン市場の拡大と変容
第9回　事例検証・日本映画の新たな市場形成とは何か？
第10回　事例検証・出版・雑誌の文脈市場—コンテクストが握る市場価値
第11回　事例検証・ファッションの生成とライフスタイル
第12回　事例検証・食文化とアメニティ、感覚マーケティングの現在
第13回　事例検証・テクノ文化のコンテンツ開発—DJとクラブ文化
第14回　事例検証・消費者主導メディア(CGM)による広告・市場の変容地図
第15回　総論・メディア・デザインの未来—コンテクスト戦略の重要性

「デザイン総合実習I」(メディアデザインコース)
デザイン基本科目等の基礎的な知識・技術の習得を踏まえ、学生に簡単な制作課題を与え、作品制作を通してよりデザインに関する知識・技術を深める。徐々に制作課題のレベルを上げながらデザイン能力を身に付けさせ、併せてデザインにおいて制作することの意義を学ぶ。多様なメディアを対象とするデザイン・プロジェクトを理解し、経済活動や文化の創造に寄与するメディア・デザインの方法論を、多様な実習過程を通して学ぶオムニバス授業。
第12回　メディアデザイン・プロデュース1（メディア・コンテンツを投企する）
第13回　メディアデザイン・プロデュース2（プレゼンテーションとピッチ制作）
第14回　メディアデザイン・プロデュース3（制作・発表・講評）
第15回　全体総括(科目責任者として)

デザイン総合実習II（メディアデザインコース）
デザイン総合実習Iをはじめ、専門教育科目の履修を踏まえ、学生の知識・技術を発展させるための制作課題を与え、具体的な作品制作を通して実践的なデザイン能力を身に付けることを主眼とした。共通のねらい：自己のポートフォリオを作る。内容：第一課題ルポルタージュを素材としたビジュアルブックの編集デザインを通して、情報 の編集と整理及び視覚化の手法を学ぶ。さらにその成果をウェブデザインや戦略的プレゼンテーションへと昇華させる。
第11回　ウェブのデザイン(自己表現とネットワークデザイン)
第12回　ウェブのデザイン(ウェブにおける情報デザ

〈東京大学大学院新領域創成科学研究科　環境学専攻メディア環境学分野シラバス〉

科目「メディア環境基礎論」
主題と目標：人間の社会の変革に多大の影響をもたらしてきたメディアについて、その技術特性や社会特性を概説し、メディアが今後の国土構造、経済構造、行政構造、政治構造などにもたらす変革を講義した。
内容：メディア環境の構造、メディア技術と社会の関係、情報通信社会の課題

科目「人間人工環境学特別設計演習」
主題と目標：修士論文作成のための研究手法の習得。
内容：指導教官により個別に研究指導を受ける。修士二年時に実施される最終審査において、研究成果を発表する。

科目「コンテントビジネス概論」
主題と目標：コンテントビジネスの現状と将来動向の分析と行う。
内容：コンテントビジネスの現状と、激しい技術革新や市場変化による将来動向について、毎回、第一線で活躍している専門家を招き、具体的事例をもとに総括した。コンテントビジネスについての産業動向を議論するためにディスカッションの時間を多くとることにより、より実践的なビジネス環境の把握が可能となった。コンテントビジネスで扱った主な領域は、以下の九つである。(1)映画(2)ゲーム(3)出版(4)電子出版(5) 音楽(6) オンライン・コンテント(7) モバイルコンテント(8) 放送(9) デジタル放送など。

科目「メディア・ビジネス概論」
内容：メディア・ビジネスや世界的な潮流となっている「創造産業」の現状と、激しい技術革新や市場変化による将来動向について、毎回、第一線で活躍している専門家を招き、具体的事例をもとに概括した。特に技術動向を中心に議論し、ディスカッションの時間を多くとったことで、メディア・ビジネスのより実践的な状況などの把握が可能となった。
創造産業論／デジタル撮影／通信／検索エンジン／デジタル上映／携帯電話／デジタル放送／デジタル映像制作／インターネット／記憶媒体／暗号・著作権など。

〈コンテンツ創造科学産学連携教育プログラム「グローバル・ストラテジー論」シラバス〉

1. コンテンツ産業とグローバル戦略
2. 多文化理解に基づくメディア・デザイン戦略
3. 知的財産戦略、ブランド構築戦略
4. 創造産業振興とメディア・ビジネス
5. ゲーム産業におけるグローバルチャネル
6. アニメーション産業におけるデジタル変換技術
7. 映画産業における国際配給と多メディア展開
8. 音楽産業におけるディアスポラ経済システム
9. ウェブ・コンテンツのビジネス構築
10. 携帯コンテンツとユビキタス・コンテンツデザイン
11. 文化的製品産業におけるデザイン・マネージメント
12. 我が国における次世代コンテンツ産業の方向性
13. ライツ・マネージメントの国際事例分析
14. コンテンツ生産技術とエンターテイメント技術環境
15. 多元文化の中のコンテンツとメディア

〈放送大学大学院文化情報科学群「情報化社会研究－メディアの発展と社会」シラバス〉

※第13回、14回、15回の放送担当・執筆担当講師を担当。
第13回放送：文化と情報経済
グローバル化する世界には、ソフトパワーとして世界に大きな影響力を持つ文化の浸透と地域社会に根づいた多元的な文化との相克が横たわっている。インターネットによる情報の大交流時代を迎え、メディアによる文化の発信は、多国間のさまざまな政治的課題を超えて、自国文化の経済化や安全保障上の主題ともなっている。情報化社会におけるソフトパワーと文化経済について考察した。

第14回放送：デジタル社会の著作権
デジタル社会は、これまでの重量的媒体によって支持されてきた情報を符号化し、旧来の媒体概念を離散、流動化させている。複製、改変が容易に行えるデジタル情報の特性から、著作権やコピーライトの概念そのものが根本的に問われている。公共性と私有財産制の間で揺れ動くデジタル社会における知的所有権や著作権のあり方を検討した。

第15回放送：情報化社会の行方—個人・地域・国家
ますます多様化する情報手段は、既存の国家や民族の概念に影響をあたえずにはおかない。それは地球規模で棲み分けと共生が可能な社会システムの構築を期待させる。情報技術の進歩は今後も私たちの生活や社会構造を変え続けるに違いない。だが一方で、それは個人のレベルや集団レベルで情報の格差を生み、それが時間とともに拡大する危険をはらんでいる。さらにはアイデンティティの危機やリアリティの喪失といった事態をもたらすことも危惧される。情報化社会の将来を検討した。

〈札幌市立大学デザイン学部シラバスと教育実践〉

札幌市立大学デザイン学部において以下の授業科目を担当した。それぞれに時代性や次代のデザイン、メディア環境を見据えた新たなテーマでの授業実践に取り組んだ。

「デザイン原論」
デザインの概説とこれまでのあるいはこれからのデザインについて、デザインの基本的な考え方と広範なデザインの対象を理解するためのオムニバス授業。デジタル映像やゲーム、ウェブに至る多様なコンテンツ創造とメディア流通計画やビジネスモデルのデザインについて、最新の取組を具体的な事例を取り上げて、以下の5回を担当した。
第11回　情報をデザインする
第12回　双方向性(インタラクティビティ) とメディア

〈北海道大学大学院メディア・コミュニケーション研究院観光創造専攻における「アートマネージメント論演習」〉

【授業題目】創造都市と文化経営

芸術文化は、都市やその市民が抱える問題解決への創造的アイデアを刺激する多様な接触機会であり、都市型集客交流を支える主要な資産でもある。都市の創造的な文化経営を支えるアートマネージメントとは、環境、経済、メディア、行政組織、金融などの多様な分野における創造的な課題設定と方法であり、都市の既存システムやインフラなどを劇的に変化させる流動化でもある。急速に形成されつつある新しいプロシューマー型の市民を形容する言葉である「クリエイティブ・クラス」の台頭とも相まって、地域再生の主役となるクリエイティブコミュニティを軸とした文化経営手法や投企（デザイン）の検証が重要と考える。本授業は、札幌市の創造都市施策である「アイデアシティ・サッポロ」と南区芸術の森地区の再生計画、札幌駅前地下歩行空間事業における実際のアートマネージメント手法の開発と展開を題材に、単なる座学ではない実際のアートマネージメントを経験的に探索するものである。指定管理者制度やLLCなどの導入による公共文化施設の経営環境を把握し、世界潮流といえる「創造都市」施策と芸術文化の役割、欧米で展開されているアートプロジェクトの事例を参照し、最終的には、具体的な課題解決に向けたプレゼンテーション技術を磨くことを目標とする。

【授業の方法】

（1）スライドや映像資料を用いた世界の創造都市施策やアートプロジェクトに関する講義を基本に、札幌市南区芸術の森地区、札幌駅前地下歩行空間活用計画、モエレ沼公園、大通り公園などの視察を含む。集客交流事業シミュレーションや観光情報メディア学に関わるプレゼンテーションや討議。受講者は授業テーマに沿った課題に対するプレゼンテーションやピッチを適宜行う。

（2）授業構成：現代美術、伝統文化資産、先進デザイン、情報メディア環境に連続する世界の多様な文化経営手法を参照した。地域再生という観点からは、札幌市における具体的な都市再生プロジェクトの実例参照と現地調査も含めて展開。受講者の本授業への要望を反映し授業計画を編成した。

第1回　授業オリエンテーション（講師、受講生の自己紹介、授業計画の概観提示）

第2回　創造都市と創造産業―1990年代の英国で展開された「クールブリタニア」に始まり、21世紀都市論の世界潮流となった創造産業（Creative Industries）振興と創造都市施策を概観し、芸術文化が持つ「創造的な活力」が都市の集客交流拠点化や社会の潜在的な力である市民の創造的協働にどのような役割を持ちえたかを総括する。

第3回　芸術文化の経営概念―都市の文化生産－文化的貯蔵、伝播と交流、創造産業の孵化機能としての都市を考察する。文化的個体化過程におけるアートマネージメントの意味を考察する。

第4回　人間の消費活動と創造活動を充実させる都市の再生―クリエイティブ・クラスの台頭と21世紀都市像の概観。創造産業全般と都市の観光資産の検証。

第5回　都市経済システムにおける芸術文化―知識経済から価値創造経済への転換、クリエイティブ・コモンズにおける創造経済型知財運用について考察する。

第6回　現代の文化産業―脱工業化都市における創造産業の台頭と背景。新たな文化産業への展望と課題。わが国のコンテンツ産業と「クールジャパン」の検証。

第7回　芸術の森・アイデアタウン構想I―saporo2.0とアイデアシティ構想を概観し、実際の芸術の森地区の視察を行う。

第8回　芸術の森・アイデアタウン構想II―芸術の森地区の既存公共文化施設の現状課題の抽出、アートビレッジの再生計画の課題を実際に把握する。

第9回　芸術の森・アイデアタウン構想III―受講者の具体的な構想立案、プレゼンテーションと討議。

第10回　札幌地下歩行空間におけるアートマネージメントの開発I―札幌駅前から大通り公園地下街に直結する地下歩行空間計画を題材に、実際のアートマネージメントを構想。

第11回　札幌地下歩行空間におけるアートマネージメントの開発II―公共空間における環境活用の多様な可能性、市民と地域参加、観光情報環境として展開を考察する。

第12回　札幌地下歩行空間におけるアートマネージメントの開発III―受講生は自ら立案する地下空間活用に関わる運用構想を作成し、プレゼンテーションと討議を行う。

第13回　まちづくりと地域再生における文化経営―想定する地域再生計画を立案、構想策定を行い、実際のアートマネージメント計画のプレゼンテーションを行う。

第14回　都市の観光情報・メディア戦略―現代の観光情報学や地域文化資産アーカイブの先進を紹介し、地域経営や観光ブランディング手法の検証を行う。

第15回　ライフスタイル・デザインとしての文化経営―授業総括と設定目標の達成度評価。受講者の期末レポート提出。

イン)
第13回　ウェブのデザイン(ウエブアプリケーション)
第14回　ウェブのデザイン(プレゼンテーション)
第15回　総合評価課題の発表、プレゼンテーション

デザイン総合実習III（メディアデザインコース）
デザイン総合実習I、IIをはじめ、専門教育科目の履修を踏まえ、学生の知識・技術を発展させるための制作課題を与え、具体的な作品制作を通してより実践的なデザイン能力を身に付けさせ、併せて卒業研究に向けての準備指導を行う。メディア・デザイン分野の先進のデザイン概念を習得し、研究論文の制作に取り組むための方法論と研究の対象化について個別のゼミ指導を行う。
第1回　研究方法論とは何か？(オリエンテーション)
第2回　メディア・デザイン分野の研究対象
第3回　研究課題、テーマ、制作対象を焦点化する
第4回　メディア・デザイン分野の先行研究論文事例
第5回　メディア・デザイン分野の先行研究論文事例
第6回　メディア・デザイン分野の研究制作の可能性
第7回　メディア・デザイン分野の研究制作の可能性
第8回　研究論文・制作課題の立案
第9回　研究論文・制作課題の立案
第10回　研究論文・制作課題実習
第11回　研究論文・制作課題実習
第12回　学会プレゼンテーション実習
第13回　学会プレゼンテーション実習
第14回　研究論文・研究制作発表
第15回　総合評価

〈札幌市立大学産学連携講座〉

二〇〇六年九月より札幌市立大学における産学連携講座「価値創造経済へのロードマップ」（株式会社デジタルガレージ特別協賛。北海道新聞社、NTT東日本共催）の開催とプログラム選定を行った。学外（自治体・産業界・市民）との幅広いネットワーク形成を軸に、従来型の産学連携の枠組みを超えて、映像・音楽・デザイン・ITなどに携わる企業やクリエーター、さらに行政とパートナーシップを結びながら都市再生の推進を図る“Ideas Agency（アイデアエージェンシー）”を創設。「都市再生における大学の創造的な役割」を担う産学官の新しい連携モデルを目指した。この目標に沿って"Creative Economy（価値創造経済）"をテーマとする公開講座を開催した。以下の十四回の講座が開催され、全回に渡り、講座の構成、司会進行を担当した。

第1回「Roadmap to creative economy（価値創造経済へのロードマップ)」
スタンフォード大学ロースクール教授　ローレンス・レッシグ氏
株式会社デジタルガレージ共同創業者・顧問　伊藤　穰一氏
第2回「走れ!!　サッポロ」
映像作家　中野裕之氏
第3回「札幌市立大学のブランド・アイデンティティー」
グラフィックデザイナー　John Warwicker氏
第4回「創造性(inspiration）はどこからやって来るか」
ゲームプロデューサー　水口哲也氏
第5回「ヤバいぜっ！　デジタル日本」
ハイパーメディアクリエイター　高城剛氏
第6回「世界WiFiコミュニティプロジェクト“FON”とその未来」
Nina Nikkhou（ニナニックー）氏
フォン・ジャパン株式会社 コーポレートコミュニケーショングループディレクター
第7回　第一部「欧州コンテンツ流通の最前線—ベルリンフィルムコミッションの挑戦」
Nina Fischer氏、Maroan El Sani氏
メディア・アーティスト／札幌市立大学デザイン学部准教授
第8回「クラブデザインの秘術。感応する空間デザインの技法」
「クラブデザイン」を体感する三つのワークショップ
「クラブデザイン」ワークショップ
講師：広瀬郁 氏　株式会社都市デザインシステム事業開発プロデューサー
「クラブミュージック」ワークショップ
講師：大黒淳一 氏　Composer / Sound Media Artist
「空間デザイン総合」ワークショップ
講師：江川克之 氏　株式会社SPフォーラム代表取締役
第9回「クリエイティブ・コモンズと創造都市サッポロ」
講師: 野口祐子 氏　弁護士・クリエィティブコモンズジャパン事務局長
第10回「Creative Commonsの潮流とiCommons Summit 2008」
ゲスト: Ms. Heather Ford氏
iCommons取締役
第11回　2007年12月21日(金)
「DJ. ECONOMY “Tuning for Synesthesia”」
講師：DJ Toby氏(DJ)
水口哲也氏(ゲームプロデューサー)
新宮圭輔氏(Creative Producer, Beatport)
伊藤博之氏(クリプトンフューチャーメディア代表)
第12回　2007年12月22日(土)
「創造する伝統 – OKI：TONKORI」
講師：OKI氏(アイヌ音楽家)
第13回　2008年2月6日
「Creative Commonsの現在とiCommons Summit 2008」
講師: Ms. Heather Ford氏　iCommons取締役
第14回　2008年7月31日(木)
「創造する音楽の前線」
第一部「エレクトロニカの革新 ～SUTEKH from San Francisco ～」
第二部 パネルディスカッション「電子音楽の現在」
○ DJ TOBY
○ 作曲家　浦尾画三
○ 札幌市立大学デザイン学部助手　須之内元洋

武邑光裕（たけむら みつひろ）

1954年10月25日東京都生まれ。メディア美学者、「武邑塾」塾長。日本大学芸術学部、京都造形芸術大学、東京大学大学院、札幌市立大学で教授職を歴任。1980年代よりカウンターカルチャーやメディア論を講じ、VRからインターネットの黎明期、現代のソーシャルメディアからAIにいたるまで、デジタル社会環境を研究。2013年より武邑塾を主宰。著書『記憶のゆくたて―デジタル・アーカイヴの文化経済』（東京大学出版会）で、第19回電気通信普及財団テレコム社会科学賞を受賞。2017年、Center for the Study of Digital Life（NYC）フェローに就任。

［著作］

『ニューヨーク・カルチャー・マップ』（群雄社出版）1983
『サイバー・メディアの銀河系 映像走査論』（フィルムアート社）1988
『メディア・エクスタシー 情報生態系と美学』（青土社）1992
『デジタル・ジャパネスク マルチメディア社会の感性革命』（NTT出版）1996
『メディアの遺伝子 デジタル・ゲノムの行方』（昭和堂）1998
『記憶のゆくたて デジタル・アーカイヴの文化経済』（東京大学出版会）2003
『さよなら、インターネット――GDPRはネットとデータをどう変えるのか』（ダイヤモンド社）
『ベルリン・都市・未来』（太田出版）2018
『プライバシー・パラドックス データ監視社会と「わたし」の再発明』（黒鳥社）2020

［共編・共著］

『インターネット7日間の旅 バーチャルに体験する情報スーパーハイウェイ』
（伊藤穰一共著、日経BP出版センター）1994
『原典メディア環境』（月尾嘉男、浜野保樹共編、東京大学出版会）2001

［翻訳］

『グルジェフ・ワーク 生涯と思想』（K・R・スピース、平河出版社）1982
『コスミック・トリガー イリュミナティ最後の秘密』（ロバート・アントン・ウィルソン、八幡書店）1994

編集補助：赤井大祐、大浦 彩
DTP：勝矢国弘
校閲：小野 徹

Outlying　僻遠の文化史

2024年10月25日 初版第1刷発行

著者　武邑光裕

装丁　藤田裕美

発行人　野口理恵

発行所　株式会社 rn press

郵便番号 158-0083
東京都世田谷区奥沢 1-57-12-202
電話 070-3771-4894（編集）
FAX 03-6700-1591

印刷・製本所　モリモト印刷株式会社

ISBN 978-4-910422-19-0

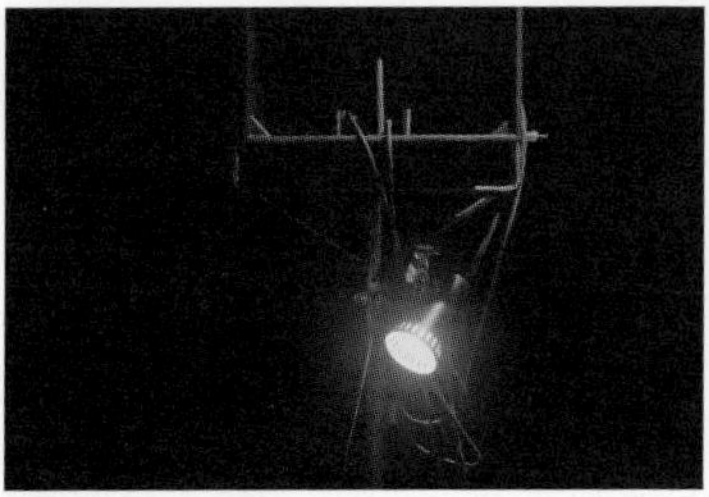

対談：サイケデリックの行方

宇川直宏（DOMMUNE）
×
若林 恵（黒鳥社）

書籍『Outlying』をより深く読み解くために、「武邑チルドレン」である宇川直宏に、『プライバシー・パラドックス』（黒鳥社）の編集を担当した若林恵が、「武邑光裕」が社会や文化に与えてきた影響について話を訊いた。

「武邑光裕」を知るまで

若林　宇川さんはいまおいくつですか？

宇川　一九六八年生まれの五六歳です。

若林　僕は一九七一年生まれだから、三つ違いですね。人間の体は、だいたいこのくらいの年齢からガタがくるようにできています。だから最近は体が壊れていくのをつねに見つめています。

宇川　武邑先生は今年七〇歳になりますが、本当にお元気ですよね。

若林　そうですね。宇川さんの武邑先生とのお付き合いをお伺いする前に、自分のお付き合いの来歴をお話ししておきますと、僕が直接武邑先生と知り合ったのは武邑塾に参加したときですので、二〇一三年のことです。ゲームクリエイターの水口哲也さんに「武邑先生、相変わらずキレキレだよ」と言われて、面白そうと思って参加したところ、喫煙所で武邑先生と一緒になり、そこでご挨拶させていただいたのが最初です。

宇川　もともと、武邑先生のことは知ってた？

若林　もちろんお名前は、それこそ九〇年代に発行されていた雑誌『WAVE』などを通して知ってはいたのですが、詳しいというほどではなかったんです。ところが、武邑塾に参加してみたら、たしかに武邑先生キレキレでして、一発でヤラれてしまいました。というのも、当時、僕は『WIRED』日本版の編集に関わっていたのですが、デジタルテックをめぐる日本の言説は、技術かビジネスの論点ばかりで、それをカルチャーとして扱う文脈が本当になくて、武邑先生のお話を聞いて「ここにあったか」と、わりと素朴に感動したんですね。それは一方で自分のなかに「なぜ日本ではデジタルテクノロジーをカルチャーとして扱う文脈が途切れてしまったのか」という問いを生み出すことにもなったのですが、今日は、武邑先生の御本を補助線にしながら、宇川さんにその辺のことをお伺いしたいと思っています。というのも、八〇～九〇年代初頭の東京にあったはずのカルチャーとテックの結びつきを、宇川さんがおそらく直系の継承者として引き継いでいるように思えるからです。

宇川　いいですね。僕は、もうほんとに、根っからの武邑チルドレンですから。

若林　そもそも武邑先生とはお付き合いが長いんですか？

宇川　「一方的に」古くから知っている状態でした。実際にお目にかかったのはここ十年くらいです。「武邑チルドレンです！」と言っていろいろ話していたら、武邑先生に「宇川さん、本当に僕のことに詳しいですね」と言われました（笑）。最初に武邑先生の存在を知ったのは、武邑先生がＮＹのアンダーグラウンドシネマを買い付けてラインナップを構成したビデオリリースプロジェクト「ミッドナイト・レーベル」（一九八六）と単行本『サイバーメディアの銀河系』（一九八八年、フィルムアート社）です。八〇年代半ば、当時の日本はバブル期に差しかかりジョン・ウォーターズの『ピンクフラミンゴ』や、アレハンドロ・ホドロフスキーの作品などの映画が公開され、「カルトムービーブーム」が起きていました。そのなかでも武邑先生の「ミッドナイト・レーベル」は、ハーシェル・ゴードン・ルイスやラース・フォン・トリアーなどの作品が日本でいち早くビデオ化されていました。僕が中学三年生から高校一年生のころです。

若林　中学生でジョン・ウォーターズですか（笑）。

宇川　僕は香川県出身ですが、当時の香川県は「インターネット以前」どころか「瀬戸大橋以前」。本州から完全に隔離された特殊な環境で、輸入レコード屋もライブハウスもないから東京のトレンドから遅れを取っていました。でも香川は本州への入口だから四国のなかでは最も急進的な都市開発が進んでいて、貪欲に文化的な情報を求めるやつらが湧いている地域でした。このアンビバレントな「情報流刑地」で、トレンドセッターになりオルタナティブな文化を拡散すべく、当時の僕はとにかく情報を貪り食っていました。

若林　どうやって情報を得ていたのですか。

宇川　それはもう、遣唐使のように本州まで出向くわけです。

若林　空海のように（笑）。

宇川　まさにその通り。香川県出身の先輩である空海は、唐に渡り、日本に情報を持ち帰って文化をアップデートさせました。一説によればさぬきうどんは、空海が中国から麺製法の原点となるお団子のような唐菓子を持ち帰って日本に伝え、うどんを発祥させたと伝えられています。僕は空海を偉大なる編集者だと思っています。そして、香川の大先輩にはもうひとり、「滑稽新聞」で有名なジャーナリストの宮武外骨（みやたけ・がいこつ）もいます。宮武外骨は明治期に憲法を下賜する天皇の姿を骸骨（外骨）に置き換えた戯画「頓智研法発布式」を雑誌に掲載し不敬罪で三年八カ月投獄されました。こうしたエクストリームな大先輩たちの血を受け継いでいるので、貪欲に情報に当たっているうちに、香川の宮脇書店で『サイバーメディアの銀河系』に出合いました。この書籍によって点と点が繋がり、批評しているものがことごとく自分に刺さり「武邑光裕」という人物を強く意識し始めました。

若林　東京に来たのはいつごろなんですか。

宇川　まず高校一年生の僕は、香川の大学生と映画を作っていて期末試験を受けず、紆余曲折あって高校一年生で最初の高校を退学させられまして（笑）、二年生から岡山の高校に編入して一人暮らしになり、そのころから毎週末、東京に通うようになりました。だから当時のクラブシーンは相当詳しくなりましたね。ちょうど武邑先生がNYに頻繁に通っていた時期で、季刊『GS』（冬樹社）や自販機雑誌『HEAVEN』（群雄社）など、いたるところで「武邑光裕」の名前を目にするわけです。雑誌編集者でライターの山崎春美さんのバンドTACOのアルバムにも武邑先生の名前がクレジットされていました。

魔術とサイバーカルチャー

若林　当時は武邑先生のことをどういう存在として認識してい

たのでしょうか。

宇川　武邑光裕＝ＮＹのアンダーグラウンドカルチャーに最も詳しい憧れの大先輩といった、存在でしたね。当時は映画『ブレードランナー』が公開されて「サイバーパンク」という言葉が日本でも知られるようになったころです。『ブレードランナー』は公開当時よりもビデオ化されたことで流行りました。当時、ソニーの「PROFEEL」というテレビで、『ブレードランナー』やドキュメンタリー映画でゴッドフリー・レッジョとフィリップ・グラスの『コヤニスカッツィ』を見るのがおしゃれだとされていました。

若林　ビデオが広まるまでは、いわゆるカルト映画は可視化されてこなかった。そう考えるとビデオ化はかなり重要ですね。お話を伺っていると、宇川家でコソコソ見られますし（笑）。宇川さんはまさに「ビデオカルチャーの申し子」と言えますね。

宇川　申し子ですね（笑）。当時ジョン・ウォーターズの作品群のほとんどは、知ってはいるけれど東映からリリースされた三作品以外観られなかったので、僕は「こんな映画があるのか！」とよだれを垂らしていました。それが「ミッドナイト・レーベル」のラインナップを見ると、ジョン・ウォーターズの『モンドトラッショ』などの初期作品や、ケネス・アンガーの短編集『マジック・ランタン・サイクル』が入っているので鼻血を吹き出しながら驚きました（笑）。そしてこれがＡＥ企画（現バンダイビジュアル）の流通網に乗ったことと、当時、スプラッターブームが巻き起こっていたことが重要で、カルト映画を知らない田舎のビデオ屋の店員たちが、ゴアフィルムの元祖「ハーシェル・ゴードン・ルイスなら知っている」という感じで、「ミッドナイトレーベル」の作品をオーダーするようになり、八〇年代、はるばるＮＹから四国にカルトの真言が流れ着くわけです。まるで空海が人間の業や欲、煩悩を否定しない密教を日本に流通させたように（笑）。つまり武邑先生こそが当時、空海だったわけですね。こうしてＮＹのアンダーグラウンドフィルムが日本中に流通するようになりました。「ミッドナイト・レーベル」は当時の日本のオルタナティブ・カルチャーに絶大な影響を与えています。

若林　武邑先生が携わってきたカルト映画や影響を受けた魔術は、どのようにサイバーカルチャーと結びついていくのでしょ

うか。

宇川　魔術とサイバーカルチャーは「サイケデリック」によってつながります。例えば人間の肉欲的自己を是認することを使命とする団体「チャーチ・オブ・サタン（サタン協会）」の開祖アントン・ラヴェイは、サンフランシスコに住んでいたので、ローリング・ストーンズがサイケデリックに傾倒した時代にミック・ジャガーと親交があった。

若林　ヒッピーコミューンの指導者であるチャールズ・マンソンもサンフランシスコが拠点でした。つながっていきますね。

宇川　魔術も西海岸を経由しています。僕が一九九六年にサンフランシスコへ引っ越した理由もそこで、三年間住んでいましたが、ドットコム・バブルの前夜で、お金はないけど、エクストリームなアーティストが住めた一番良い時期のサンフランシスコでした。同時にちょうどインターネットが大衆化しはじめた時期で、スティーブ・ジョブズがAppleに復活し、初代iMacが登場したときに現地に住んでいたので、現在のGAFAに至るシリコンバレーのムーブメントを「全部見た」くらいに思っています。Googleが開設された一九九八年もまだ住んでいて当時の僕は雑誌『スタジオボイス』の連載の取材をしていました。

若林　宇川さんとしては魔術とサイバーカルチャーとのつながりはしっくりくるということですよね。

宇川　しっくりきますね。というか、僕はあらゆる事象をサイケデリックカルチャーと接続して見ています。ビートニクスもサイバーカルチャーもテクノリアリズムもインターネットもライヴストリーミングもXRもメタバースも生成AIも、全部がサイケデリック。当然クラブカルチャーもサイケデリックの延長ですし、ついでに言うならバナナの皮も「果汁グミ」もサイケデリックです（笑）。すべてがファースト・サマー・オブ・ラブから伸びた枝葉として切り取り接種しています。

若林　それは現在もですか。

宇川　もちろんです。DOMMUNEもサマー・オブ・ラブの独自解釈としてやっています。僕はサマー・オブ・ラブの実践者として「最前衛のサマー・オブ・ラブ」を常に拡散し続けなければならないと思っています。ちなみにDOMMUNEでは生成AIによる表現もいち早く取り入れていますが、「ChatGPT」も「Midjourney」も「Sora」も「Runway Gen-3」もサマー・オブ・ラブとして捉えています。

クラブGOLDのバブル時代

若林　芝浦のクラブGOLDのオープンは一九八九年で、平成に移るタイミングでした。

宇川　そうです。象徴的ですよね。バブルと重なったこともあり、当時世界で一番エクストリームかつ、カルチャル・リテラシーの高いクラブでした。単なる逸脱という意味ではなく、広くオルタナティブ文化全般を捉えていたのがエラ・インターナショナルの佐藤俊博さんが手掛けていた時代のGOLDでした。だからGOLDの「ECCO NIGHT」は当時の武邑先生の究極の作品だと言えます。GOLDのベースにあるのはマンハッタンにあったクラブ「パラダイス・ガラージュ」です。DJラリー・レヴァンがレジデントだったことで知られていますよね。そんなラリーとサウンド・エンジニアのリチャード・ロングが作り上げたパラダイス・ガラージュの〝モンスター・サウンド〟を体験し、影響を受けたジム・トスがデザインして、当時NYに住んでいた高橋透さんがレジデントを務め、エイジングを施したサウンドシステムを誇る、東京における真の意味での〝クラブシーンの幕開け〟を先導したフロアがGOLDです。高橋透さん、塩井るりさんがNYから帰国し、そして武邑先生と、都築響一さん、臼杵杏希子さん、AZZLOのYUMIさんがGOLDのオーガナイズに加わります。

当時、GOLDで開催されていた武邑先生の「ECCO NIGHT」やAZZLOの「BLACK FETISH PARTY」や「DISCIPLINE GYM」というパーティーが世界的に見ても、とにかく最先端でした。サイバーモンド、インダストリアル、シュミレーショニズム、モダーンプリミティヴ、すべてが詰まっていた。当時はバブルの最後っ屁で、札束が飛び交っていた時期でしたが、東京のリアル・アンダーグラウンドは脱大衆化の極点を迎え、西海岸の知の最果てであった雑誌『RE/Search』と時差なくオルタナティブを咀嚼していました。しかもGOLDの斜め前がジュリアナ東京で、クラブVSディスコという、リア充同士のフィジカル・バトルがあったのもやばいですよね（笑）。

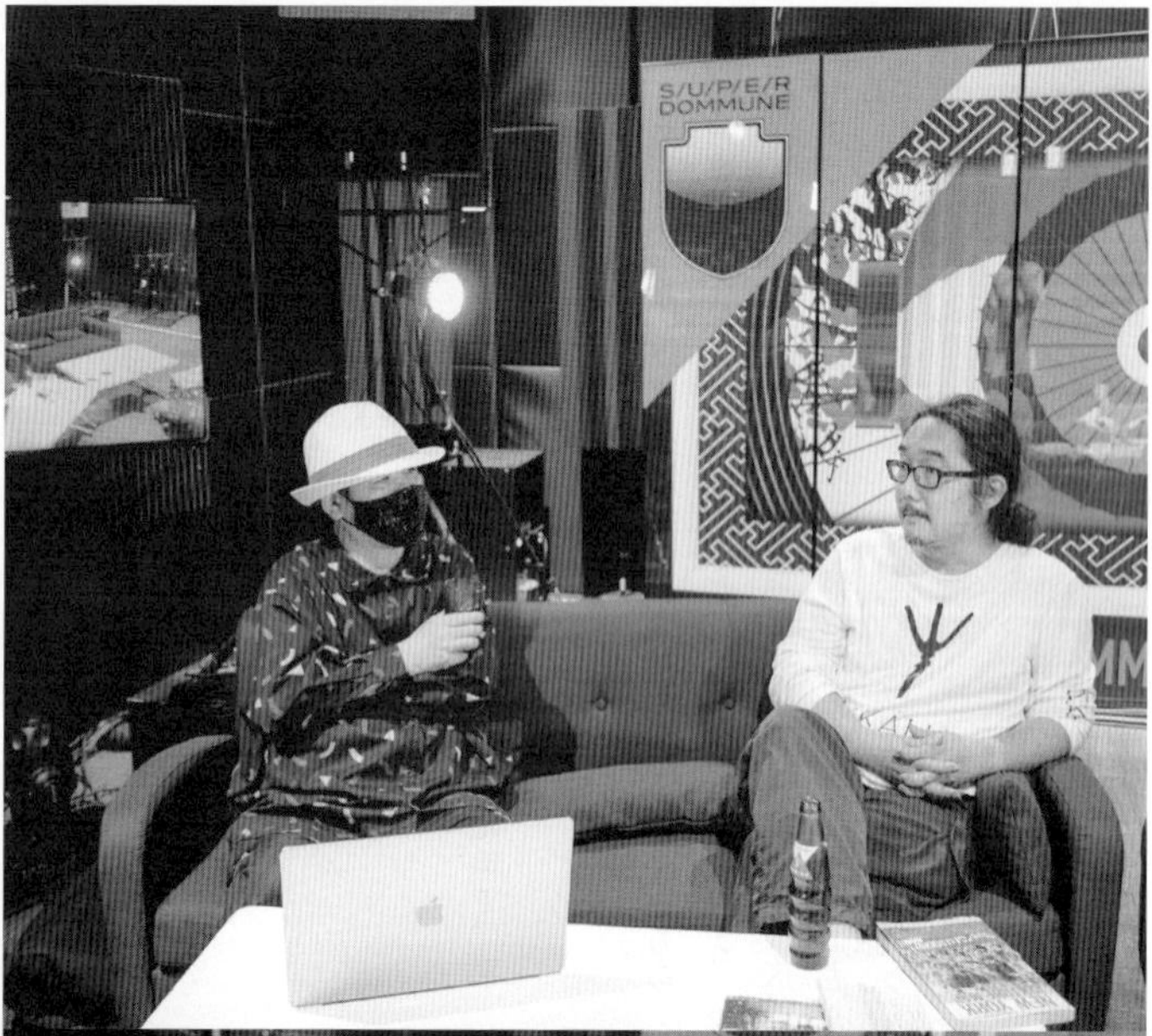
S/U/P/E/R
DOMMUNE

アシッドハウスVSボディコンシャス。主張が過剰すぎて思い起こすだけで呼吸困難になりそうです（笑）。

若林　NYの先端カルチャーから影響を受けながらも独自発展したという感じでしょうか。

宇川　その通りです。「ECCO NIGHT」ではデザイナーズフードという合法なパウダーが買えました。中身はビタミンなので健康的になるだけで、当然トリップできるわけがないのですが（笑）、当時はドラッグも浸透していなかったので、みんなあえて騙されに行っているフシがありました。さらに、クラブにはLEDの明滅とパルスで脳波をコントロールし変性意識状態を誘発する装置「シンクロエナジャイザー」があり、これをプロデュースしていたのが武邑先生と、オカルトの巨人、八幡書店の武田崇元さんです。当時はマインドフルネスの走りで「ブレインジム」が六本木にあった時代。リラクゼーション文化とトリップ文化がクラブの中で融合し、世はセカンド・サマー・オブ・ラブ成熟期で、フロアでは先端のアシッドハウス、ブリープテクノが流れているような空間でした。

若林　それはすごい（笑）。

宇川　武邑先生や、塩井るりさん、ヒメ（臼杵杏希子）さんが、海外からDJを招聘しまくっていたので、GOLDは国内外のオルタナティブの先端に佇むクラバー／レイヴァーたちが最終的に行き着く桃源郷でした。「ECCO NIGHT」の最終回「BODY APOCALYPSE」は、ジェネシス・P-オリッジ、リディア・ランチ、ZEV、ファキール・ムサファーを招聘した。このラインナップだけですでに魔術とサイバーカルチャー、モダーンプリミティブの連なりに気づくでしょう？　アレイスター・クロウリー、A∴A∴、ケイオスマジック、サイキックTVへの文脈です。当時これを一夜にして体験できたことは、もはや、芝浦の民話ですよ（笑）。

サイケデリックは日常越境装置

若林　一九八九年にはLSDによる六〇年代のサイケデリック・ムーヴメントを主導したティモシー・リアリーがGOLDに招聘されました。来日したリアリーが「これからはドラッグが必要なくなるかもしれない。インターネットが来るからだ」

PRVCY PRDX
N YORK
TURE MAP
ーク・カルチャー・マップ
武邑光裕 著
これは便利だ。」
桑原茂一

武邑光裕
「わたし」はだれのものなのか?

と話していたと武邑先生から伺ったことがあります。これはとてもかっこいい発言ですが、「インターネットがドラッグの代わりになる」ということに、いまいちピンときていない部分もあります。そもそも宇川さんは「サイケデリック」とはどのようなものだと考えていますか。

宇川　僕は「日常越境装置」だと考えています。だから日常時空を越境しようとする行為はすべてサイケデリックと呼んでいい。日常越境装置として考えるならば、サイコ・デリシャスに当てはめて「がまの油」でもいいし「レッドブル」でもいいわけです。もしくは「砂の嵐」でも「ホワイトノイズ」でもいい。いや、むしろ「恋愛」でも「睡眠」でもいい（笑）。すべてサイケデリア・ディクショナリーを引いて語ることができると思っています。

若林　黒鳥社で開業準備中の本屋は、六〇年代から八〇年代ごろまでの古本を中心に、装丁家ごとの書棚を作ろうとしています。横尾忠則さん、杉浦康平さん、平野甲賀さん、羽良多平吉さん、早川良雄さんなどの巨匠と呼ばれる人たちをひと括りにまとめると、「サイケデリック」という言葉になります。つまりサマー・オブ・ラブから影響を受け、独自に発展したアジア的、もしくは日本的なサイケデリックカルチャーがこの時代の東京に存在していたということです。以前、インドネシアのイラストレーターに取材をした際、横尾忠則さんと宇野亞喜良さんがサイケデリックの象徴で、大きな影響を受けたと語っていました。

宇川　先日お亡くなりになられた松岡正剛さんは杉浦康平さんとともに『全宇宙誌』（工作社）を作り上げました。『全宇宙誌』は紙とインクで降霊させたコズミック・サイケデリアそのものです。ときを同じくしてこの世を去られた、僕の師匠である田名網敬一先生も、ファーストを代表する一人で自分にとっての「サイケデリック・グル」です。六〇年代から七〇年代の日本は「アングラ・サイケ・ハレンチ」の時代。マリファナの代わりにシンナーを吸っていたような日本的な解釈のもとで生まれたサイケデリックカルチャーは、突然変異的でいま振り返っても大変興味深いです。だからサイケデリックな変性意識状態を誘発するドラッグとの関係は極めて密接ですが、ワイドショーが目の敵にしているような違法や脱法ドラッグはとっくに必要ないですよ（笑）。つまりドラッグカルチャーは、パーソナルべてを網羅し果てて、そこからノマド、ライフハック、オーガニック、そしてハードコアなデトックスの果てに「健康」にたどり着いたハードコアな実践者ですよね。

若林　「初音ミク」のクリプトン・フューチャー・メディアの伊藤博之さんもサイケデリックを顕現させていましたね。

宇川　そのとおりです。ボーカロイド、バーチャルシンガーは声帯越境装置であり伊藤博之さんこそが〝バ美肉概念〟の始祖です。また、オルタナティヴPC誌『MacPower』の編集長であった髙橋幸治さんも武邑イズムの継承者でしょう。

インターネットとオタクたち

宇川　インターネットの登場前夜である一九九一年にバブルが弾けて運営母体が代わりGOLDは失速し、一九九五年に閉店します。フィジカルな当時の2・5サマー・オブ・ラブの極点がGOLDであることは世界的に見ても間違いありません。だからこそ、いまベルリンのクラブ「ベルグハイン」について語られていることは明らかに3・5ですが、GOLDもその文

コンピューター、インターネット、SNS、ライブストリーミング、XR、そして生成AIに置き換えて語ることができます。僕はそのすべてに関心をもち、携わってきました。だって、酩酊や没入や感覚遮断や瞑想や睡眠が、変性意識のコアでしょう？　さまざまなドラッグは単純にそのひとつのピースに過ぎない。

若林　僕が『WIRED』日本版の編集長をやることになったときに、九〇年代の『WIRED』をはじめとしたたくさんの資料を読みましたが、「サイケデリック」というフレームの中でインターネットやデジタルカルチャーを捉えていたのが松岡正剛さんや武邑先生でした。その世代からのある種の教えとして語られたことが、現在にどうつながっているのでしょうか。宇川さんはその教えを守り続けている印象があります。

宇川　僕が正剛さん、武邑先生の血統を守り続けていることは事実ですが、独自に飛躍させた諸先輩方も沢山います。例えば水口哲也さんはゲームの世界で武邑先生の教えを実践していますよね。『Rez』なんてオーディオビジュアルの共感覚没入装置ですよね。そして高城剛さんも先端的な現象、トピックす

脈の祖として語られるべきです。そしてそのＧＯＬＤの精神的支柱が武邑先生です。また僕はこの時期に武邑先生がプロデュースした汐留の「東京Ｐ／Ｎ（パーン）」にも通っていました。ここはパナソニックがスポンサードしていて壁全面がスピーカーになっていて、クリスチャン・マークレーが大友良英さんら共演者と一緒に一〇〇台の「TECHNICS SL-1200 MK2」を螺旋状に並べて同時演奏するパフォーマンスをしていました。

若林　すごい時代ですね。しかしインターネットの登場は、クラブカルチャーには無関係のようにも見えます。

宇川　日本でのインターネットの文化の先端は、ＧＯＬＤが閉店した一九九五年以降、オタクカルチャーに取って変わられてしまいました。先端的な「サブカルチャー」は失われ、自宅警備員たちがサイバースペースの中で「サブカル」の担い手になった。そしてオルタナティブのコアがストリートにあった時代は、渋谷のクラブやセンター街が先端的な意識交流の場でしたが、ストリートからインターネットへと移行したことで、その場所は渋谷から秋葉原に移りました。そして「リア充」というネットスラングが、リアルが充実している人たちと、サイバースペースの中に生息するオタクたちを分断してしまった。つまり一九九五年以降の日本は武邑先生が映し出していたフィジカルなマジカルフロアよりも、オタクたちがデジタルなネットワークの中でアニメやアイドルを語って、秋葉原でＬＤ ＢＯＸを漁っている世界のほうが最先端に映っていたというわけです。阪神淡路大震災と同年の『新世紀エヴァンゲリオン』元年、オウム真理教による地下鉄サリン事件、そしてその後、「2ちゃんねる」の投稿から『電車男』も生まれますし。ゼロ年代を超えるとネトウヨが台頭し、ニコ生が開設され、「生主」が湧きます。どんどんオルタナティブが大衆化され、アヴァンギャルドはいったん影を潜めた。

若林　インターネットはオタク側に接続したわけですね。そして「サブカルチャー」と「サブカル」が分断されたということですか。

宇川　だからこそ武邑先生をはじめとしたクラブカルチャーでオルタナティブを開拓した先人が息を潜めるようになり、その代わりにオタクとポストモダンを接続し、萌え、データベース消費、シミュラークルとデータベースを語る東浩紀さんのよう

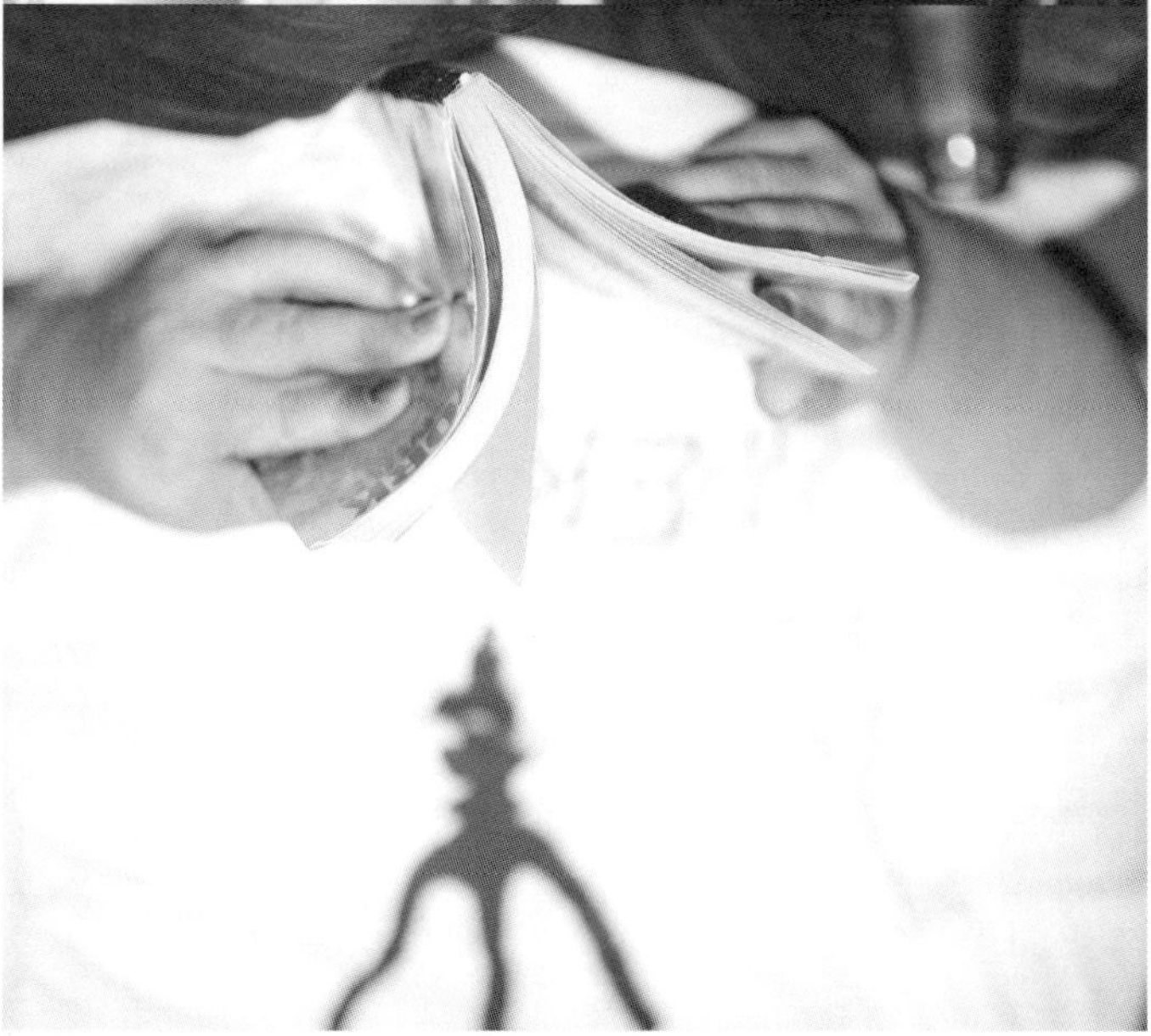

な先鋭的な批評家が脚光を浴びました。その原点である大塚英志さんの『物語消費論』や、東さんが批評しているオタクカルチャーは僕が考えるオルタナティブとは文化圏が違ったため、少し距離をおきましたが、宮台真司さんだけは「サブカルチャー」と「サブカル」の両軸から日本文化を批評され続けていた稀有な存在だったと思っています。

セゾンカルチャーと武邑光裕

若林　オウムは上九一色村でLSDやエクスタシーの製造をしたと言われています。一方で、関連会社であるマハーポーシャがパソコンショップを経営し、自社組立型パソコンを販売していました。優秀な学生を勧誘してコードを書かせていたという話も聞きます。そう考えるとオウム真理教は時代を捉え、サイケデリックとサイバーの両方にまたがる存在だったように思います。

宇川　そのとおりですね。おっしゃるように、オウム真理教はあらゆる意味で「サブカルチャー」と「サブカル」を橋渡ししたと感じますし、誤解を恐れずに言うと当時の日本の先端的カルトアイコンは間違いなく麻原彰晃だったと思います。僕は『ジ・オウム』（太田出版）という本で、オウム信者しか見ることができないビデオの批評を書くだけのために、オウム真理教に潜入すべく、一度、仮で入信したことがあります（笑）。だから青山道場でのセッションにも参加したし、尊師の尿を買わされそうになったこともあります。マハーポーシャはウィンドウズのパソコンを売っていましたからネット前夜からサイバーカルチャーと接続していた。これがウインドウズではなくて、アミーガやマッキントッシュだったらもっとサブカルチャーの側に接近できていたと思います。

若林　以前、養老孟司さんに「身体」についてインタビューをした際、戦後日本における「身体性の回復」は二十五年周期で起きているという話を伺いました。一九四五年に軍国主義が敗れ、そこから二十五年後の一九七〇年に三島由紀夫が割腹自殺、さらに二十五年後の一九九五年にオウム真理教による地下鉄サリン事件が発生しました。そこでストリートカルチャーがフェードアウトし、オタクカルチャーが台頭していくということですね。

宇川　なるほど、その通りですね。僕は一九九五年の後半からサンフランシスコに行き、一九九六年から一九九九年まで、最後のアーティステックな時代のサンフランシスコに移住していたので、実はオタクたちが「オルタナティブの主」に入れ替わる時期を体験していないのです。当時、サンフランシスコでは、先ほど語ったオルタナティブ・カルチャーを紹介する雑誌『RE/Search』が知の総体として崇められていて「ミッドナイト・レーベル」で扱われるようなカルトムービーを紹介した『Incredibly Strange Films』、後の身体改造につながるカルチャーを網羅した『MODERN PRIMITIVES』などが特集されていました。武邑先生がGOLDで月に一回行っていたパーティー「ECCO NIGHT」の根幹にはこの文脈があり、「ECCO NIGHT」の最終回「BODY APOCALYPSE」では、サスペンション含む、過激なボディプレイを行うファキール・ムサファーがゲストで登場しました。「ECCO NIGHT」をはじめ、今野雄一さん率いるペヨトル工房の『夜想』『銀星倶楽部』『WAVE』『ur』など、バブルで世界一裕福だった日本では『RE/Search』のコンテクストを継ぐメディアやイベントがたくさん登場しました。これらコンテクストが八〇年代半ばから九〇年代半ばにかけての最前衛な通奏低音として日本のオルタナティブに流れていた。そして重要だったのが「セゾンカルチャー」です。

若林　セゾンカルチャーというと、PARCOをはじめとした西武百貨店グループの堤清二が中心となった文化運動ですね。都市文化や消費社会の象徴ともいえるムーブメントです。

宇川　はい。重要なのは、バブル経済以前から、物質的豊かさの先にある文化的豊かさを求め、物だけではなく情報を売ろうとする「脱大衆文化」を打ち出したのがセゾンカルチャーです。いま僕が渋谷PARCOの9FにDOMMUNEを構えているのは、僕たちだけが堤清二の意思を受け継いでいる残党だと思っているからです（笑）。「西武美術館（後のセゾン美術館）」や「PARCOミュージアム」で現代アートに触れたり、「WAVE」でテクノの12インチやアヴァンギャルドなレコードが買えたり、「シネ・ヴィヴァン」でアートフィルムを堪能し、「西武劇場」で現代音楽と先端パフォーマンスに触れることが出来た。日本のオルタナティブが、バブル前夜にそうやって精神的な豊かさにスライドしていったことが、武邑先生の打ち出した世界観とつながっていたと考えています。

若林　面白いですね。僕は八〇年代初頭に作曲家の武満徹が手掛けた、渋谷のPARCO劇場（当時は西武劇場）のオープニング記念に開催された音楽祭「今日の音楽（MUSIC TODAY）」（一九九二年まで開催）が印象に残っています。ピアニストのピーター・ゼルキンの演奏から日本の古典芸能まで上演される音楽祭で、田中一光がポスターを担当していました。

宇川　ですね。セゾンカルチャーという文脈では「アート」がキーワードになります。ストリートと企業の垣根を超えて精神的な豊かさを売ることができるし、文化と接続することもできる。物質的豊かさを超えたところにある文化的豊かさの礎を作ったのは、「コンテンポラリー・アート」「アート・フィルム」などなど、すべて「アート」というある種のマジックワードで語ることができていた。

若林　「これがアートだ」と言えば、ノイズミュージックもアートになる。アートなら流通の可能性が高まるということですね。ちなみに一九九五年以降、ストリートからオタクへと大きな変化がありましたが、宇川さんは十九九九年にサンフランシスコから帰国したときの日本の状況をどう感じられましたか。

宇川　オルタナティブの主が変わったことがすぐにわかりました。でも自分はストリートと同時にサマー・オブ・ラブをUPDATEする側でもある。また同時にパーソナル・コンピューティング／インターネットカルチャーの先端もつねに追いかけていたので大変複雑でした。しかしオタクカルチャーのことは全然否定していないし、そもそも僕は特撮マニアですしね（笑）。だから帰国してすぐ「オタクとインターネットがサブカルチャーを没し、サブカルと化したのか！」という発見がありました。『新世紀エヴァンゲリオン』は作品としても大きな示唆を与えられましたが、「エヴァ」のブレイクでDVD前夜にLDが爆発的に売れたというパッケージメディアの土俵際の踏ん張りもいま考えたら面白いと思います。もうひとつがギャル文化。雑誌『egg』が創刊されたのが一九九五年。当時の渋谷のギャルは世界中のユースカルチャーの頂点に立つキメラ／ミュータント的〝ド不良〟でした（笑）。さらにブログ黎明期のカルチャーとして、ガーリーフォトがコニカのカメラ「Big mini」で広まり、そこからフォトグラファーのHIROMIXが登場する。コミュニケーションの現場がリアルからバーチャルへと移行するなか、オタクとギャルの二大勢力が同時にオルタナティブに台頭しライフログがデジタル化し始めた時期です。

若林　宇川さんから見ると雑誌『egg』や「エヴァンゲリオン」もサイケデリックでしたか。

宇川　サイケデリックでしたね。「エヴァ」は言わずもがなで、ルーズソックス、ガングロが生息する渋谷センター街、そこに「センターGUY」と呼ばれるギャル男文化も生まれ「パラパラ」につながります。「パラパラ」はサウンドシステムを使ったコンビニエンスなクラブカルチャーであることは否定のしようがありません（笑）。ハードテクノがダウンコンバートされパラパラ化した後、ガングロがヤマンバに出世魚のように変異する。突然パラパラから、エクストリーム・トライバルハウスが台頭したようなストリートの秘境（笑）。この発狂しそうなトレンドスピードは、めちゃくちゃサイケデリックですよ（笑）。だからいつの時代も、オルタナティブの突然変異的成長を受け入れ、自分の多面的な属性から排除すべきではない。絶対にすべてはアイデンティティの養分として個の主体の側に戻ってくるから。だからオタクカルチャーも一時期、距離を置いていましたが、日本に戻ってきてからはスリリングに見守っていました。そして、その後、スマートフォンの台頭で、「書を捨てず、スマホを持って街に出よう！」の時代に突入し、二〇一四年以降は、「It Girl」と「ネオ・リア充」の時代に突入し、新たなリアリティの時代が復権しますが（笑）。

若林　そうした時代を経てDOMMUNEにいたるわけですね。

宇川　二〇〇〇年代はオタクカルチャーを横目に、ミュージックビデオのディレクターやグラフィックデザインを生業としていました。サンフランシスコから帰国した理由も、日本でのミュージックビデオの仕事が多くなったからでした。現代アートのフィールドで作品制作し始めたのもこのころです。そして二〇一〇年、すべてのキャリアを経ってDOMMUNEを開設しライブストリーミングをというライフログアートに向かいました。そしてこのDOMMUNEで、自分史を築いてくれた方々に出会い直すことになりました。「注目すべき人々との新たな〝出会い〟」です。そうG・I・グルジェフの真理探索ですね。「自分探し」ではなく「自分たどり」です。松岡正剛さん、そして武邑先生にもDOMMUNEで出会い直しました。自分で「武邑チルドレンです!!」と宣言していますが、こんなに武邑光裕を浴びている人間は、世界でそんなにいないと思います。

サイケデリックの求道者たち

宇川　メディアを美学として捉える武邑先生はもちろん、僕の師匠である日本実験映画を牽引した松本俊夫先生と田名網敬一先生の二人も、サイケデリックの求道者です。松本先生は東京大学医学部から文学部美学美術史に移り美学を学びました。サイケデリックをファインアートとして捉え直すために作られたのがＡＴＧでの長編の『薔薇の葬列』や『修羅』と、無数の実験映画です。

若林　武邑先生が京都造形芸術大学に呼ばれたときに、学長を務めていたのが松本俊夫さんですよね。

宇川　はい。松本さんが武邑先生とグラフィックデザイナーの粟津潔さんを京都造形芸術大学に引っ張り、粟津さんが辞任して空いたところに田名網さんとアニメーション作家の相原信洋さんが入りました。そして田名網さんが僕を誘って自分も教授になったので、京都造形芸術大学時代の松本先生のネットワークが沢山の越境者をつなぎました。

若林　なるほど。宇川さんは松本俊夫さんのファミリーツリーに入っているのですね。そう考えると武邑先生の正当な後継者として、宇川さんの存在は大きいですね。

宇川　はい。世界の尖端だった〝脱大衆化〟時代の日本を経て、世紀を跨いだ現在もテクノロジーと文化の尖端を説き続けているのは、武邑先生だけだと思っています。そんな武邑密教を継承すべく、僕はいまもその教えを実践し、信仰し続けています。

宇川直宏
一九六八年香川県生まれ。DOMMUNE 主宰、現〝在〟美術家。映像作家、グラフィックデザイナー、VJ、文筆家、大学教授など、八〇年代末より、極めて多岐にわたる活動を行う全方位的アーティスト。既成のファインアートと大衆文化の枠組みを抹消し、現在の日本にあって最も自由な表現活動を行なう。二〇二二年、第七一回芸術選奨文部科学大臣賞受賞。

若林 恵
一九七一年生まれ。編集者。ロンドン、NYで幼少期を過ごす。平凡社で『月刊太陽』編集部に所属したのち、二〇〇〇年にフリー編集者として独立。音楽ジャーナリストとしても活動。二〇一二年に『WIRED』日本版編集長就任、二〇一七年退任。二〇一八年、黒鳥社（blkswn publishers）設立。

写真＝吉松伸太郎　文＝赤井大祐／野口理恵